中非投资发展报告(2021)

非洲大陆自由贸易区
与中非投资合作

China-Africa Investment Development Report (2021)

黄梅波　王雪辉　张学东◎著

人民出版社

序

自中非合作论坛于 2000 年开启以来,中非经贸关系在这一机制的有效保障和推动下在广度和深度上都获得了前所未有的发展。2021 年,中非合作论坛在塞内加尔召开,这一合作机制已走过 22 年的历程。为推动中非共建"一带一路"合作走深走实,构建更加紧密的中非命运共同体,中国亟须科学评价非洲投资环境及投资风险,总结中非投资经验,转型升级投资模式,创新中非投资合作机制。《中非投资发展报告》拟开启中国对非洲投资的投资机会和投资风险的持续跟踪研究,推出中非投资指数,并对中非投资的主要领域和面临的问题进行深入分析。

2021 年中非投资发展报告分为两大部分。上篇是中非投资指数报告(2021)及三个重点国家的投资机会和投资风险的分析。《中非投资指数报告》由上海对外经贸大学国际发展合作研究院于 2021 年首次编制,报告编制立足于全面性、系统性和科学性原则,从经济规模、产业结构、投资环境、投资活力、投资潜力、风险因素六个方面构建指标体系,利用主客观权重结合的方法测算 2019 年以及 2001—2019 年非洲 54 个国家中非投资指数及分项指标,总结归纳可能影响非洲大陆投资的关键因素,展示非洲主要经济体市场投资格局的变化,揭示非洲各国对中国投资者的潜在影响和吸引力,并预测中国对非洲投资的趋势和长期前景。埃及、南非、尼日利亚在 2019 年非洲 54 个国家中投资指数排名前三,是中非投资指数最高等级的国家。因此,在《中非投资指数报告》之后,特别对埃及、南非、尼日利亚的投资机会和投资风险进行了专题研究。

本发展报告的下篇从非洲大陆自由贸易区的视角分析了后疫情时代中非投资合作的主要问题。2021 年非洲大陆自由贸易区逆势启航。作为非洲大陆一体化进程中最重要的里程碑之一，非洲大陆自由贸易区将极大地促进非洲各国之间的贸易往来、互通有无、优势互补；同时，自由贸易区形成的统一大市场，将极大地增强非洲市场对外资的吸引力，有利于非洲各国尽快摆脱疫情带来的经济影响。非洲大陆自由贸易区也必然为"一带一路"倡议与非盟《2063年议程》的对接提供一个深度交汇的平台。本部分主要研究：一、中非投资的宏观环境分析：非洲大陆自由贸易区的进展及其对非洲的投资机遇与投资挑战；国际大宗商品价格走势及其对非洲经济的影响。二、非洲大陆自由贸易区、"一带一路"倡议对中非投资的影响：非洲大陆自由贸易区与中非贸易；非洲大陆自由贸易区背景下的中非投资合作；非洲经济特区、中非合作与非洲的工业化；非洲基础设施发展规划与"一带一路"倡议的对接；非洲数字经济国际竞争力及中非数字经济合作等。

非洲是中国重要的对外投资合作区域。新冠肺炎疫情暴发以来，中非双方面临机遇与挑战，中国需与时俱进地调整对非投资合作的思路、重点和模式，使中非合作在中国构建新发展格局进程中发挥更重要的作用。当前，国际形势正在发生深刻复杂变化，非洲的经济社会状况受到气候变化、社会冲突和新冠肺炎疫情的多重影响，叠加俄乌冲突，非洲更是面临粮食、能源和金融三重危机，中国对非洲投资环境也更加复杂，面临许多新情况、新问题的考验。在后疫情时代，中非双方更需要凝聚战略共识，全面落实中非合作论坛成果，推动中非共建"一带一路"合作走深走实，通过中非命运共同体的建设实现中非共同发展，这不仅是双边关系的范畴，更具有重要的世界意义。

上海对外经贸大学国际发展合作研究院自2018年建立以来，一直致力于国际发展合作及中非贸易投资关系的研究，每年举办国际发展论坛及中非经贸合作论坛。本书是我们推出的中非投资发展报告的第一本。今后研究院将继续举办中非投资论坛，发布《中非投资指数》，持续跟踪中非投资合作，继续推进从经济学及国际政治经济学视角对非洲发展问题的深度研究，邀请业内专家对非洲经济形势和投资环境问题进行分析和解读，形成非洲经济形势和投资环境权威报告。我们致力于推进中非投资合作相关理论与政策的研究,并通过这些研究为国家战略的制定与实施、中非合作的持续推进以及创新智库工作作出贡献。

黄梅波

于上海

目　　录

上篇　中非投资指数报告

下篇　中非投资发展报告
——非洲大陆自由贸易区、"一带一路"倡议与中非投资合作

上　篇

中非投资指数报告

第一章　中非投资指数报告(2021)

一、中非投资指数编制的目的与背景

(一)中非投资指数编制的目的

新冠肺炎疫情在短期内给非洲经济发展及中非经贸合作带来一定的困难和挑战,但其也倒逼非洲国家反思外向型经济模式弊端,重塑经济结构,大力发展数字经济、自由贸易区建设、本土制造业以及民生工程升级改造。2021年非洲大陆自由贸易区逆势启航,为"一带一路"倡议与非盟《2063年议程》的对接提供了一个深度交汇的平台,既有利于中非在工业、农业、数字经济、基础设施等重点领域形成建设合力,也为中非经贸合作高质量发展提供了契机。

中非发展优势高度互补。中国拥有资金、技术和发展经验优势,而非洲资源禀赋优越、人口红利巨大、城市化工业化方兴未艾。自2000年举行第一届中非合作论坛以来,中非经济往来愈加频繁。2000—2020年,中国对非直接投资流量年均增长超过25%。2020年,中国对非投资存量达到473.5亿美元。中国企业在实现自身发展的同时,通过积极开展技术转移,加强本地采购,雇用当地员工,推动非洲工业化进程,为非洲创造就业机会,为非洲国家社会稳定和经济繁荣作出了突出贡献。

新冠肺炎疫情不仅没有改变中非经济结构互补的优势,反而激发了中非双方携手共克时艰、创新经贸合作机制与模式的动力,凸显了中非合作的战略价值与示范意义。2021年中非合作论坛会议在塞内加尔举行。中方愿同非方一道,凝聚战略共识,推进抗疫合作,全面落实论坛北京峰会成果,中国应顺势调整合作思路,以投资为引领,推动中非经贸合作向高质量、可持续发展方向迈进,推动中非共建"一带一路"合作走深走实。

本书立足全面性、系统性、科学性原则构建中非投资指数(Index of China-Africa Investment,ICAI),从经济规模、产业结构、投资活力、风险因素、投资环境和投资潜力六个方面对中非投资进行测评,并利用主客观权重结合的方法计算2001—2019年以及2019年非洲54个国家中非投资指数值,并通过编制中非投资指数,研究和总结这20年非洲经济发展与中国对非投资环境、投资风险的变化,为我国政府与企业与时俱进地调整对非投资合作的思路、重点,创新中非合作模式,探索一条更合理、更精细、更可持续的中非合作新路提供依据。

(二)中非投资概述

1. 中国对非投资流量和存量

自2000年第一届中非合作论坛以来,中非的经济往来愈加频繁,中国对非直接投资逐渐增加。从存量角度看,2000年中国对非投资仅2.1亿美元,2003年增至4.91亿美元,2008年为78.04亿美元,2019年达到443.9亿美元,2020年达到473.5亿美元,中国对非直接投资存量规模一直呈显著上升趋势(见图1-1)。从流量角度看,从2003年到2008年国际金融危机发生前,中国对非直接投资流量规模在这五年间每年几乎都是翻一番。2008年中国工商银行收购了南非最大的商业银行——标准银行(Standard Bank)20%的股份,中国对非直接投资流量激增到近二十年的最大值54.91亿美元,而此后因国际金融危机影响,中国大部分企业选择相对减少对外直接投资。随着2009年第四届中非合作论坛部长级会议的推进,中国对非直接投资流量逐渐回升,2013年又因世界经济大环境低迷的影响,投资规模减小,2016年继续增长,2018年中国对非直接投资流量增长到53.9亿美元(见图1-2),但2019年中国对非投资下降了49.9%,达到27.1亿美元,2020年中国对非投资逆势增长到29.6亿美元。

值得注意的是,虽然中国对非投资额增长迅速,已成为非洲地区的主要国际直接投资国,但非洲在中国对外直接投资的地位有待提升。2019

（单位：亿美元）

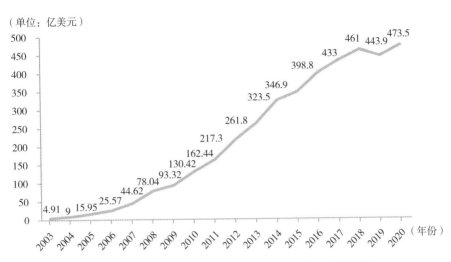

图 1-1　2003—2020 年中国对非洲直接投资存量规模变化

资料来源：根据《2020 年中国对外直接投资统计公报》，中国商务出版社 2021 年版，第 56 页。

（单位：亿美元）

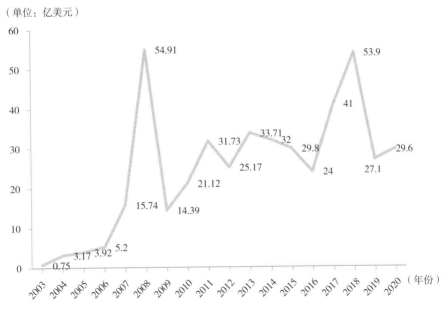

图 1-2　2003—2020 年中国对非洲直接投资流量规模变化

资料来源：根据《2020 年中国对外直接投资统计公报》，中国商务出版社 2021 年版，第 50 页。

年中国对非直接投资流量与存量均各占中国对外直接投资流量与存量总额的比重为2%，远远低于亚洲、拉丁美洲、欧洲和北美洲的投资水平（见表1-1、表1-2）。

表1-1　2019年中国对外直接投资流量地区构成情况

洲别	金额（亿美元）	比重（%）
亚洲	1108.4	80.9
拉丁美洲	63.9	4.7
北美洲	43.7	3.2
欧洲	105.2	7.7
非洲	27.1	2.0
大洋洲	20.8	1.5
合计	1369.1	100.0

资料来源：《2019年中国对外直接投资统计公报》，中国商务出版社2020年版，第16页。

表1-2　2019年中国对外直接投资存量地区构成情况

洲别	金额（亿美元）	比重（%）
亚洲	14602.2	66.4
拉丁美洲	4360.5	19.8
欧洲	1143.8	5.2
北美洲	1002.3	4.6
非洲	443.9	2.0
大洋洲	436.1	2.0
合计	21988.8	100.0

资料来源：《2019年中国对外直接投资统计公报》，中国商务出版社2020年版，第21页。

2. 中国对非投资的国别分布

中国在非洲的直接投资覆盖率很高，但受资国分布较为集中。

从中国境外企业在各大洲的分布与覆盖率变化情况来看，2003年在非对外直接投资企业覆盖率为73%，2019年达到86.7%，覆盖了非洲52个国家，在54个非洲国家中仅有2个国家（斯威士兰、索马里）未涉及。从投资流量国家分布来看，2019年中国对非直接投资流量前十国家分别为刚果（金）、安哥拉、埃塞俄比亚、南非、毛里求斯、尼日尔、赞比亚、乌干达、尼日利亚和坦桑尼亚，10国流量总额占中国对非直接投资总额的比重高达72%；从投资存量国家分布来看，截至2019年，中国对非直接投资存量最高的10个非洲国家分别为南非、刚果（金）、安哥拉、赞比亚、埃塞俄比亚、尼日利亚、加纳、阿尔及利亚、津巴布韦和肯尼亚，10国投资存量在中国对非直接投资存量总额中的占比为63%，其中，对南非投资存量规模占比为14.17%；从中国境外直接投资企业在非洲大陆的分布来看，主要受资国为赞比亚、埃塞俄比亚、尼日利亚、肯尼亚、南非、加纳、乌干达等。中国对非直接投资潜力在未来尚有待发挥和挖掘（见图1-3、图1-4）。

（单位：亿美元）

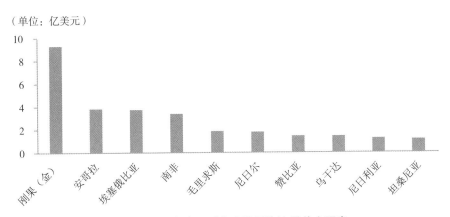

图1-3 2019年中国对非直接投资流量前十国家

资料来源：《2019年中国对外直接投资统计公报》，中国商务出版社2020年版，第50页。

（三）国内外现有中非投资指数综述

目前，关于非洲投资指数（Africa Investment Index，AII）的研究，相对影响力较大的有量子全球研究实验室编制的非洲投资指数和由化险集团（Control Risks）、牛津非洲经济研究所常驻非洲各地的研究团队共同编制并联合发布的《非洲投资风险与回报指数》（*African Risk-Reward Index*）。

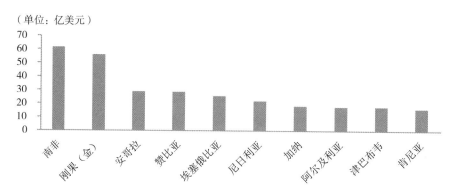

图 1-4　2019 年中国对非直接投资存量前十国家

资料来源：《2019 年中国对外直接投资统计公报》，中国商务出版社 2020 年版，第 56 页。

1. 非洲投资指数—量子全球研究实验室

量子全球研究实验室（Quantum Global Research Lab）是一家总部位于苏黎世的投资基金和资产管理公司，主要关注非洲。量子全球研究实验室 2017 年开始开发非洲投资指数，以后每年编制一次，至今已经编制了 2 期。非洲投资指数旨在为非洲投资者提供一份指南，说明哪些国家和市场在中短期内最具投资吸引力。

非洲投资指数是基于六个因素集群的多维晴雨表，即增长因素、流动性因素、风险因素、人口因素、商业环境因素和社会资本因素，包含了非洲 54 个国家的数据，见表 1-3。

表 1-3　非洲投资指数因素

因素	描述
增长因素	捕捉增长机会和投资潜在回报
流动性因素	与国内实际利率水平和货币供应过剩有关
风险因素	包括货币贬值风险、进口保障、经常账户余额和债务水平
人口因素	与人口规模有关
商业环境因素	表示经商的便利性
社会资本因素	说明目标国家的网络、知识和联系水平

资料来源：https://quantumglobalgroup.com/wp－content/uploads/2017/04/Africa＿Investment＿Index＿April_2017_18.04.2017Final_Curves.pdf。

其中,增长因素包括 GDP 增长、国内投资和经济规模等因素,涵盖了增长机会和投资的潜在回报;流动性因素与国内实际利率水平有关,与 M_2 增长超过 GDP 增长的部分所衡量的过度货币供应有关;风险因素包括国家的信用评级、货币贬值风险(以通货膨胀差值衡量)、进出口比率、经常账户余额和债务水平等方面;人口因素与目前和未来的人口规模和潜在市场有关;商业环境因素主要指微观制度因素,采用世界银行制定的营商环境指标;最后一个因素是社会资本因素,是一种创新,它决定了目标国家的网络、知识和联系水平。

非洲投资指数研究综合考虑了投资者进入一个新的市场时通常考虑的多种因素,科学评估了不同时期非洲国家对投资的吸引力。根据非洲投资指数(2018),尽管非洲大陆为吸引外国直接投资作出了大量努力,但根据 2016 年数据,非洲吸引的外商直接投资额仅为 590 亿美元。从全非来看,资金流入仍然不均衡,近年来投资者出现向安哥拉、埃及和尼日利亚等较大经济体的倾斜。2018 年,摩洛哥的投资吸引力在非洲国家中排名第一,埃及紧随其后排名第二,阿尔及利亚和博茨瓦纳分别为第三位和第四位,科特迪瓦排名第五。前十名的其他国家还包括南非、埃塞俄比亚、赞比亚、肯尼亚和塞内加尔。其中,博茨瓦纳在风险因素和经商便利性方面优势明显。斯威士兰、摩洛哥、尼日利亚和阿尔及利亚等国家的风险因素相对较低,在所有 54 个国家中,尼日利亚和安哥拉由于经济复苏在排名上进步较大。

2.《非洲投资风险与回报指数》—Oxford Economics

《非洲投资风险与回报指数》(African Risk-Reward Index)报告由化险集团(Control Risks)和牛津非洲经济研究所常驻非洲各地的研究团队共同编制而成联合发布,报告涵盖 26 个国家[①],覆盖非洲大陆全局和最

[①] 报告基于其常驻非洲的研究团队对当地市场的深入了解和对最新动态的密切监测,从政治和经济角度选取了 26 个国家:阿尔及利亚、安哥拉、博茨瓦纳、喀麦隆、刚果民主共和国、埃及、埃塞俄比亚、加蓬、加纳、科特迪瓦、肯尼亚、马拉维、毛里求斯、摩洛哥、莫桑比克、纳米比亚、尼日利亚、卢旺达、塞内加尔、南非、苏丹、坦桑尼亚、突尼斯、乌干达、赞比亚、津巴布韦。

新动态,提供了整个非洲大陆主要经济体市场投资机遇和风险的对比快照。该指数 2016 年开始编制,每年编制一次,至今已经编制了 5 期。最新一期为《非洲投资风险与回报指数 2020》。

《非洲投资风险与回报指数》通过比较法对非洲大陆各个国家的投资风险和回报情况进行综合评估,从政治和经济角度展示了非洲主要经济体市场内投资格局的变化情况,总结出可能影响非洲大陆投资的关键趋势和长期前景,揭示其对于投资者的潜在影响,并对不同情况下可能的成功战略提出了一些建议。

每个国家的风险评分来自经济和政治风险评估(EPRE,化险集团和牛津非洲经济研究所的联合订阅平台),其分析师对一国一系列政治和经济风险因素进行评分,评分范围是 1—10,10 代表最高风险水平,每一个政治和经济风险基于其在国家背景下的重要性及其对商业的潜在影响,都有一个默认权重,然后将每个国家的政治和经济风险变量结合起来即可得到一个国家的整体风险评级,见表 1-4。

表 1-4　非洲投资风险与回报指数的政治经济评估

整体风险评分			
政治综合评估		经济综合评估	
政治稳定性	评分	信用风险	评分
	权重		权重
社会凝聚力	评分	贸易风险	评分
	权重		权重
国际关系	评分	汇率风险	评分
	权重		权重
营商环境	评分	市场需求风险	评分
	权重		权重
意识形态和政策	评分	市场成本风险	评分
	权重		权重

资料来源:https://www.controlrisks.com/campaigns/africa-risk-reward-index。

每个国家的回报评分包括中期经济增长预测、经济规模、经济结构和人口结构。在回报评分中，经济增长前景的权重最大，因为经济增长强劲的地方，投资机会会成倍增加。但经济的绝对规模也有影响：例如，2016年南非GDP增长0.3%，代表了8.3亿美元的额外增加值，而卢旺达GDP增长5.9%意味着略高于5亿美元的新增加值，所以回报评分中也包含了经济规模的权重；经济结构指标来源于牛津非洲经济研究所的国家风险评估模型的"经济结构风险"部分，该模型考虑了债务指标、经常账户、金融结构（包括银行业稳定性）和投资；人口结构指标包括人口规模、城市化和抚养比率。

2020年第五期最新报告显示，2019年非洲各国在风险和回报方面的综合表现普遍提升，疫情影响下的2020年则没有那么乐观。2020年报告重点关注的26个国家均陷入不同程度的倒退：回报指数无一例外地下滑；风险水平亦少有积极表现。综观2018—2020年的风险与回报指数，塞内加尔、赞比亚、埃及、博茨瓦纳和埃塞俄比亚的降幅最大。报告指出，疫情冲击和全球衰退的大环境下，全球的外国投资都面临缩水。而像非洲这样的发展中市场受到的冲击尤甚。风险厌恶型投资者纷纷裹足不前甚至选择离开，长远来看，投资者选择撤离非洲很可能是一个错误。然而就目前而言，资本外逃对非洲市场的影响是实实在在的。但另外，虽然非洲的复苏之路困难重重，但疫情也倒逼各国加速改革，着力解决阻碍长期发展的突出问题；并进一步促使科技行业崛起，成为产业复兴的推动力；而在非洲艰难又富有生机的复苏道路上，信息环境复杂化、各方力量的影响力运作和话语权争夺正愈演愈烈，值得投资者持续保持关注。

（四）发布机构简介

2018年6月，上海对外经贸大学创设了实体性研究机构——国际发展合作研究院，经过三年的建设，研究院建设已经取得阶段性成果。在2019年"一带一路"国际合作高峰论坛上，研究院入选"一带一路"国际智库合作委员会成员单位；2020年6月，又成为中国国家国际发展合作署核心智库。

研究院的主要研究领域为国际援助、国际贸易、开发性金融和中非贸易投资等。在区域层面主要聚焦非洲经济及中非发展合作，致力于成为我国非洲经济研究的重点。本研究院对非洲研究的主要特色是经济学视角的研究，我国非洲研究的学科基础大多为政治学及历史学，黄梅波教授作为长期从事世界经济研究的学者近年来带领研究团队进行了大量的非洲研究，并致力于搭建经济学与非洲研究的桥梁。一方面在中国非洲研究中更多地加入经济学的研究方式；另一方面引导中国世界经济学界的学者，特别是青年学者用规范的经济学研究方法研究非洲经济或中非经贸合作问题。另外，研究院自建立以来就每年举办中非经贸论坛，通过机制化的年度论坛形式，设置最主流的议题，邀请重磅级嘉宾，共同探讨中非发展合作及经贸合作所面临的战略性、前瞻性问题，打造一个旨在推进非洲经济及中非经贸合作研究的学术研究与交流品牌论坛。

二、中非投资指数指标体系构建及测算方法

（一）中非投资指数测算对象

中非投资指数测算对象为非洲统计协调委员会（ASCC）编写的《非洲统计年鉴》（African Statistical Yearbook）中列出的非洲54个国家。

（二）中非投资指数指标体系构建方法

1. 指标体系构建方法

构建指标体系作为一种综合评价方法，是在考虑评价目的的基础上，通过测定或衡量评价对象的某个或某些属性，综合评估在某一时间节点或时间段内数量规模、质量水平、业绩、功能等指对评价对象进行某种层面或某种角度的评估。中非投资指数指标体系建设采用综合评价方法，通过经济规模、产业结构、投资活力、风险因素、投资环境和投资潜力六个方面进行测评，评价中国对非洲及非洲各国的投资水平。

指数体系初选方法有分析法、综合法、交叉法、指标属性分组法等。

本报告将主要结合综合法与分析法进行指标体系构建。综合法是对已有指标群按一定的标准进行聚类以构建指标体系。分析法是根据度量对象和目标逐层划分成若干不同部分或侧面,每一个部分或侧面都可以用具体的统计指标来描述实现。本报告首先对中非投资整体水平和环境进行剖析,划分不同侧面,设置一级、二级指标,并根据数据可获取性设置理论与数据指标,最后进行指标体系完善,并采用主观检验即邀请专家对指标进行过滤和净化,确定最终指标体系。

2. 指标体系构建原则

本项目立足全面性、系统性、科学性原则构建中非贸易投资指标体系,考虑到非洲数据缺失问题,遵从数据可行性与可操作性原则,从六个方面三个层级进行指标体系构建。

(三)中非投资指数指标体系构建

根据中非投资指数指标体系构建方法与构建原则,并参考非洲投资指数、《非洲投资风险与回报指数》(African Risk-Reward Index),本机构制定的中非投资指数主要包括 6 个一级指标与 26 个二级指标。中非投资指数指标体系内容具体包括:

1. 经济规模

主要包括经济总量、经济增量、经济均量和经济人口四个方面。规模是反映投资"量"方面的指标,通过规模的衡量来确定投资的整体水平,是确定投资指数的基础指标。

2. 产业结构

产业结构是反映投资"质"方面的指标,通过产业保障、产业升级两个方面度量。

3. 投资环境

投资环境决定了投资的便利化程度,投资便利化是衡量一个国家投资水平的重要因素,也是投资活动赖以发展的重要条件和环境,对投资发展起主要支撑作用,包括政府力量、基础设施、金融服务、信息技术、文化环境五个方面。

4. 投资活力

投资活力是反映投资灵活性与动力的主要指标,通过贸易活力、资本活力和中非关系三个方面确定。

5. 投资潜力

一个国家的产业与技术条件基础将决定投资是否能有效利用各种资源。该因素影响该国的投资发展,可以通过资源潜力、产业潜力、援助力度、投资保障和技术更新五个方面度量。

6. 风险因素

投资的风险因素是决定中国对非洲国家投资是否可持续稳定发展以及跨国项目成败的关键因素,其风险高低将对投资项目决策起至关重要的作用,风险因素主要包括政治风险、经济风险、金融风险、社会风险和疾疫风险五个方面。中非投资指数指标体系见表1-5。

表1-5　中非投资指数指标体系

一级指标	二级指标	三级指标	权重（%）
经济规模	经济总量	GDP	11.43
	经济增量	实际 GDP 增长率	1.10
	经济均量	人均 GDP	5.03
	经济人口	经济活动人口	6.12
产业结构	产业保障	工业比重	3.46
	产业升级	服务业比重	1.13
投资环境	政府力量	政府财政收入	3.92
	基础设施	道路铺设量	4.15
	金融服务	银行数量	3.01
	信息技术	电话网络使用量	5.60
	文化环境	成人文盲率	2.62
投资活力	贸易活力	进出口贸易额	6.72
	资本活力	外国直接投资（FDI）	2.12
	中非关系	中非国际关系指数	5.90

一级指标	二级指标	三级指标	权重（%）
投资潜力	资源潜力	自然资源租金总额	8.20
	产业潜力	人均制造业增加值	5.57
	援助力度	官方发展援助（ODA）	3.62
	投资保障	电力生产能力	7.00
	技术更新	向发展中国家提供技术援助	1.79
风险因素	政治风险	政治稳定性指数	3.20
	经济风险	通货膨胀率	1.30
	金融风险	汇率变动	1.80
	社会风险	每10万人受害者人数	1.46
	疾疫风险	供水和卫生的官方流量总数	3.75

（四）中非投资指数测算方法与数据来源

中非投资指数非指标计算方法主要包括数据标准化处理、权重设置方法等，也包含缺失值填充等处理方法。

1. 数据标准化处理

在选取指标并获得原始数据后，需要对指标进行无量纲化处理，即标准化处理，使数据结果在1和0之间，并对数据采用正向化处理。遵循标准化需合乎逻辑、适应异常值、客观以及标准化后得分需有区分度的原则。按照数据类型，指标数据标准化主要分为：极差变化法处理、阿特曼（Z-Score）模型、对数函数处理和指数函数处理。极差变化法进行无量纲化可以将原始数据进行线性变化，具体公式表达为式（1-1）、式（1-2）：

$$A_{ij} = \frac{X_{ij} - \min(X_{ij})}{\max(X_{ij}) - \min(X_{ij})}（X_{ij}为正向指标） \tag{1-1}$$

$$A_{ij} = \frac{\max X_{ij} - X_{ij}}{\max(X_{ij}) - \min(X_{ij})}（X_{ij}为负向指标） \tag{1-2}$$

其中，X_{ij}为指标评数值，A_{ij}为指标标准化以后数值，如果指标为正向指标,即对中非投资指数正向影响,采用式(1-1),如果指标为负向指标,即对中非投资指数负向影响,采用式(1-2)。由于部分指标存在规模性问题,因此采用取对数的方式保留其数据规模。

2. 权重设置方法

权重是某种数量形式对比、权衡被评价实物总体中诸因素相对重要程度的量值。本报告中使用熵值法以及专家打分相结合的方法对投资指数权重进行测算,利用不同评价方法在处理指标构建、指标赋权或评价信息上的特点和优势,提高指数体系评价的质量。其中,客观权重根据使用熵值法计算得到,主观权重则邀请专家打分,根据中国对非洲投资的现实情况进行权重赋权。通过主客观权重共同确定最终权数,进而测算中非投资指数。最终指标权重见表1-5。

3. 数据汇总

本指数体系采用加权线性合成的方法计算整体中非投资指数结果,基本公式为:

$$X = \sum_{i=1}^{n} w_i x_i \tag{1-3}$$

其中, w 为指标权重, x 为指标评价值, n 为评价指标个数。中非投资指数总指标满分设置为100分。其中:

经济规模分数越高,说明该项规模越大;

产业结构指标分数越高,说明结构越合理;

投资活力指标分数越高,说明活力越大;

风险因素指标越高,说明该项指标风险越低;

投资环境指标分数越高,说明投资便利化水平越高;

投资潜力指标分数越高,说明投资潜力越大。

4. 数据来源

本指数测算的主要数据来源为2002—2020年世界银行数据、非洲统计协调委员会(ASCC)编写的《非洲统计年鉴》(*African Statistical Yearbook*),以及中国国家商务部网站发布的《对外投资合作国别(地区)指南》(http://fec.mofcom.gov.cn/article/tjsj/)。

三、中非投资指数总体结果及分析

（一）中非投资指数总体结果及分析

1. 2019 年中非投资指数总体结果及分析

（1）2019 中非投资指数总体结果及排名前十的国别分析

本报告基于中非投资指数指标体系中 6 个一级指标与 26 个二级指标，并利用主客观权重结合的方法测算，计算得到 2019 年非洲 54 个国家中非投资指数值，具体指数与排名见表 1-6。

表 1-6   2019 年中非投资指数

排名	国家（中文）	国家（英文）	中非投资指数
1	埃及	The Arab Republic of Egypt	91.35
2	南非	The Republic of South Africa	86.03
3	尼日利亚	The Federal Republic of Nigeria	84.89
4	利比亚	State of Libya	67.06
5	阿尔及利亚	The People's Democratic Republic of Algeria	58.29
6	科特迪瓦	The Republic of Côte d'Ivoire	54.91
7	毛里求斯	The Republic of Mauritius	54.55
8	安哥拉	A República de Angola	53.70
9	赤道几内亚	The Republic of Equatorial Guinea	53.05
10	摩洛哥	The Kingdom of Morocco	52.83
11	塞舌尔	Republic of Seychelles	52.79
12	坦桑尼亚	The United Republic of Tanzania	52.17
13	埃塞俄比亚	The Federal Democratic Republic of Ethiopia	51.22
14	刚果（金）	Democratic Republic of the Congo	46.71
15	突尼斯	The Republic of Tunisia	45.14
16	加蓬	The Gabonese Republic	44.28
17	乌干达	The Republic of Uganda	43.97
18	肯尼亚	The Republic of Kenya	43.06

排名	国家（中文）	国家（英文）	中非投资指数
19	南苏丹	The Republic of South Sudan	42.31
20	加纳	The Republic of Ghana	41.15
21	乍得	The Republic of Chad	40.17
22	喀麦隆	The Republic of Cameroon	39.91
23	赞比亚	The Republic of Zambia	39.82
24	利比里亚	The Republic of Liberia	39.52
25	毛里塔尼亚	The Islamic Republic of Mauritania	39.16
26	莫桑比克	The Republic of Mozambique	38.90
27	苏丹	The Republic of the Sudan	38.38
28	塞内加尔	The Republic of Senegal	38.38
29	斯威士兰	The Kingdom of Eswatini	37.52
30	圣多美和普林西比	The Democratic Republic of Sao Tome and Principe	37.19
31	贝宁	The Republic of Benin	36.82
32	尼日尔	The Republic of Niger	36.71
33	博茨瓦纳	The Republic of Botswana	35.12
34	布基纳法索	The Burkina Faso	34.89
35	科摩罗	Union of Comoros	34.69
36	佛得角	The Republic of Cabo Verde	34.55
37	马拉维	The Republic of Malawi	34.55
38	马里	The Republic of Mali	34.53
39	中非	The Central African Republic	34.50
40	布隆迪	The Republic of Burundi	34.43
41	吉布提	The Republic of Djibouti	34.10
42	塞拉利昂	The Republic of Sierra Leone	33.82
43	几内亚	The Republic of Guinea	33.43
44	卢旺达	The Republic of Rwanda	33.37
45	纳米比亚	The Republic of Namibia	33.35
46	几内亚比绍共和国	The Republic of Guinea-Bissau	32.86
47	厄立特里亚	The State of Eritrea	32.60
48	刚果（布）	The Republic of the Congo	32.06

续表

排名	国家（中文）	国家（英文）	中非投资指数
49	多哥	The Republic of Togo	31.84
50	冈比亚	The Republic of The Gambia	30.75
51	索马里	The Federal Republic of Somalia	29.61
52	津巴布韦	The Republic of Zimbabwe	29.28
53	马达加斯加	The Republic of Madagascar	29.23
54	莱索托	The Kingdom of Lesotho	24.70

经计算,中非投资指数排名前十的国家依次为埃及、南非、尼日利亚、利比亚、阿尔及利亚、科特迪瓦、毛里求斯、安哥拉、赤道几内亚、摩洛哥。通过表1-6可知,中非投资指数排名前十的国家指数均超过50。中非投资指数最高分值为埃及(91.35),最低分值为莱索托(24.70)。2019年中非投资指数平均分为42.63,其中高于该平均分值的国家18个,占比35%。

中非投资指数得分最高的是埃及(91.35)。埃及是古代四大文明古国之一,是非洲人口第二大国,非洲第三大经济体,在经济、科技领域方面长期处于非洲领先态势。埃及自经济改革以来,营商环境改良,投资活动受到支持,财政调整稳步推进。埃及是非洲大陆最具吸引力的投资目的地。埃及在每一个中非投资指数一级指标中都有得分较高的二级指标,经济规模的GDP和经济活动人口数量、投资环境的道路铺设量得分、投资活力的进出口贸易额、投资潜力的电力生产能力等得分都较高。

中非投资指数得分第二的是南非(86.03)。南非是非洲第二大经济体,南非财经、法律、通信、能源、交通业发达,拥有完备的硬件基础设施和股票交易市场,黄金、钻石生产量均占世界首位,深井采矿等技术居于世界领先地位。南非在中非投资指数经济规模中得分较高,在投资活力的贸易活力以及投资潜力的投资保障中,南非得分最高。

中非投资指数得分第三的是尼日利亚(84.89)。尼日利亚是目前非洲第一大经济体,尼日利亚不但临靠大西洋几内亚湾,还拥有丰富的自然资源,尤其是如今变现能力超强的石油资源、天然气资源和煤炭资源。尼日利亚在中非投资指数经济规模指标中有两项分指标得分第一,分别是GDP 规模和经济活动人口数量,尼日利亚在投资活力的进出口贸易和投资潜力的电力生产能力中也表现较好。

中非投资指数得分第四的是利比亚(67.06)。利比亚资源丰富,特别是气储量十分丰富,是世界主要产油国和石油输出国之一,这正是利比亚吸引外资的关键因素之一。利比亚在中非投资指数经济规模的实际GDP 增长率和产业结构的工业比重中得分均最高,同时利比亚在投资环境也有两个分项得分较高——国家财政力量和电话网络使用量。

中非投资指数得分第五的是阿尔及利亚(58.29)。阿尔及利亚国民经济发展主要依靠能源产品出口,石油、天然气及其副产品出口额超过该国出口总值的95%。中国企业在阿尔及利亚规模主要集中在油气、矿业领域,以油气区块风险勘探及矿业勘探开发为主,兼有汽车、金属加工、软木生产、旅游业、贸易等方面少量私人投资。阿尔及利亚在经济规模的GDP、产业结构的工业比重得分较高,投资环境也表现较好,道路铺设量和电话网络使用量得分较高,投资潜力和风险因素中也各有分项表现较好。

中非投资指数得分第六的是科特迪瓦(54.91)。科特迪瓦矿产、森林、农业经济作物等资源丰富,农业是其优势产业,而且科特迪瓦经济基础好,交通、通信设施有一定的基础,水、电供应充足,投资合作领域广阔,政府政策鼓励外来投资,投资合作形式多样化,并提供部分优惠政策,法律法规比较健全。这些使科特迪瓦具有一定的投资环境优势。科特迪瓦产业结构较好,在六项指标中得分较高,保障了其投资活力的可持续性。

中非投资指数得分第七的是毛里求斯(54.55)。毛里求斯是世界知名的旅游胜地,自然景观和人文景观极其丰富,旅游设施完善,旅游业和服务业的发展为毛里求斯带来大部分收入,在此基础上毛里求斯大力发展外国投资,形成出口加工业,目前经济趋于稳定,逐步向上发展。毛里求斯在中非投资指数经济规模中的人均 GDP 和产业结构的服务业比重的得分较高,在投资环境的基础设施项——道路铺设量的得分最高。

中非投资指数得分第八的是安哥拉(53.70)。安哥拉具有丰富的石油、天然气和矿产资源,其石油和钻石开采是国民经济的支柱产业,虽然不属于经济发达国家,但随着国际市场原油价格攀升,石油出口收入大幅增加。2001—2010年安哥拉经济年均增长率为11.1%,居全球第一。因此在中非投资指数中,安哥拉在产业结构与投资潜力中得分较高。

中非投资指数得分第九的是赤道几内亚(53.05)。赤道几内亚近年来石油工业发展快速,工业产值占比逐年增加,但产业结构单一,风险值较高,虽然资源丰富,具有石油、天然气、磷酸盐等,且渔业、林业资源丰富,但赤道几内亚国内无铁路,基础设施较差,因此投资环境得分较低,但由于资源条件较好且风险值较低,因此总体得分较高。

中非投资指数得分第十的是摩洛哥(52.83)。摩洛哥凭借濒临大西洋与地中海的优势,开放沿海,建设港口城市,近年增加了对其港口、交通和工业基础设施的投资,丹吉尔附近的新港口和自由贸易区创造了多元化和开放的市场经济,矿产品出口成为摩洛哥的支柱产业。摩洛哥在中非投资指数经济规模的GDP、投资潜力的人均制造业增加值和投资风险得分较高。

(2)2019年中非投资指数总体结果及国别等级分析

自然断裂法是基于数据中固有的自然分组,对分类间隔加以识别,可对相似值进行最恰当的分组,并使各个类别之间差异最大化。利用ArcGIS 10.3软件对2019年中非投资指数进行可聚类可视化,并通过自然断裂法将54个国家划分为5个等级,可得到2019年中非投资指数分级地图(略)。其中,五个等级的划分断裂数值分别为67.061、52.801、37.515、32.058,得到中非投资指数从高到低划分的五个等级,第一等级国家有3个,第二等级国家有7个,第三等级国家有19个,第四等级国家有18个,第五等级国家有7个。

首先,中非投资指数最高的等级中包括的国家为埃及、南非和尼日利亚,三个国家得分均在80分以上,这三个国家也是非洲前三大经济体,具有较好的经济基础和产业结构,且自然资源丰富,基础设施较完善,具有较大的投资潜力。

埃及位于非洲大陆东北角,地处欧洲、亚洲、非洲三大洲的交通要道,经济多元,人口数量多,市场增长潜力大,是非洲本地和国际投资者的首选投资地区。金融部门是埃及最繁荣的部门之一,采矿业和农业也是很好的投资领域。尼罗河三角洲沿线的农业发展较好,可投资棉花、甘蔗和水果等经济作物。

南非位于非洲大陆最南部,东、南、西三面为印度洋和大西洋所环抱,其西南端的好望角航线,历来是世界上最繁忙的海上通道之一,有"西方海上生命线"之称。作为目前非洲的第一大经济体,南非拥有强大的资本市场、较完善的基础设施和金融服务,是外国投资者进入非洲的门户。当地耕地广阔,气候宜人,耕种机会多,原材料和劳动力充足,可降低公司的低管理成本,南非是最大的黄金和铂金生产国之一,所以矿业也是一个值得投资的领域;农业是南非的第二大部门,雇佣员工超过850万人;通信和信息产业是南非增长最快的部门,随着人们对信息的需求不断增加,该行业将进一步发展。矿业、农业加工、通信和信息产业都是南非吸引外国直接投资的热门领域。

尼日利亚位于非洲西部,南濒大西洋几内亚湾,水系发达,国内多河流。尼日利亚人口位居世界第七,是非洲第一人口大国,总人口超2亿人次,占非洲总人口的16%。尼日利亚自然资源丰富多样,主要有石油、天然气、煤炭、铁矿等30余种矿产资源,油气产业占国民经济绝对主导地位,是非洲最大的石油生产和出口大国,占该国出口收益逾90%,也是最大的收入来源。此外,尼日利亚人口众多,对土地和住房需求较大,在当地投资房地产收益比较可观,尼日利亚的金融科技也是未来的投资热门领域。尼日利亚经济增长潜力巨大,石油价格和商品生产稳定,是当今世界主要的新兴市场之一,吸引了多国投资。

其次,中非投资指数第二等级的国家有利比亚、阿尔及利亚、科特迪瓦、毛里求斯、安哥拉、赤道几内亚和摩洛哥。

利比亚处于非洲北部,北临地中海,拥有便利的海陆运输交通,地理战略位置重要,是中东石油运到西欧、美国的必经之路。利比亚资源丰富,特别是气储量十分丰富,是世界主要产油国和石油输出国之一,这正是利比亚吸引外资的关键因素之一。但是利比亚政局自2011年后持续动荡,作为国家经济支柱的石油产业受到很大影响,进而对投资活动造成影响。

阿尔及利亚位于非洲西北部,北临地中海,国土面积排名全球第十位,是非洲第一大国。阿尔及利亚石油、天然气储量庞大,丰富的油气资源是阿尔及利亚经济发展的最大助力。2016年阿尔及利亚开始实施一项旨在促进投资的新法规,其目的是借助改善国家整体的营商环境来提振经济,同时通过吸引外国直接投资来减少进口的数量和实现出口的多样化。2018年9月,阿尔及利亚和中国签署了关于"一带一路"倡议的谅解备忘录,重点加强中国与阿尔及利亚的基础设施与能源合作。

科特迪瓦位于非洲西部,南临几内亚湾,区位优势明显,辐射西非内陆国家。科特迪瓦矿产、森林、农业经济作物等资源丰富,农业产值占到国民经济总产值的1/4,科特迪瓦经济基础好,交通、通信设施有一定的基础,水、电供应充足,投资合作领域广阔,政府政策鼓励外来投资,投资合作形式多样化,并提供部分优惠政策,法律法规比较健全,使科特迪瓦具有一定的投资环境优势。

毛里求斯是非洲东部的一岛国,位于印度洋西南方,其地理位置比较优越,具有强大的辐射能力。毛里求斯具有便利的交通,有能直通欧洲、非洲、亚洲和澳大利亚的海空航线,便于产品原料的运输。毛里求斯经济长期保持持续稳定发展,制糖业、纺织服装出口加工业和旅游业是毛里求斯传统三大支柱产业。同时毛里求斯是东南非共同市场和南部非洲发展共同体成员,并拥有设备齐全的港口设施,自由港服务具有一站式服务功能。通过毛里求斯进入非洲市场大有潜力。毛里求斯有进一步加强基础设施建设和开发旅游资源的需求,港口、机场、铁路和风景区建设领域蕴藏着诸多投资商机。

安哥拉位于非洲西南部,西临大西洋。安哥拉国土富饶,石油、天然气和矿产资源丰富,同时内陆也出产钻石。经济以农业与矿产为主,也有炼油工业,主要分布于卡宾达的滨海地带。相对于其他非洲国家,安哥拉的网络普及率较高,此外,安哥拉的酒店及旅游业、水电领域都在快速发展,这对于相关行业的外国投资者将是巨大的投资机遇。

赤道几内亚位于非洲中西部，西临大西洋，其石油资源储量丰富，具有较高的资源潜力，但国内基础设施相对较差，投资环境得分较低，尤其是电信业起步较晚，整体水平仍较落后。2019 年赤道几内亚推出"2019—2022 经济复苏议程"，将大力发展油气产业及工业、农渔业、旅游业、信息通信技术、金融服务等非石油行业，加强民生建设，改善营商环境。但是由于近年受国际原油价格下跌影响，经济连续负增长，外汇储备大幅减少，财政困难，经济多元化效果不彰，经济转型任重道远。

摩洛哥位于非洲大陆的西北角，北部隔直布罗陀海峡与西班牙咫尺相望，西临大西洋，成为连接欧洲、非洲和美洲三大市场的交通要道。受益于在地理上毗邻欧洲及相对较低的劳动力成本，摩洛哥创造了多元化和开放的市场经济，摩洛哥政治稳定、经济增长、设施齐全、市场透明。政府实行有力的发展措施和体制改革，使摩洛哥经济强劲、稳定和可持续发展。三大重点领域成为未来的投资方向：汽车零配件产业、新能源产业和茶业。

再次，中非投资指数第三等级的国家有塞舌尔、坦桑尼亚、埃塞俄比亚、刚果（金）、突尼斯、加蓬、乌干达、肯尼亚、南苏丹、加纳、乍得、喀麦隆、赞比亚、利比里亚、毛里塔尼亚、莫桑比克、苏丹、塞内加尔、斯威士兰。

塞舌尔是坐落在东部非洲印度洋上的一个群岛国家，地处印度洋东西方贸易的必经之地，与亚洲、非洲、欧洲大陆隔海相望。塞舌尔工业和农业体系薄弱，国民经济的支柱产业是旅游、渔业和手工业等。从投资合作吸引力的角度看，塞舌尔具备一定的竞争优势，其政治较为稳定，具备较好的基础设施。当地的通信、电力、供水和道路网络基本上可以满足投资要求，且政府欢迎、支持本地和外来投资。

坦桑尼亚位于非洲东部，东临印度洋。坦桑尼亚矿产、水力资源丰富，经济以农牧业为主，坦桑尼亚政府长期对外国直接投资抱有积极态度。自 2014 年起，该国外商直接投资存量一直位列东非地区榜首。坦桑尼亚政府一直寻求吸引矿业与农业的投资者，并制定了农业优先战略，农业及采矿业投资者有资格获得特殊优惠待遇。此外，坦桑尼亚是中国对非洲开展产能合作的试点国家之一，坦桑尼亚是"一带一路"倡议的重要支点,中坦产能合作已经初见成效。

埃塞俄比亚地处非洲之角的中心位置,同时处于非洲和中东的交汇处,地理位置优越,产品不仅可有效辐射周边市场,也利于产品销售到亚洲各国。埃塞俄比亚是继尼日利亚之后非洲第二大人口国。埃塞俄比亚资源较丰富,但勘探开发滞后,是非洲政局最稳定的国家之一。为了加大外资引进力度,埃塞俄比亚先后4次修改投资法律法规,不断降低外资进入门槛,增加投资优惠政策,扩大投资领域,实行税收减免等措施,为外国投资者提供保护和服务。

刚果(金)地处非洲中部,西隔刚果河与刚果(布)相望,西部有狭长走廊通大西洋。刚果(金)拥有广阔的领土、庞大的人口、丰富的水系、储藏量极大的自然资源以及位处中部非洲的战略位置。刚果(金)的相关金属资源将随着新能源等领域的进一步发展,特别是中国市场在该领域相关原料的广泛需求,将源源不断地扩大出口,进而或增加了由贫穷变得富有起来的更多机遇,加大了包括中国企业在内的全球投资者对刚果(金)相关金属资源市场的投资。

突尼斯位于非洲北端。经济中工业、农业、服务业并重。工业以磷酸盐开采、加工及纺织业为主。橄榄油是出口创汇的主要农产品。旅游业较发达,在国民经济中占重要地位。政府曾制定2016—2020年五年发展规划,重点规划港口、铁路、高速公路等大型基础设施项目建设,意在拉动经济增长、创造就业、吸引投资,进而推行政治、经济改革,实现国家可持续发展。欧盟是突尼斯的主要贸易伙伴,其中法国、意大利、德国是突尼斯前三大出口市场,意大利、法国、中国是突尼斯前三大进口来源国。突尼斯主要出口产品为电子机械、纺织品等,进口产品主要是能源、机电设备、汽车、棉花、农业和食品加工产品等。

加蓬位于非洲中部西海岸,横跨赤道线,西濒大西洋。加蓬拥有丰富的森林和水力资源,有石油、锰、铁、金、铅、铜和等矿产,品位高。目前,石油、锰和木材是加蓬经济的四大支柱,占到了国民生产总值的7成以上。加蓬政局总体稳定,经济社会发展水平较高,与中国保持良好关系,同时加蓬正在积极推进经济多元化发展,在木材加工、基础设施建设、能源资源开发与利用、农业现代化、旅游等领域存在一定投资潜力。

乌干达是位于非洲东部、地跨赤道的内陆国，地处东非的中心区域，优越的位置使这里货物运输四通八达。农业是乌干达国民经济的主导产业，经济作物是乌干达外汇收入主要来源，咖啡是首要经济作物，是非洲地区最大的咖啡出口国。当前，乌干达工业化尚处于起步阶段，与中国经济互补性强，双方合作潜力巨大。中国生产能力、资金、设备和技术将为乌干达加快工业化进程带来新的机遇。

肯尼亚位于非洲东部，赤道横贯中部，东南濒临印度洋。肯尼亚市场潜力巨大。肯尼亚政府在 2030 年远景规划中，将能源、基础设施和建筑业、农业、制造业、采矿业、旅游业、批发和零售业、金融服务业和信息产业等列为重点发展领域。肯尼亚是东非地区工业最发达的国家，还是"一带一路"合作在非洲的重要支点和中国政府确立的开展产能合作先行先试示范国家之一，也是在信贷和创业方面是世界上表现最好的国家之一，投资潜力巨大。

南苏丹位于非洲东北部，是世界最不发达国家之一。道路、水电、医疗卫生、教育等基础设施和社会服务严重缺失，商品基本依靠进口，价格高昂。其土地肥沃，适合大规模农林牧业发展。国际社会在基础设施建设和公共服务等方面向南苏丹提供了大量援助。南苏丹经济严重依赖石油资源，石油收入约占政府财政收入的 98%。其自然资源丰富，主要有石油、铁、铜、锌、铬、钨、云母、金、银等，水利资源也很丰富。

加纳位于非洲西部，地理位置优越，是西非地区重要货物贸易集散中心，可辐射西非经济共同体 3 亿多人口大市场。加纳史称"黄金海岸"，自然资源禀赋丰厚，黄金、可可、石油是其三大出口创汇产品。近年来，加纳一直在大力投资改善其基础设施状况，并实行对投资者非常优惠的激励政策，为投资者所介入的行业或投资属地制定了一系列优惠的激励政策，确保其投资能产生丰厚的收益，吸引了大量外国投资。

乍得位于非洲中部，撒哈拉沙漠南缘，内陆国家，无铁路，主要靠公路运输。农牧业国家，经济落后，系世界最不发达国家之一。近年来，乍得接受国际货币基金组织经济结构调整计划，重点整顿棉花公司等国营企业和公职部门;鼓励私人投资和发展中、小企业;宣布实行企业私有化和自由经济;打击走私,保证税收;积极争取国际援助,鼓励外国投资。乍得矿产资源较丰富,但大多尚未开采。主要矿产有天然碱、石灰石、白陶土和钨、锡、铜、镍、铬等。

喀麦隆位于非洲中部,西南濒几内亚湾,西接尼日利亚,东北接乍得。喀麦隆地理位置和自然条件优越,资源丰富,农业和畜牧业为国民经济主要支柱,工业有一定基础。独立后实行"有计划的自由主义""自主自为平衡发展"和"绿色革命"等经济政策,国民经济发展较快,近年来,由于经济增长未达到年均5.5%的预期目标,喀麦隆政府于2014年年底出台加快经济增长三年紧急计划(2015—2017年),主要目标是尽快将经济增长率提升至6%,为此,其着力改善营商环境,实现生产设施现代化,推动喀麦隆国内工业崛起。

赞比亚为非洲中南部内陆国家,自然资源丰富,以铜为主。经济主要包括农业、矿业和服务业,其中以铜开采和冶炼为主体的矿业占重要地位。独立后至20世纪70年代中期经济发展较快,此后由于国际市场铜价下跌,政府国有化政策失误等原因,经济陷入困境。近年来,赞比亚面临干旱、电力短缺、农业歉收、外债高企等不利因素。疫情加剧了赞比亚经济的脆弱性。

利比里亚位于非洲西部,系最不发达国家之一。农业国,但粮食不能自给,工业不发达,矿产资源丰富。天然橡胶、木材等生产和出口为其国民经济的主要支柱。全国10%的人口从事矿业和制造业,矿产能源领域收入占政府收入的30%。内战期间由于政局持续动荡,生产受到严重影响,产值急剧下降,近年来有所恢复。

毛里塔尼亚位于非洲撒哈拉沙漠西部。经济结构单一,基础薄弱,矿业和渔业是国民经济的两大支柱,油气产业是新兴产业。其工业不发达,主要是一些采矿和小型加工业。采矿业以开采铁矿为主,是世界第七大铁矿石供应国。外援在国家发展中起着重要作用。近年来受国际原材料价格下跌影响,毛里塔尼亚矿产特别是铁矿石收入减少。加之受海水温度上升影响,渔业产量和收入也有所下降,其经济增长下行压力加大。

莫桑比克位于非洲东南部。莫桑比克是联合国宣布的世界最不发达国家和重债穷国。经济以农渔业为主,工业增加值占国内生产总值的比重约24%。独立后因受连年内战、自然灾害等因素的影响,经济长期困难。国际金融危机一度对莫桑比克出口及吸引外资产生较大负面影响,但莫桑比克政府通过加大基础设施投入,大力发展旅游业,改善投资环境,鼓励开发矿产、能源、农林渔业等资源,保持了经济平稳增长。2020年以来,受新冠肺炎疫情影响,莫桑比克主要出口产品煤、铝价格一度腰斩,北部海上天然气开发进程放缓,国内生产总值预计缩减2.4%。

苏丹位于非洲东北部,红海西岸。苏丹是联合国公布的世界最不发达国家之一,经济结构单一,基础薄弱,工业落后,对自然环境及外援依赖性强。受益于石油大量出口及借助高油价的拉动,苏丹经济曾一度成为非洲经济发展最快的国家之一。2011年南苏丹独立对苏丹经济产生冲击。近年来,苏丹国内物价上涨,货币贬值,财政收入锐减。为消除消极影响,苏丹政府一方面逐步加大对水利、道路、铁路、电站等基础设施以及教育、卫生等民生项目的投入力度;另一方面,努力改变财政严重依赖石油出口的情况,将发展农业作为长期战略。

塞内加尔位于非洲西部凸出部位的最西端,系最不发达国家,但经济门类较齐全,三大产业发展较平衡。国内粮食不能自给,是西非地区主要的花生、棉花生产国。渔业、花生、磷酸盐出口和旅游是塞内加尔四大传统创汇产业。近年塞内加尔经济保持稳定增长。

斯威士兰系非洲东南部内陆小国,被世界银行列为中等偏下收入国家。奉行自由市场经济,重视利用私人和外国资本,鼓励出口。经济开放度高,出口以农产品为主,经济增长受气候条件和国际市场变化影响较大。2003年推出新的经济增长战略,在增收减支的同时,努力促进农业发展,保障粮食安全,实现农作物种植多样化。斯威士兰经济严重依赖南非,自身回旋余地小,出口商品单一,发展不均衡,社会贫富差距悬殊。2020年,新冠肺炎疫情对斯威士兰经济造成较大冲击。

最后,中非投资指数第四等级的国家包括圣多美和普林西比、贝宁、尼日尔、博茨瓦纳、布基纳法索、科摩罗、佛得角、马拉维、马里、中非、布隆迪、吉布迪、塞里拉昂、几内亚、卢旺达、纳米比亚、几内亚比绍共和国、厄立特里亚,其他为第五等级。属于这两个等级的国家其得分总值均较低,但并不意味着指数系统内六大指标得分均低。部分国家由于经济规模或风险因素得分值较低,影响总体分值。

2. 2001—2019 年中非投资指数的变化及分析

由于部分数据缺失,在计算 2001—2018 年中非投资指数过程中对部分指标进行剔除,并对缺失数据进行补充。其中,南苏丹(South Sudan)于 2011 年宣告独立,其道路、水电、医疗等基础设施和社会服务欠缺,且相关数据缺失量较大,指数计算难度大,因此在该研究期内不考虑南苏丹的投资情况,由此得到 2001—2019 年非洲 53 个国家中非投资指数的时序变化。具体结果如下:

(1)2001—2019 年中非投资指数时序变化

2001—2019 年中非投资指数的时序变化主要特点表现为在波动中上升(见图 1-5)。中国政府从 2000 年起实施"走出去"战略,积极应对经济全球化挑战,且 2000 年第一届中非合作论坛举办,中非经济往来愈加频繁,中国企业在纺织、家电、建材、农业、食品加工等行业技术成熟,投资非洲除享有当地优惠政策外,还享有欧美等发达国家对非洲国家的优惠政策。因此,非洲市场是中国实施"走出去"战略的重点地区之一。中国采取了一系列政策,鼓励企业对外投资,如适当放宽了企业境外投资限制,建厂投资的设备、零件、原材料享受出口退税。2003 年中非投资指数达到一个小高峰,2003 年后有所下降,经济规模、投资潜力以及风险因素指标分数都一定程度下滑。2003 年是冷战结束以来非洲政变较多的一年,先后有中非共和国、圣多美和普林西比、几内亚比绍、毛里塔尼亚、科特迪瓦、布基纳法索等国发生军事政变,非洲大陆整体局势动荡,社会不稳定,且 2003 年是大国在非洲激烈角逐的一年,西方"重返"非洲的态势明显,因此 2003—2004 年中非投资指数降幅明显。此后中非投资指数继续上升,到 2008 年再次达到峰值,2008 年投资活力指标同比显著提高,投资环境与风险因素指标得分也略有上升,中国在非洲的对外直接投资流量迅速增长到 54 亿美元,部分原因是中国工商银行在 2008 年收购了南非标准银行20%的股权。2007年国家开发银行出资成立了中非发展基金,并在2010年发放了首笔"非洲中小企业发展专项贷款"。受国际金融危机的影响,2009年,全球经济进入寒冬,各国缩减对外投资,中非投资指数再次下降。2014—2015年,中非投资指数升至最新峰值,2015年虽然全球的跨境投资在下降,但当年非洲仍是外国直接投资增长最快的地区之一,外来投资增长7%,创造就业数也高于2010—2014年的平均水平,这段时间非洲地区吸收外资结构也发生了变化,由原先集中于几个国家和资源型行业,转为更加分散化和多元化,商业服务、汽车、环保技术和生命科学成为新的投资热点。2015年年底中国进出口银行作为股东之一设立了首批资金100亿美元的中非产能合作基金。2015年12月4日,中国国家主席习近平出席了中非合作论坛约翰内斯堡峰会开幕式,并发表题为《开启中非合作共赢、共同发展的新时代》的致辞,明确指出未来3年为确保中方同非方重点实施"十大合作计划",将提供600亿美元支持中非合作计划。2015年后,中非投资指数较为稳定,2017—2018年开始非洲大部分国家政局走向稳定,致力于建设更友好的投资环境,并推出吸引外资的政策。此外,非洲有世界上最年轻的人口,最大的劳动力市场。与此同时,很多发达国家拥有过剩的产能,饱和的市场,需要向非洲大陆的新兴市场转移。这些都使外国投资者的焦点投向非洲。2018年9月在北京举办了中非合作论坛峰会,为中非合作发展注入新的强劲动力。"一带一路"项目的建设也促进中非投资合作转型升级。2018年、2019年中非投资指数显著上升。2019年其投资活力分项指标得分大幅升高,经济规模、投资潜力等指标也有提升。

（2）2001—2019年中非投资指数空间演化

为进一步探讨研究期内中非投资指数在空间上的演化过程,利用ArcGIS 10.3软件对2001年、2007年、2013年、2018年中非投资指数进行可视化,并通过自然断裂法将53个国家划分为5个等级,得到中非投资指数空间演化图（略）。

根据2001—2018年中非投资指数整体空间格局,可以发现,非洲大陆南北地区的中非投资指数较高,中部较低;而根据上述四个年份的中非

图1-5 2001—2019年中非投资指数时序变化

投资指数空间演化图,可以得到其演化特征:高值区的数量随着时间推移显著增加。2001年仅有最南部的国家南非,其中非投资指数超过60,此时北部非洲阿尔及利亚、利比亚和埃及以及西部临海的尼日利亚的中非投资指数也较高;2007年尼日利亚以及地处欧洲、亚洲、非洲三大洲的交通要冲的埃及也跃升为中非投资指数第一梯队的国家,其得分均超过50,另一个沿海城市安哥拉以及与阿尔及利亚接壤的摩洛哥进入第二梯队;2013年、2018年最高值区的国家仍然是埃及、南非和尼日利亚,中部非洲地区的中非投资指数有所上升,与安哥拉、刚果(金)以及埃塞俄比亚也进入第二梯队。

埃塞俄比亚自2005年以来,政府实施"以农业为先导的工业化发展战略",加大农业投入,大力发展新兴产业、出口创汇型产业、旅游业和航空业,吸引外资参与能源和矿产资源开发,经济高速增长,又因有着"非洲之角"之称的埃塞俄比亚由于靠近欧洲和中东国家,因而对中国企业极具吸引力,中非投资指数稳定上升。

刚果(金)在2013年中非投资指数上升到次高值,2018年又下降一个水平,刚果(金)资源丰富,发展潜力大,且地理位置较为优越。地处非洲中部,与9国为邻,是进入非洲中部国家和东非、西非、南非和北非的重要通道,外汇管制较松,2012年起投资环境逐步改善,放宽外国投资者的投资规则,因此2013年中非投资指数有所上升,但其政局存在不稳定的因素,国家的法律法规还不够健全等,这些都给投资者带来风险,2017年总统大选局势动乱,政局恶化,进而经济恶化,投资环境恶化,中非投资也受到影响,2018年刚果(金)中非投资指数因此下降。

安哥拉遭受了长达近30年的内战,对其经济和社会发展造成了严重的负面影响。2002年战争结束后,安哥拉恢复了和平与稳定,此后政治和经济稳定成为安哥拉吸引外国直接投资的关键因素,安哥拉资源也十分丰富,是撒哈拉以南非洲地区第二大原油生产国,另外国家重建和经济多元化的进程为各行各业创造了广泛的商机,私人投资者可以进入除了属于国家安全和国防的"敏感"领域以外的所有领域,因此2002年后安哥拉的中非投资指数稳步上升。

（二）中非投资指数分项指标及分析

基于中非投资指数指标体系,利用主客观权重结合的方法计算得到2019年非洲54个国家的中非投资指数,得到结果分别如图1-6、图1-7所示。

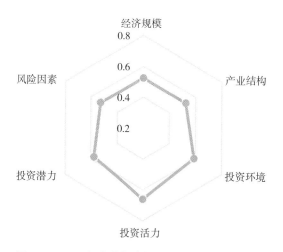

图1-6 2019年中非投资指数一级指标得分雷达图

1. 一级指标分项结果及分析

(1)2019年一级指标分项结果及分析

中非投资指数指标体系中,包括6个一级指标。经计算,从高到低依

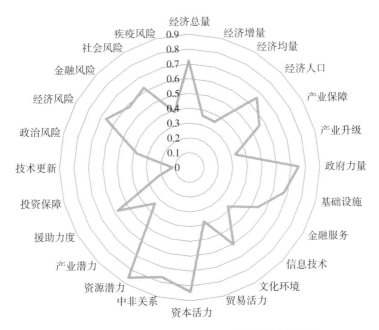

图 1-7　2019 年中非投资指数二级指标得分雷达图

次为投资活力(0.661)、投资环境(0.590)、投资潜力(0.575)、风险因素(0.527)、经济规模(0.524)、产业结构(0.524)。说明 2019 年中国对非洲国家投资过程中,其投资活力与环境整体较好,投资潜力较高,但仍存在不少国家经济规模不足、产业结构单一、投资风险较高,以及技术原因或投资保障不足的问题。

投资活力方面,随着非洲大陆的吸引力日益增强,非洲逐步成为世界重要的投资目的地。国际金融危机之后,非洲的进出口贸易总额以及外国直接投资总体上保持着稳定,尽管按全球标准衡量,总量较少,但是和国内生产总值的比率却比较高,这证明进出口贸易以及对外投资对非洲大陆的经济增长十分重要,投资活力整体较好。

投资环境方面,根据非盟 2012—2020 年非洲基础设施发展规划的优先行动计划,涉及的基础设施建设领域包括能源、交通运输、水资源、通信,总投资规模达 679 亿美元,针对非洲基础设施投资的快速上升使其整体的基础设施水平也在稳步提高,包括能源、交通运输、水资源、通信等,为整体投资提供了一个较为良好的投资环境。

投资潜力方面，尽管非洲基础设施建设目前在如火如荼地进行当中，但是由于其基础建设基础远远落后于其他地区，使其工业发展较为缓慢，整体处于起步阶段，某种程度限制了其他国家的投资意愿，但由于大多数国家资源丰富，尤其是石油和矿产资源，因此具有较大的投资潜力。

风险因素方面，由于石油价格的上涨导致非洲进口国的生产成本直线上升，物价随之上涨。而在出口国，石油收入商务增加则刺激了国内需求，物价也应声上涨。而非洲既是重要的石油输出国，面对这种情况，一些非洲国家采取疯狂超发货币的方式来迎合国内需求，这直接导致了非洲严重的通货膨胀。较高的通货膨胀率加上不稳定的汇率也使对非投资也危机四伏。

经济规模方面，非洲 2019 年整体经济增长较为稳定，但这一增长率低于该地区过去十年平均 5% 的增长率。低于预期增长速度的部分原因是非洲大陆五大经济体——阿尔及利亚、埃及、摩洛哥、尼日利亚和南非的经济涨幅趋缓，上述五个国家的平均经济增长率为 3.1%，而非洲大陆其他国家的平均增长率为 4.0%，但整体来看经济规模仍有待提升。

产业结构方面，当前非洲国家的发展模式过度依赖消费和初级产品出口的拉动，制造业对非洲 GDP 的贡献率十分有限，而依靠初级产品出口这种单一产品经济很容易受国际市场上大宗商品价格波动的影响。近年来的产业结构的调整以及经济转型的发展使非洲经济在持续地向多元化转变，因此总体来看产业结构指标表现较为良好。

（2）2001—2019 年一级指标分项结果及分析

由图 1-8、图 1-9 可知，2001—2019 年中非投资指数一级指标中产业结构以及投资环境指标较为稳定，经济规模、投资活力、投资潜力以及风险因素波折较大。

自 2000 年举行第一届中非合作论坛以来，中非的经济来往更加频繁，投资前景的一片光明使经济规模、投资环境得到大幅度提升，风险因素略有下降。然而，2008 年国际金融危机的爆发使中非贸易往来急速缩减，与此同时，巨大的经济下行压力使经济规模、投资潜力等指标

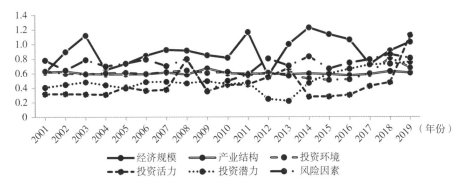

图 1-8 2001—2019 年中非投资指数一级指标得分折线图

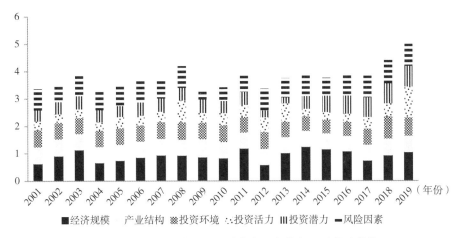

图 1-9 2001—2019 年中非投资指数一级指标累计得分柱状图

出现了不同程度的下降。2011 年,北非国家和少数撒哈拉以南非洲国家的政局动荡、欧债危机冲击以及自然灾害的肆虐使非洲大陆经济规模、投资潜力骤降,风险因素指数持续攀升。直至 2013 年中非合作论坛部长级会议的推进,中非经济往来才逐渐升温,使投资潜力持续上涨。然而 2014 年非洲埃博拉疫情的肆虐使非洲自身的经济规模再一次出现了下降趋势。

总体来看,除了 2003—2008 年国际金融危机期间、2011 年政局动乱以及 2014 年的埃博拉疫情以外,中非投资指数指标整体在往好的趋势发展。

2. 二级指标分项结果及分析

(1)2019年二级指标分项结果及分析

图1-7为2019年中非投资指数二级指标得分雷达图。由于非洲国家数据大量缺失,24个二级指标得到图1-7,得分从高到低依次为:资源潜力(0.855)、资本活力(0.840)、中非关系(0.765)、政府力量(0.752)、经济总量(0.722)、基础设施(0.674)、经济风险(0.663)、经济人口(0.661)、社会风险(0.625)、文化环境(0.603)、金融风险(0.583)、援助力度(0.576)、产业保障(0.558)、金融服务(0.543)、疾疫风险(0.388)、贸易活力(0.378)、信息技术(0.374)、政治风险(0.375)、经济增量(0.361)、经济均量(0.355)、产业潜力(0.342)、产业升级(0.329)、投资保障(0.225)、技术更新(0.117)。

其中指数得分较高的项目分别是资源潜力、资本活力、中非关系、政府力量、经济总量和基础设施。

资源潜力方面,非洲具有丰富的矿产资源,其储量在世界上占有极其重要的地位。其中金、铬、铂族、锰、钴、铝土矿等矿产资源储量在世界上占据首位;金刚石、铀等矿产资源储量位居世界第二位;天然气等资源储量位居世界第三位;煤、石油、铁等资源储量位居世界第四位。因此,非洲在资源开发方面具有极大的潜力,资源潜力得分值最高。

资本活力方面,外国直接投资是衡量资本活力的主要指标。非洲是充满机遇与挑战的大陆,蕴藏着巨大的潜力,世界各国的资本纷纷涌向非洲大陆,此外近年来,越来越多的中国企业也借着"一带一路"的东风来到非洲一些比较富裕和开放的国家,寻求互利共赢的发展机遇,有力带动了当地就业、经济增长及两国经贸往来。

中非关系方面,由于该数据很难量化,本报告采用专家打分法得到2019年中国与非洲各国家关系分值,虽然具有一定局限性,但中非关系指标的分值较高,说明我国一直与非洲国家整体保持良好关系,这有利于我国进一步对非投资与合作。

基础设施方面,随着非洲的进一步发展以及外资的大量引进,其各国以及有关趋于组织纷纷出台了进一步加大非洲基础设施投入的计划和措施,涵盖了能源、交通、信息通信以及跨境水资源四大领域,极大地提高了非洲的基础设施水平。

政府力量方面,总体来看,非洲大陆的经济增长率在快速上升,高速的经济增长也给非洲财政留下充足的空间。分区域来看,东部、西部、北部的经济均为较高的正增长,中非和南非由于自然灾害、政治安全等影响经济增长率较低,也使其政府财政力量较弱。

指数得分较低的项目分别是产业升级、投资保障、技术更新。

产业升级方面,以农产品和资源出口作为主导模式的非洲国家产业大多依赖本国资源,因此第二产业占比较高,且产业结构较单一,影响产业的进一步升级,因此在指数分析中,产业升级得分较低。但非洲国家可以通过与中国合作加快经济结构转型,如中国制鞋企业在埃塞俄比亚投资建厂,为当地创造数千个就业机会,并带来产业进一步升级。因此,可以通过中非合作为非洲国家的产业探寻有效结构升级路径。

投资保障方面,政治风险是致使投资保障数值低的主要原因。一般来讲,政治风险主要指由于东道国内部或外部的原因,政府所采取的政策或行动给大多数跨国公司的经营带来的负面影响。由于非洲国家多数是发展中国家,政治环境极为复杂,政府更迭频繁、区域矛盾冲突频发,存在很高的政治风险。中国企业对非洲投资面临的政治风险主要表现形式包括战争及暴乱风险、国有化风险、第三国干预风险等。此外,非洲电力大多靠水电供应,虽然非洲能源很多、降水量非常大,但受到雨季和旱季影响,供电很不稳定,电力一直不足,已经成了经济发展与吸引投资面临的最大问题。

技术更新方面,非洲大部分国家工业基础薄弱,相比对非投资的企业来说,在技术层面存在不小的差距。对于对非投资的企业来说,拥有技术优势,既存在巨大的利润空间,同时也需谨慎面对难以估量的风险。一方面,利用技术优势可以合理节约生产成本、提高生产质量,在市场上取得相对竞争优势,创造出巨大的利润。但另一方面,这样的技术优势如果不能够合理利用,也可能对原有的经济关系产生巨大的冲击,招致地方经济势力的恶性竞争,以致地方贸易保护主义的抬头。

值得注意的是,疾疫风险方面,2021 年 3 月 12 日,非洲开发银行发表报告指出,在灾难性的 2020 年,非洲经济因新冠肺炎疫情影响遭遇半个世纪以来最严重的衰退(-2.1%)。虽然目前增长前景的颓势略有趋缓,2021 年甚至可以恢复增长,但是贫困程度加剧、公共债务规模扩大的情况还将延续。加之非洲的卫生基础设施较为落后,这使疾疫风险更加严峻。由于本报告采用 2019 年数据,并未涉及新冠肺炎疫情,但中国对非洲投资的前景将很大程度会受到疾疫风险的影响。

(2)2001—2019 年二级指标分项结果及分析

从图 1-10 二级指标分项结果来看,一级指标的产业结构以及投资环境较为稳定的原因主要来自工业比重以及服务业比重较为稳定从而确保了产业保障以及产业升级的稳步发展,稳定的电话网络使用量也保证了投资环境的稳步发展。

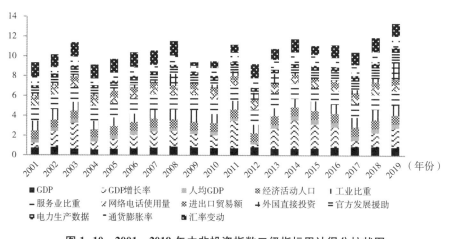

图 1-10　2001—2019 年中非投资指数二级指标累计得分柱状图

经济规模方面,GDP、GDP 增长率、人均 GDP 在 2001—2003 年的快速增长也使经济规模的快速攀升,然而突如其来的国际金融危机也波及非洲大陆,使 GDP 增长率在 2004 年遭折腰,随着国际金融危机的结束,各二级指标出现缓慢回复的现象,直至 2011 年非洲各地政局动乱使经济规模迅速下降,随着政局的稳定,非洲经济规模指标整体趋于稳步增长趋势。

投资活力方面,该部分指标由进出口贸易额以及外国直接投资两部分通过衡量贸易活力和资本活力两大二级指标来衡量。投资活力指标整体来看趋于稳步上升,其中贸易活力指标稳定,资本活力指标2008年出现了急速上升,2014年又出现了快速下跌。这主要是由于2008年国际金融危机的初步结束,全球经济复苏,非洲地区的战略意义又一次被国际社会记起,大量的资本投入非洲大陆,2014年的埃博拉疫情的泛滥又使大量外国资本处于观望状态,因此外国直接投资量出现了大幅度下降。

投资潜力方面,该部分指标主要由官方发展援助以及电力生产能力两方面衡量援助力度以及投资保障二级指标构成。投资活力整体来看除了2011—2013年快速下降以外,处于较为稳定状态。2011年由于政局的不稳定,使各大援助国对非洲未来保持观望,暂缓对其官方发展援助,2013年中非合作论坛部长级会议的推进,中非经济往来才逐渐升温,使投资潜力持续上涨。

风险因素方面,该一级指标由通货膨胀率以及汇率变动衡量经济风险以及金融风险两大二级指标组成。整体来看风险因素指标除了2009年出现了短暂的下降,其余时间处于稳步上涨的趋势,2009年的短暂下降主要是由于汇率变动二级指标出现了快速的下降从而使风险因素一级指标出现了一定程度的波动。

四、中非投资指数国家分析及其变化分析

截至2019年,中国对非洲投资存量前十国家为南非(61.5亿美元)、刚果(金)(56.0亿美元)、安哥拉(28.9亿美元)、赞比亚(28.6亿美元)、埃塞俄比亚(25.6亿美元)、尼日利亚(21.9亿美元)、加纳(18.3亿美元)、阿尔及利亚(17.8亿美元)、津巴布韦(17.7亿美元)和肯尼亚(16.2亿美元)。①

---

① 中华人民共和国商务部:《2019年度中国对外直接投资统计公报》,中国商务出版社2019年版,第56—58页。

南非在 2019 年中非投资指数值为 86.03 分,远超大多数非洲国家。由图 1-11 可知,经济规模方面,南非整体经济规模相对较大,2019 年的经济规模比 2001 年低,但整体经济规模十分平稳。产业结构层面,南非的整体得分略有下降,19 年间除 2009 年波动幅度较大外,整体十分平稳。投资环境方面,南非整体相对较好,但呈现不断恶化趋势。投资活力方面,南非的表现十分突出,远高于其他国家,且不断平稳上涨。投资潜力方面,南非一直是十国中最高的,分数远超其他国家,且 19 年间一直很平稳,稍有上涨。风险因素层面,南非小幅下跌且期间有所波动,投资风险不太稳定。南非整体投资指数表现较好,而且相对稳定。

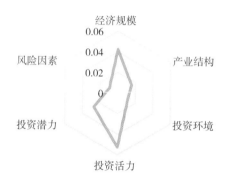

图 1-11　2019 年南非投资指数雷达图

尼日利亚总的得分为 84.89 分。由图 1-12 可知,经济规模方面,尼日利亚经济规模绝对值较大。相对于 2001 年,2019 年尼日利亚的经济规模有所上涨,但期间波动幅度较大,经济发展不稳定。产业结构层面,尼日利亚整体得分下降幅度较大,且在 2008 年呈现较大幅度波动。投资环境方面,尼日利亚恶化程度较大,并且期间波动也较大,2006 年前整体呈现上涨趋势,随后呈现下降趋势。投资活力层面,尼日利亚平稳上涨。投资潜力方面,尼日利亚整体上涨幅度较大,除 2006 年出现较大幅度波动外,整体十分平稳。风险因素层面,尼日利亚小幅上涨,但 2009 年出现大幅下降的情况。总的来看,尼日利亚整体投资表现较好,也相对稳定,但中国对其投资并不算高,原因可能为,第一,中国对尼日利亚投资起步较晚,从 2003 年才开始;第二,2014 年大宗商品价格大幅下跌,以石油产业为主的尼日利亚经济受到影响,外资吸引力有所下滑。

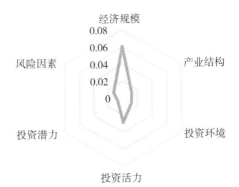

图 1-12 2019 年尼日利亚投资指数雷达图

阿尔及利亚总的得分为 58.29 分。由图 1-13 可知,经济规模方面,阿尔及利亚 2019 年的经济规模较 2001 年变化略有上涨,但 19 年内的波动范围很大,经济发展十分不稳定。产业结构层面,阿尔及利亚 2001 年得分较高,但随后开始不断下降。投资环境方面,阿尔及利亚的得分较高,其间虽有波动,但整体有较大幅度上涨。投资活力方面,阿尔及利亚有较大幅度上涨,但在 2008 年有较大幅度波动。投资潜力方面,阿尔及利亚大幅度上涨且整体十分平稳。风险因素层面,阿尔及利亚得分小幅下降,且其间有所波动,尤其在 2009 年大幅波动。整体来看,阿尔及利亚的投资表现一般,但未来投资吸引力有不断上升的趋势。

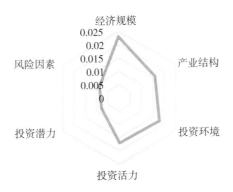

图 1-13 2019 年阿尔及利亚投资指数雷达图

埃塞俄比亚的得分为51.22。由图1-14可知,经济规模方面,埃塞俄比亚经济规模有所上涨,除2012年有较大下滑外,整体比较平稳。产业结构层面,埃塞俄比亚整体得分有较大幅度提升,但2008年有大幅波动。投资环境方面,埃塞俄比亚不断向好,其中2001—2007年上升较快。在投资活力方面,埃塞俄比亚大幅上涨,尤其是在2018年大幅上涨,但在2008年以及2013年出现较大幅度波动。投资潜力方面,埃塞俄比亚大幅度上涨,其中2013年上涨幅度很大。风险因素层面,埃塞俄比亚小幅上涨,但期间有所波动,其中在2009年波动幅度较大。整体来看,埃塞俄比亚虽然目前的整体得分不高,但各项指标都有不断提升趋势,未来投资前景较好。

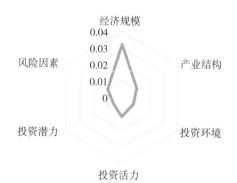

图1-14　2019年埃塞俄比亚投资指数雷达图

刚果(金)的得分为46.71分。由图1-15可知,经济规模方面,相对于2001年,2019年刚果(金)经济规模有较大幅度上涨,但在此期间波动很大。产业结构层面,刚果(金)整体得分开始较低,但有较大幅度上涨,其间有所波动,其中2009年的波动幅度较大。投资环境方面,刚果(金)得分有较小幅度下降。投资活力方面,刚果(金)开始得分较高,且上涨幅度巨大,其中2018年上涨幅度较大,除2008年波动较大外,整体比较平稳。投资潜力方面,刚果(金)上涨幅度较大,且2003年波动幅度较大。风险因素层面,刚果(金)小幅上涨,但期间有所波动,其中2009年波动幅度较大。整体来看,刚果(金)的投资吸引力并不高,但中国对刚果(金)的投资总额较高,可能原因在于其丰富的矿产资源。

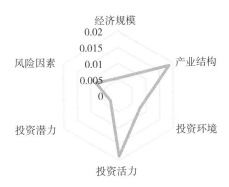

图 1-15　2019 年刚果（金）投资指数雷达图

肯尼亚的得分为 43.06 分。由图 1-16 可知,经济规模方面,肯尼亚上涨幅度较大,但期间波动较大,尤其 2004 年和 2012 年出现大幅下降的情况。产业结构层面,肯尼亚整体得分有所下降,其中 2008 年下降幅度较大。投资环境方面,肯尼亚得分出现较大幅度下降,尤其是在 2008 年后,投资环境不断恶化。投资活力方面,肯尼亚大幅上涨,其中 2018 年出现大幅上涨,其间也有所波动,尤其在 2008 年出现较大幅度波动。投资潜力方面,肯尼亚大幅度上涨,其中 2014 年上涨幅度很大。风险因素层面,肯尼亚投资风险略有上升,但期间不断波动,尤其在 2009 年出现大幅下跌。整体来看,肯尼亚的投资吸引力不太稳定,但从趋势来看,肯尼亚在诸如经济规模、投资活力、投资潜力等指标表现较好,表明未来有不断改善优化的趋势。

图 1-16　2019 年肯尼亚投资指数雷达图

加纳的得分为 41.15 分。由图 1-17 可知,经济规模方面,加纳起始规模很小,但整体有较大幅度上涨,其间也有所波动,尤其是 2004 年和 2012 年出现大幅度下降。产业结构层面,加纳的整体得分稍有上涨且 19 年间比较平稳。投资环境方面,加纳小幅度下降,其间波动较大,尤其在 2008 年出现大幅下降。投资活力方面,加纳大幅上涨,尤其在 2019 年上涨幅度很大,在 2008 年有较大幅度波动。投资潜力方面,加纳有较大幅度上涨,其中 2014 年、2015 年上涨幅度很大,但 2012 年又出现大幅下降。风险因素层面,加纳略有上涨,但期间不断波动,其中 2009 年、2012 年大幅波动。总体来看,加纳整体投资吸引力得分不算高,但其呈现出不断向好的趋势。

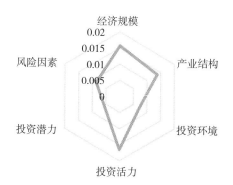

图 1-17　2019 年加纳投资指数雷达图

安哥拉的得分为 53.70 分。由图 1-18 可知,经济规模方面,相对于 2001 年,安哥拉 2019 年的经济规模大幅度上涨,但在此期间波动很大。产业结构层面,安哥拉 2001 年得分较高,但到 2019 年出现小幅下跌,其中 2010 年出现大幅下跌。投资环境方面,安哥拉出现大幅度下降且期间有所波动。投资活力方面,安哥拉 2001 年得分较高,整体有较大幅度上涨,其中 2005 年以前上涨,随后波动下降。投资潜力方面,安哥拉小幅度上涨,但在 2003 年有较大幅度波动。风险因素层面,安哥拉小幅下降且期间有所波动,尤其在 2002 年、2008 年和 2014 年呈现大幅波动。整体来看,安哥拉的投资指标大部分呈现向好趋势,未来投资前景较好。

赞比亚的得分为 39.82 分。由图 1-19 可知,经济规模方面,赞比

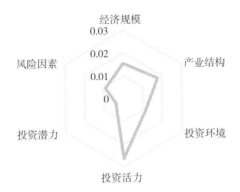

图 1-18　2019 年安哥拉投资指数雷达图

亚起始得分较低但有较大幅度上涨,其间有较大幅度波动,尤其是在 2004 年和 2012 年出现大幅下降。产业结构层面,赞比亚的得分整体十分平稳地上涨。投资环境方面,赞比亚的得分小幅度下降,且在 2018 年有较大幅度波动。投资活力方面,赞比亚上涨幅度很大,其中 2019 年出现大幅度上涨,其间不断波动,其中 2008 年波动幅度较大。投资潜力方面,赞比亚上涨幅度较小,19 年间,除 2006 年波动幅度较大外,整体十分平稳。风险因素层面,赞比亚略有下降,整体波动幅度很大,在 2009 年和 2015 年尤为突出。整体来看,赞比亚的表现一般并且稳定性欠佳。

图 1-19　2019 年赞比亚投资指数雷达图

津巴布韦得分为 29.28 分。由图 1-20 可知,经济规模方面,津巴布韦绝对数额较小且有小幅度下降,其中 2004 年和 2012 年下降幅度较大。

产业结构层面,津巴布韦的得分十分平稳地上涨。投资环境方面,津巴布韦小幅下降,但 2018 年出现较大幅度上涨。投资活力方面,津巴布韦大幅度上涨,其中 2018 年出现较大幅度上涨,19 年间,波动不断,其中 2008 年和 2013 年波动较大。投资潜力方面,津巴布韦上涨幅度较大,尤其在 2013 年和 2014 年出现较大幅度上涨。风险因素层面,津巴布韦上涨幅度较大,但期间波动幅度较大,尤其是 2002 年和 2006 年。整体来看,津巴布韦表现欠佳,但在投资活力和投资前景等指标表现抢眼,未来投资前景有变好趋势。

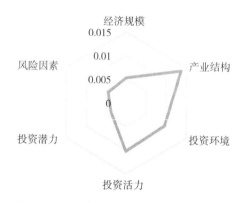

图 1-20 2019 年津巴布韦投资指数雷达图

五、中非投资指数编制的意义及其局限

（一）中非投资指数结果与中国实际对外投资国别分布结果的差异,原因分析

1. 2019 年中非投资指数最高的十国与 2019 年中国对非投资流量十大国别对比

从表 1-7 可以看出,2019 年中非投资指数得分前十国家和 2019 年中国对非投资流量前十国家有一部分发生重合,其中南非、毛里求斯两国的排名相差较小。南非作为非洲第一大经济体,综合投资环境较好,因此

中非投资指数得分较高,中南两国对接"一带一路"建设利益契合点多、互补性强,中南合作也一直较为稳定。毛里求斯经过数十年积累、经济结构调整以及20世纪80—90年代的"经济腾飞",已发展成为非洲表现最好的经济体,形成了制糖业、服装出口加工、旅游业和金融服务业四大支柱产业,除非洲前三大经济体之外,中非投资指数得分最好,中毛自1972年建交,于1985年成立经济、技术和贸易合作混合委员会,2019年毛里求斯成为首个与我国签署自贸协定的非洲国家,中国对毛里求斯投资流量排名较靠前。此外,2019年中国对非洲投资流入最多的国家是刚果(金),但刚果(金)却不在2019年中非投资指数得分最高十国之内,究其原因是因为虽然刚果(金)客观投资环境较好,自然资源丰富,但是刚果(金)经济总量小、发展速度慢、贫困人口多、安全环境差,近十年频发政治冲突,导致其中非投资指数得分不高,近年来中国工程承包企业在刚果(金)市场已打开了局面,创出了品牌,承揽的工程项目逐年增多,合作领域主要包括修路、水电站建设、供水工程及电信设施建设等,且刚果(金)铜钴资源成为国际跨国公司投资的热点,包括中国有色、紫金矿业、洛阳钼业等八大矿业巨头纷纷布局刚果(金)的铜钴资源,并获得了多个世界级项目,显著带动中国对刚投资。

表1-7 2019年中非投资指数得分最高十国与2019年中国
对非投资流量前十国别对比

排序	2019年中非投资指数得分最高十国		2019年中国对非投资流量前十国(亿美元)	
1	埃及	91.35	刚果(金)	9.3
2	南非	86.03	安哥拉	3.8
3	尼日利亚	84.89	埃塞俄比亚	3.8
4	利比亚	67.06	南非	3.4
5	阿尔及利亚	58.29	毛里求斯	1.9
6	科特迪瓦	54.91	尼日尔	1.8
7	毛里求斯	54.55	赞比亚	1.4
8	安哥拉	53.70	乌干达	1.4

排序	2019年中非投资指数 得分最高十国		2019年中国对非投资 流量前十国（亿美元）	
9	赤道几内亚	53.05	尼日利亚	1.2
10	摩洛哥	52.83	坦桑尼亚	1.1

2. 2001—2019年中非投资指数最高的十国与中国对非投资存量十大国别对比

从表1-8可以看出，2001—2019年中非投资指数平均得分仍然是非洲前三大经济体盘踞前三——南非、埃及和尼日利亚。南非凭借其非洲第二大经济体的地位，不仅在2001—2019年中非投资指数平均得分最高，且是中国对非投资存量第一的国家，2001—2019年中国在南非投资水平、结构和趋势都较为稳定。中国和南非同为新兴发展中国家、金砖国家成员、二十国集团成员和区域经济大国，经济互补性强，发展合作潜力大。尼日利亚的2001—2019年中非投资指数平均得分稳居第三，在中国对非投资存量中也位列第六。尼日利亚作为非洲目前第一大经济体，总体投资环境较好。近年来中国与尼日利亚投资贸易成果显著，2018年中尼在中非合作论坛北京峰会上签署双边"一带一路"合作有关文件，中尼产能合作稳步前进。此外，阿尔及利亚中非投资指数的平均得分位列第四，截至2019在中国对非投资存量中排名第八，阿尔及利亚经济结构过于倚重油气行业，中非投资指数得分相对一般，但未来投资吸引力有不断上升的趋势，中国与阿尔及利亚的基础设施与能源合作得到加强。

表1-8　2001—2019年中非投资指数平均得分最高十国与
2019年中国对非投资存量前十国对比

排序	2001—2019年中非投资指数 平均得分最高十国		2019年中国对非投资存量 前十国（亿美元）	
1	南非	90.58	南非	61.5
2	埃及	64.12	刚果（金）	56.0

续表

排序	2001—2019 年中非投资指数平均得分最高十国		2019 年中国对非投资存量前十国(亿美元)	
3	尼日利亚	60.76	安哥拉	28.9
4	阿尔及利亚	47.05	赞比亚	28.6
5	塞舌尔	45.73	埃塞俄比亚	25.6
6	利比亚	41.86	尼日利亚	21.9
7	安哥拉	41.55	加纳	18.3
8	毛里求斯	39.04	阿尔及利亚	17.8
9	摩洛哥	38.65	津巴布韦	17.7
10	喀麦隆	36.25	肯尼亚	16.2

(二)几个缺失数据及其对指数测算结果的影响

中非投资指数指标体系中存在部分理论指标难以定量化的问题,如中非投资指数理论指标中的政治稳定性指标、中国与非洲国家的关系等。从理论上来说,一个政治稳定、法律完善且执法公平的国家,将有更大倾向吸引其他国家的投资。但由于难以用定量化的数据进行衡量,本报告中采用专家打分的方式得到 2019 年中非关系值与政治风险值,但专家打分法会受到主观因素影响,难免具有一定局限性。就中国与非洲国家的关系而言,虽然可以通过一些现实情况进行讨论,如双边投资和贸易协定(协议)的签署情况,双边高层交往频度,或外交上的相互理解与支持情况,如在一些敏感问题上的发声情况(如我国台湾问题、南海问题等,对"一带一路"的态度,还有对中美经贸摩擦的看法等),但在定量分析上仍有较大困难,因此可能影响最终指标得分。以上由于数据缺失或难以定量的问题是本报告主要的局限。

(三)本次研究的其他局限和今后改进的方向

本年度中非投资指数的编制是我们的首次尝试。从指标体系的构建、指标的衡量及数据的选取的科学性、研究方法的合理性以及指数的具体指标分析和国别分析的深入程度都还有待于进一步提升。同时也希望我们的研究结果对企业对非投资更有指导意义。希望各位专家给予我们进一步的指导和指正。

第二章　南非的投资机会和投资风险

自 2013 年以来南非保持着非洲第二大经济体的地位,是非洲经济最发达的国家之一。作为金砖五国中唯一的非洲国家,南非矿产资源丰富,劳动力充足,制造业、矿业、建筑业和能源业是南非经济发展的支柱产业,也是国内投资和外来投资的主要目标行业,对外贸易则以矿石和初级产品出口为主。以金融业为主的第三产业发展态势较好,南非金融业在非洲大陆占据较高的市场份额,这弥补了单一经济结构的劣势。但是南非近几年的可持续发展差强人意,经济发展的持久性和社会发展的稳定性表现并不乐观,环境污染严重,减排迫在眉睫。

2020 年新冠肺炎疫情暴发,南非实体经济出现衰退,同时伴随失业率上升、社会矛盾激发、贸易进出口减少和投资项目搁置等一系列效应,导致 2020 年国内生产总值下降 6.4%。疫情后全球经济增速放缓,世界市场需求低迷,国际投资数额减少,经济全球化遭受严重冲击,从供给和需求两端对南非的投资吸引力产生了重大影响,使投资机会和投资风险并存。一方面,战略政策支持、金融体系成熟稳健、劳动力充足和就业刺激计划、区域合作和投资大会以及疫情下涌现的行业投资机遇将持续吸引着国内投资和外来投资;另一方面,汇率波动、通货膨胀加剧、短期经济复苏的困难、劳动力问题、经营成本上升和社会治安与腐败问题也将影响着投资者的决策。因此,疫情后南非已有的特定行业投资能否维持以及是否存在新生的投资机会仍面临较大的不确定性,有待进一步分析。

一、南非基本经济情况

南非位于非洲大陆最南端,其东、南、西三面被印度洋和大西洋环抱,天然港口条件优越;北面接壤纳米比亚、博茨瓦纳和津巴布韦,东北毗邻莫桑比克和斯威士兰,这有利于在非洲大陆自由贸易区的框架下开展区域内贸易。南非是非洲第二大经济体,2020年的国内生产总值约为3354亿美元,GDP总量约占撒哈拉以南非洲经济总量的20%,人均国民总收入约为6010美元,低于世界平均水平,属于中等偏上收入国家。[①] 根据南非统计局最新数据,2021年南非GDP总量为44899亿兰特,相比于2020年增长4.9%,其中主要实体经济行业为制造业,交通、仓储和通信业和矿业,行业增长率分别为6.6%、11.8%和5.1%[②],这对疫情后南非经济复苏发挥了重要作用。

矿业是南非国民经济的支柱产业之一,早期经济增长依赖于矿产资源出口。南非的矿产资源丰富,其矿产素以种类多、储量大、产量高而闻名于世。南非是世界上生产黄金最多的国家,在全世界流通中的黄金中,绝大部分都是产自南非,同时,南非拥有全世界80%的锰、72%的镉、88%的铂和27%的钒等。[③] 南非采矿机械、选矿技术设备、矿井通信和安全保障技术、矿产品冶炼和加工技术均名列世界前茅,其深井开采技术输出到南美、澳大利亚、加拿大和欧洲。2020年,南非矿石和金属出口占商品出口的百分比在疫情后有所提升,达到31.4%[④],这说明矿业在疫情中韧性较强,是南非经济的底牌。

为解决矿业发展的融资缺口,促进企业加大技术创新和技术转移,南非政府出台了一系列鼓励外国投资的优惠政策,具体包括《中小型企业发展计划》《外国投资补贴》《工业革新扶持计划》等。通过对外国投资者的机器设备给予部分现金补贴、对企业重要的技术创新和新产品开发予以扶持等措施,南非在矿产行业与跨国企业开展合作,矿石行业因此成为

---

① World Bank database, "GDP Index", https://data.worldbank.org.cn/indicator/NY.GDP. MKTP.CD? view＝chart.

② Statistics South Africa, *Gross Domestic Product Fourth quarter* 2021, January 2022, pp.8-9.

③ 中华人民共和国商务部:《对外投资合作国别(地区)指南——南非》,2020年版,第36页。

④ World Bank database, "Ores and metals exports index", https://data.worldbank.org.cn/ indicator/TX.VAL.MMTL.ZS.UN? view＝chart.

南非吸引外国投资、开展国内国际合作的目标行业。据统计,南非本国矿业公司和外资公司分别掌握50%的金矿项目,前三大黄金开采公司分别为西班伊黄金公司、哈莫尼金矿有限公司和英美黄金阿散蒂有限公司,这都是由外国资本投资建设的矿石开发公司。[①]

随着经济快速发展,南非与世界经济的联系不断加强,由此前单一的依靠资源出口的经济结构转变为以制造业、矿业、建筑业和能源业为四大支柱的产业结构,金融业、房地产、通信业和批发零售业也取得了较快发展。但因油气资源缺乏,南非大量进口石油和石化产品、高附加值的机械和电子类产品,与欧盟、中国、美国和日本的经济联系不断加强,这也将南非带入了全球产业链、供应链体系。制造业是南非的主导行业之一,对南非就业发挥了重要作用。南非制造业门类齐全,技术先进,主要部门有金属制品、化工和运输设备制造等,均归属于装备制造业,冶金和机械工业是南非制造业的支柱。2021年南非制造业总产值约5228亿兰特,约占国内生产总值的11.6%。[②]

南非作为非洲金融中心,金融市场发展水平较高。南非的金融业主要由数十家分布在南非国内以及海外的金融机构构成。这些金融机构提供商业咨询、零售、银行、抵押贷款、保险和投资等全方位服务。南非的主要银行如标准银行等在非洲大陆占有很大的市场份额。在金融市场发展方面,南非连续3年在非洲国家中居榜首。南非在市场深度上拥有相当大的领先优势,而且强大的国内投资者支撑着深厚的市场流动性。

二、南非的新冠肺炎疫情态势及对投资的影响

2020年新冠肺炎疫情的突然暴发,强烈冲击了南非较为完善的产业结构。南非政府为遏制疫情,实行了限制人员流动等措施,工厂因疫情反

---

① 黄琳等:《南非重要金属矿产开发现状及投资前景分析》,《地址与勘探》2018年第11期。

② Statistics South Africa, *Gross Domestic Product Fourth Quarter* 2021, January, 2022, p.9.

复而不规律停工,国内产品供给不足,居民消费需求低迷,同时失业人数大幅飙升,医疗卫生体系承受了前所未有的负担。南非的外商直接投资大幅减少,但同时随着新一轮科技革命的深入发展,南非在疫情后显现出新的投资机会。

（一）南非的新冠肺炎疫情态势

自 2020 年年初以来,新冠肺炎疫情肆虐全球,全球经济遭遇第二次世界大战以来最严重的衰退。但随着疫情常态化和疫苗接种有序推进,世界经济在逐步复苏。根据世界银行 2022 年 1 月发布的《全球经济展望》,由于许多国家放松了与疫情有关的封锁,2021 年全球经济增速飙升至 5.5%。这是自第二次世界大战结束的 80 年来衰退后最强劲的增速,但由于新冠肺炎疫情持续暴发、各国财政支持减弱和供应链"瓶颈"持续存在等多种因素,预测 2022 年全球产值将仅增长 4.1%。[①]

撒哈拉以南非洲作为全球经济发展较为落后的地区,遭受了更为严重的卫生健康威胁和经济冲击。2021 年 12 月,作为奥密克戎变异株最先肆虐的地区,撒哈拉以南非洲的第四波疫情已经达到峰值并开始趋缓,其中尤以南非的感染人数和死亡人数最多。[②] 截止到 2022 年 1 月 18 日,南非新冠肺炎确诊人数高达 356 万,占非洲总确诊人数的 45.7%,南非总确诊人数变化如图 2-1 所示。[③] 总体来看,南非的新冠肺炎疫情具有以下三个显著特点:

第一,南非受疫情冲击相对迟缓。南非在 2020 年 3 月 5 日确诊第一例新冠肺炎病例,是一位从意大利返回的南非男子,这时疫情为输入性。由于此前有对新冠肺炎的预防措施,南非政府迅速调配各种医疗资源用以治疗患者,此时每日新增确诊人数上升之势相对缓慢,直到 3 月 28 日

---

① World Bank Group, *Global Economics Prospects*, January, 2022, p.21.

② World Health Organization, "Omicron-fuelled COVID-19 Surge in Africa Plateaus", https://www.afro.who.int/news/omicron-fuelled-covid-19-surge-africa-plateaus, 2022-01-18.

③ World Health Organization, "Daily Cases and Deaths Reported to WTO", https://covid19.who.int/region/afro/country/za, 2022-01-18.

（单位：人）

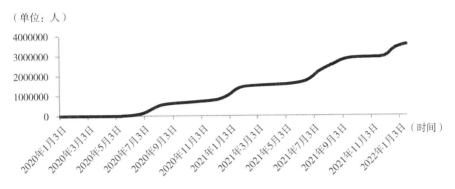

图 2-1　2020—2022 年南非总确诊人数随时间变化图

资料来源：World Health Organization, "Daily cases and deaths reported to WTO", https://covid19. who. int/region/afro/country/za, 2022-01-18。

才出现第一例死亡病例。但此后伴随五级防控结束，疫情由最初的输入型逐渐转为社区传播，封禁措施的放松使人员流动性增加，南非疫情形势迅速趋于失控，每日新增感染人数在 7 月 4 日首次突破 1 万人。直到2021 年 12 月，南非已经度过了由奥密克戎变异株引发的第四波疫情的高峰期。

第二，南非疫情具有周期性且死亡率较高。由于新冠病毒的变异，南非疫情具有周期性，约半年为一周期，其中 2021 年 5 月到 9 月的第三波疫情的感染人数增加得最多，为 1291116 人，占最新感染总人数的36.5%，这不仅打击了南非本就不堪重负的医疗卫生系统，还使 2021 年第二季度的经济恢复功亏一篑，南非的 GDP 水平再次回到 2020 年的疫情初期。更为严重的是，南非的新冠肺炎死亡率为 2.6%，高于世界平均水平的 1.7%。奥密克戎变异株带来的第四波疫情虽然使感染人数激增，但患者症状普遍较轻。

第三，南非民众疫苗接种意愿较低。截至 2021 年 12 月底，南非仅有40% 的成年人完全接种新冠疫苗，每日接种人数仍不足 10 万剂。即使在疫苗接种率较高的西开普省，也仅有超过 50% 已经接种至少一剂新冠疫苗的成年人。南非政府即使有足够的疫苗库存并积极调动民众接种，仍未能在 2021 年年底完成 70% 的新冠疫苗成人覆盖率。

（二）南非政府的应对措施和经济现状

面对来势汹汹的新冠肺炎疫情，南非政府积极应对，为保障国民生命安全，采取了以下三点措施：

第一，南非政府根据疫情形势实行有调整的封禁措施。2020年3月15日，自第一个病例出现后10天，拉马萨福总统宣布南非进入国家灾难状态，成立国家抗击指挥中心，限制人员流动。3月27日实行最高等级的全国封禁措施，严格全城全面封锁，暂停商业活动，禁止非必要的公众出行。直到5月1日，防控级别从五级降至四级，允许在采取特殊防控举措的前提下恢复部分经济活动。此后封禁等级根据疫情严重程度科学地调整，这不仅有效地延缓了疫情的传播，避免了疫情大规模暴发，还为政府应对疫情高峰期提供了充足的时间。截止到2022年1月，在应对奥密克戎变异株之际，南非继续保持调整后的一级封禁状态。但长时间的封禁措施也给南非经济社会带来巨大冲击。

第二，实行宽松的财政政策和货币政策。南非财政部在2020年4月核准了5000亿兰特大规模经济救助和社会帮扶计划，此次救助计划主要包括向医疗机构注资使其拥有充足设备，为身处困境的南非企业提供贷款帮助其渡过难关，保障南非公民就业并为其提供更多就业机会，确保南非市政部门在紧急供水、公共交通和卫生设施等方面的能力。南非储备银行在疫情以来，连续四次下调基准利率，利率总降幅达275个基点，刷新了自1998年3月启用该利率工具以来的历史低位纪录。此外，南非储备银行降低银行最低资本要求，将流动性覆盖率监管标准从不得低于100%放宽至不得低于80%，以缓解短期流动性压力。

第三，南非政府积极寻求国际援助和国际组织贷款。2020年7月，非洲开发银行向南非政府提供约50亿兰特（3亿美元）贷款，以帮助其抗击Covid-19大流行，并支持其预算；2021年8月，南非政府借助国际货币基金组织特别提款权的生效，获得650亿兰特（约合41.6亿美元）紧急资金以抗击新冠肺炎疫情；此外，在2021年1月，中国政府援助南非第四批抗疫医疗物资——36万人份核酸提取试剂（约合2000万兰特）运抵约翰内斯堡奥·坦博国际机场,帮助南非提升检测能力,为有效应对疫情发挥积极作用。

尽管拉马萨福政府调动一切力量应对新冠肺炎疫情,然而南非经济发展仍然受到了疫情的持续性负面影响。2020 年南非经济整体缩减了7%,创下了自 1946 年以来该国经济活动出现的最大年度降幅。① 南非政府于 2020 年 10 月提出经济复苏计划,设定五大目标,包括加大基础设施投资创造就业、推进再工业化、加速经济改革、打击犯罪和腐败以及提升国家治理能力,开始计划性地重建经济。2021 年第二季度 GDP 同比增长 19.3%,结束了连续四个季度的经济下滑,实现了一定程度的反弹,经济复苏初见成效。然而,南非第三季度 GDP 同比下降 1.5%,可见由德尔塔变异株引起的第三波疫情和 7 月的暴乱对南非经济的冲击不亚于疫情入侵初期。世界银行 2022 年 1 月发布的《全球经济展望》显示,南非在2021 年早些时候实现强劲反弹之后,受新冠肺炎疫情、社会动荡和电力短缺影响,2021 年南非经济增长率为 4.9%;在全球和区域增长放缓背景下,估计 2022 年南非经济增长率为 2.1%;由于结构性障碍仍存在和公共债务水平升高,预计南非经济增长将减慢到新冠肺炎疫情暴发前趋势,2023 年南非经济增长率放缓至 1.5%。② 新冠肺炎疫情加重了南非的债务负担,新任南非财政部部长发布首次预算政策声明,预计 2021/2022 财年南非债务占 GDP 比例达到 69.9%,并在 2024/2025 财年达到 77.8%的峰值。

(三)新冠肺炎疫情对南非投资的影响

投资是促进经济增长的一大动力,其中国际投资流动更是对世界较贫困地区的可持续发展至关重要,然而新冠肺炎疫情严重影响了全球外商直接投资流动。2020 年全球 FDI 从上一年的 1.5 万亿美元降至 1 万亿美元,降幅为 35%,这比 2008 年国际金融危机后的低谷低了近 20%。全

① Statistics South Africa, *Gross Domestic Product Third quarter* 2021, January, 2022, p.3.
② World Bank Group, *Global Economics Prospects* 2022, January 2022, p.126.

球 FDI 流量预计在 2021 年降至最低点,并以大约 10%至 15%的增幅触底反弹,预计可在 2022 年重回 2019 年的水平。流入非洲的 FDI 下降了 16%,降至 400 亿美元,退回到 15 年前的水平。[①] 作为 2020 年前非洲前五大外商直接投资流入地的南非,新冠肺炎疫情对其 FDI 流入量打击最大。疫情对南非国内投资和外商直接投资的影响分为以下五个方面:

第一,FDI 大幅下降。其实早在疫情暴发前,南非对外商直接投资的吸引力已逐渐减弱。根据联合国发布的 2019 年《世界投资报告》,南非的外国直接投资总量骤降 15%,外商直接投资占南非国内生产总值的比例自 2016 年以来一直在下降,这一比例在 2020 年达到 13%的历史低点。由于新冠肺炎疫情将新投资的供给推至历史最低水平,2020 年南非的外国直接投资下降幅度为 39.4%,FDI 总额为 31 亿美元。刚果共和国取代南非成为非洲吸引外资最多的第二大国。[②] 南非在此期间获得两笔大额投资,分别是美国百事公司收购南非先锋食品和谷歌公司投资建设海底光缆。

第二,固定投资下滑,投资项目数量减少。由于普遍存在的经济不确定性和疫情防控限制,许多已宣布和计划中的投资项目被搁置或暂停以及观望中的投资项目被取消。据中国驻南非共和国大使馆经济商务处信息,2020 年南非大型投资项目数量降至 20 多年来最低水平,全年共计 32 个新项目,为自 1993 年以来最低水平,项目价值共计 662 亿兰特,为自 2004 年以来最低水平,其中酒类销售禁令导致价值至少 128 亿兰特的投资项目被暂停。2020 年下半年资本支出项目数量同比减少 60%,项目价值下降 24%。

第三,投资预期恶化,引发金融市场恐慌。南非在疫情后的财政指标持续恶化,这令国际投资者感到担忧。同时由于美联储不断加息和国际金融市场情绪的波动,兰特大幅贬值,最终引发债券等资产的恐慌性抛售。2021 年年初以来短短数个交易日,国际投资者大量抛售于 2020 年

---

① UNCTAD, *World Investment Report* 2021, United Nations Publications, 2021, pp.163−164.

② UNCTAD, *World Investment Report* 2021, United Nations Publications, 2021, p.38.

第四季度买入的南非固定收益类资产,净卖出额高达 60 亿兰特,完全扭转了 2020 年第四季度净买入的态势。

第四,南非投资大会和国际组织投资助力经济复苏。据中国驻南非共和国大使馆经济商务处信息,2020 年 11 月,在第三届南非投资大会中有超过 50 家企业承诺对南非新增投资。疫情对过去两届投资大会约 10% 的投资承诺造成影响,但截至 2020 年 12 月底,约 1720 亿兰特资金(约占此前承诺的 1/4)已投入各大项目,其中采矿行业吸引投资超过 636 亿兰特,通信领域吸引了 310 亿兰特,汽车行业吸引了 230 亿兰特,而金融、基础设施等领域也吸引了数十亿投资。此外,世界银行宣布将投资 20 亿美元支持非洲中小型企业发展,主要用于企业直接融资和国际贸易融资,以推进后疫情时代非洲经济复苏进程。

第五,更为重视基础设施投资。世界经济论坛在《2022 年全球风险报告》指出,公共基础设施失败是影响南非国家稳定的五个关键风险因素之一。[1] 南非政府在疫情中深刻认识到,基础设施是振兴和维持经济发展的基础。对目前的南非来说,基础设施建设的边际收益和溢出效应是可观的。2020 年 7 月,拉马萨福总统已经指定了南非的优先基础设施项目,为在未来十年启动一项 2.3 万亿兰特(1380 亿美元)的私人投资计划铺平了道路,涵盖关键水资源供应与卫生、能源、交通、数字基础设施、农业和农产品加工、人居工程等领域。

综上所述,新冠肺炎疫情使经济发展本就衰退的南非雪上加霜。随着后疫情时代的到来,南非政府将会面临着机遇和挑战并存的局面,刺激国内投资和吸引外商直接投资是南非复苏经济的途径之一。下面将着重分析疫情后南非的投资机会和投资风险,为读者提供参考。

三、疫情后南非的投资机会

尽管受疫情影响,南非外商直接投资锐减,但危机中孕育着新机。

---

① World Economics Forum, *The Global Risks Report* 2022, 2022, p.106.

2021 年 9 月，在南非兰德商业银行发布的《2021 年非洲投资目的地》报告中，南非被评为非洲第三大最具吸引力的投资目的国。该报告认为南非凭借其强大的制造和零售基地，将继续以商品和服务形式支持南部非洲区域经济。南非作为非洲的一大投资流入国，国际投资增多不仅会拉动 GDP 从而加速经济复苏，还有助于支持当地经济增长，为南非人民带来直接利益。根据牛津经济研究院发布的 2021 年《非洲投资风险与回报指数》报告，南非的投资回报指数由 2020 年的 3.31 上升到 2021 年的 5.69，投资回报指数上升幅度位居非洲大陆第三位。[1] 具体而言，疫情后南非的投资机会有以下五点。

（一）战略政策支持

2020 年 10 月，拉马萨福总统宣布经济重建和复苏计划，这成为南非当前重要的战略计划。经济重建和复苏计划设定了五大目标，即加大基础设施投资创造就业，推进再工业化，加速经济改革，打击犯罪和腐败以及提升国家治理能力。为保障计划的顺利实施，南非政府将采取增加基础设施投资、增扩发电容量、大规模创造就业以及推动产业本地化和工业化四大举措，并实施扶持中小微企业、改善营商环境、支持妇女参与经济、打击犯罪和腐败等包容性措施。经济重建和复苏计划在短期将会帮助南非全力释放经济潜力，推动疫后复苏；在长期将会促进国家的结构性改革，提高政府运作效率和治理透明度，实现经济长期稳定发展。

南非政府为吸引外商直接投资创造优惠政策。首先，南非政府实施一系列减税措施。自 2020 年 6 月 17 日起，为缓解疫情防控期间给中小微企业造成的现金流压力，政府实施增值税返还等税收优惠政策；对于收入低于 6500 兰特的私营部门雇员，提供连续四个月、每月最高 500 兰特的税收补贴。这些措施已经帮助陷入财务困境的企业和个人减免税收总额为 700 亿兰特。此外，为创造公平竞争的市场环境，南非设立全球企业最低税率，即 15% 的企业税率。该举措将会对跨国公司更公正合理地征

---

① Oxford Economics, *Africa Risk-Reward Index* 2021,2021,p.1.

税。其次,南非政府致力于改善营商环境。根据世界银行《2020年全球营商环境报告》,南非在营商便利度指数中排名第84位。[①] 南非政府致力于推动南非在未来几年内跻身全球营商环境排名前十名。为实现这一目标,2021年6月9日南非政府讨论推出一系列措施,包括缩减增值税退税和企业审计时间、提高业务流程审批效率以及推出全新投资推广网站,这将精简业务流程,缩减办理时间。

(二)金融体系成熟稳健

在新冠肺炎疫情冲击下,南非成熟发达的金融体系表现出较强的稳健性。

根据世界经济论坛(WEF)发布的《2019年全球竞争力报告》,南非的"金融体系"指标在参评的141个国家中排名第19位。[②] 南非金融服务业发展水平较高,交易设施完备。首先,南非银行业发达。截至2017年5月,在南非注册的内资控股银行10家,外国银行分支机构15家,外国银行代表处31家,外资控股银行6家。南非银行业总资产达29670亿兰特,其中外资占有47.5%的股份。在南非,保险可分为长期保险和短期保险,目前南非有超过100家注册的短期保险公司和超过78家注册的长期保险公司。[③] 2022年1月,南非储备银行基准利率为3.75%,优惠贷款利率为7.25%,外资企业与当地企业享受同等国民待遇。南非有三大金融监管机构,南非储备银行、国家信贷监管局和金融服务局,且具备一套完整健全的金融监管制度,保障了金融业稳健运行。此外,南非拥有非洲最大证券交易所,即约翰内斯堡证券交易所,也是世界前20大证券交易所。2020年4月,约翰内斯堡证券交易所上市公司总市值约7637亿美元,主板上市公司约400家。约翰内斯堡证券交易所是南非重要的融资渠道,同时向纳米比亚证交所提供交易平台,与博茨瓦纳、马拉维、纳米比

---

① World Bank, *Doing Business* 2020, 2020, p.4.

② World Economics Forum, *The Global Competitiveness Report* 2019, 2019, p.19.

③ 中华人民共和国商务部:《对外投资合作国别(地区)指南——南非》,2021年版,第54页。

亚、津巴布韦、埃及、加纳、毛里求斯、尼日利亚证交所协调上市标准,并为其他非洲国家交易所提供技术支持。

2020年,新冠肺炎疫情下,南非银行业并未面临大规模再融资风险,银行资金保持稳定,外部融资风险有限,信用损失与同行相比较为良。然而银行业的盈利能力受疫情冲击较大,南非银行业的总体利润大幅下降。但随着疫情缓解和封禁政策解除,南非银行业凭借其较强的韧性有望较快实现增收盈利。此外,南非政府在促进金融服务行业的业务拓展,要求金融部门向贫困人口和边缘化人群提供可获得的金融服务,并引导投资进入目标经济部门。这一举措有助于建立公平和谐的社会,保障长期的社会稳定,增强对外商直接投资的吸引力。

（三）劳动力充足和就业刺激计划

南非人口结构年轻,劳动力资源丰富。根据南非统计局2021年7月发布的年中人口结构数据,2021年南非人口总数约为6014万人,其中15—60岁人口约占总人口的62.5%,60岁以上人口约占总人口的9.2%。[①] 按照联合国的人口老龄化划分标准,即一个国家或者地区的60岁以上人口占总人口的比例达到10%或者65岁人口占总人口的比例达到7%,由此可知,南非尚未进入老龄化社会,人口结构较为年轻。南非在2021年第三季度的劳动年龄人口同比增加1.5%,增加57.8万人至3974.5万人,劳动力资源较丰富。此外,在新冠肺炎疫情的影响下,南非劳动力市场正在迅速发生变化,就业人员逐渐形成居家办公的理念,远程工作的占比越来越高,与在南非投资的跨国公司的办公模式接轨。

南非政府高度重视就业。跨国公司来南非投资设厂,为当地创造就业岗位,这受到当地政府的欢迎并予以政策支持。在新冠肺炎疫情暴发之前,南非便设有就业基金,对创造大量就业岗位的公共和私人部门,政府将提供财政支持;南非政府于2012公布的《2030年国家发展规划》提出放松劳动领域管制,降低营商成本,以此促进劳动密集型制造业发展;

---

① Statistics South Africa, *Mid-year Population Estimates* 2021, January, 2022, p.6.

南非政府的《商业服务激励计划》旨在吸引本地和外国投资者投资商业服务领域的同时创造就业,对于增加就业岗位的企业进行补贴;在经济特区设立就业税收激励,对经济特区内年收入2万—6万兰特的18岁—29岁年轻雇员的现收现付税进行为期24个月、每人0—1000兰特/月的税收减免。新冠肺炎疫情暴发后,为应对全国各地的失业和收入损失,南非政府一方面于2020年6月拨出196亿兰特的临时拨款,开始实施就业刺激计划,该计划实施后半年已支持40多万个就业机会;另一方面为扶持黑人实业家发展,释放关键经济领域的黑人公司的潜力,南非政府在2020年9月计划未来5年内投资400亿兰特新增400个项目。

(四)区域合作和投资大会

在后疫情时代,国家之间通过多边、区域合作,充分发挥各自的优势,促使资源的优化配置,从而推动实现协调发展和疫后重建。南非目前有G20、金砖国家和非洲联盟等重要国际组织成员,在南部非洲发展共同体和环印度洋区域合作联盟担任轮值主席国,这些国际组织为南非提供了广阔的发展空间。

在新冠肺炎疫情大流行的当下,南非也在积极推动并参与双边、多边和区域合作,坚持举办南非投资大会,向世界各国表明吸引国际投资以恢复经济建设的决心,鼓励资本进入。首先,2021年1月1日,非洲大陆自由贸易区启动。这是非洲区域一体化和经济转型的一个重要里程碑,有利于提高非洲大陆在全球投资流入地的竞争力,进一步加强成员的贸易投资合作。此外,2021年11月,南非贸工部主办南非—肯尼亚贸易投资商业论坛,双方同意加强双边贸易投资合作,改善贸易投资机制,并在旅游、卫生、交通和移民等领域签署八项合作协议,为双方充分利用非洲大陆自由贸易区打下坚实基础。拉马萨福总统参加了在塞内加尔达喀尔举办的中非合作论坛,论坛始终将农业作为投资优先事项之一,这为中非投资合作提供了平台。其次,2022年3月第四届南非投资大会如期举行,共获得3320亿兰特投资承诺,涉及采矿、汽车、能源、制药等多个领域,促使本届投资大会投资承诺总额达到1.14万亿兰特,已经实现了拉马福萨总统四年前设定的1.2万亿兰特投资目标的95%。

（五）行业投资机会涌现

从2021年第三季度的行业GDP占比来看,南非目前的主导产业是采矿业、金融行业、制造业和个人服务业。近年来尤其是疫情后,以下行业提供了有利的投资机会。

1. 绿色能源

南非电力行业亟待结构性改革,对绿色能源投资的需求旺盛。南非目前面临着严重的电力危机以及《巴黎协定》下减少碳排放的双重压力。根据《2021年气候透明度报告》,南非在二十国集团中碳强度排名最高。2020年南非约有87%的电力来自煤炭,南非对清洁能源需求较强。① 南非国家电力公司在新冠肺炎疫情中暴露出种种弊端,包括债务负担沉重、电力供应不足、用电成本上涨、电力基础设施落后。电力供应短缺已经成为南非经济增长和投资的重大限制。这更坚定了南非政府大力发展绿色能源的决心。为达到在2050年前将其碳排放量减少60%—75%的目标,南非政府在2010年发布了一项长期电力规划目标,即整合型资源计划,全球新冠肺炎疫情的肆虐打乱了该计划的招标,第五轮招标于2021年8月才开启。此外,南非的能源监管法律和监管机构较完善,《国家能源监管法》《国家能源法》以及《电力监管法》及其相关细化规章共同构成了南非电力与再生能源的法律监管框架,南非矿产资源和能源部、国家能源监管局以及南非国家电力公司为南非能源市场的主要监管机构。值得注意的是,南非国家电力公司目前营运的电网的负荷能力可能无法满足绿色能源电力未来上网的要求,导致绿色能源项目无法被有效实施开发。

2. 通信行业

南非虽然拥有非洲大陆上最广泛的光纤网络,但与发达国家相比,通信技术仍处于落后地位,通信基础设施投资缺口大。南非正面临重建经济的重要任务,拉马萨福总统希望通过加快电信改革推动工业化以扭转

---

① Climate Transparency, *Climate Transparency Report* 2021,2021,p.5.

经济下行趋势。全球移动通信系统协会 2019 年 7 月发布的《撒哈拉以南移动通信报告》显示,到 2025 年,撒哈拉以南非洲地区将有超过 1.7 亿人首次使用移动互联网,这将使移动互联网普及率接近总人口的 40%;4G普及率将翻一番,达到 28%,与 57% 的全球平均水平相比,4G 在撒哈拉以南非洲地区仍有很大的增长空间。① 撒哈拉以南地区急需投资于网络基础设施以提供广泛的 4G 连接并为 5G 铺平道路,这是加快数字化转型的关键要求。根据联合国宽带可持续发展委员会数据,撒哈拉以南非洲地区需要投资约 1000 亿美元,才能在 2030 年前实现具备可负担性的高质量宽带接入,其中至少需要 25 万千米新光纤线路。2021 年 11 月,世界银行下属机构之一的国际金融公司(IFC),对南非科技公司液体电信(Liquid Telecom)的股权和债务投资总计约 2.5 亿美元(约合 38 亿兰特),将支持液态电信(Liquid Telecom)通过其子公司非洲数据中心在埃及、肯尼亚、尼日利亚和南非扩大超大型数据中心容量,并在非洲大陆推出光纤电缆。南非通信行业对国际投资的需求较大,这也是疫情后南非的投资机会之一。

3. 电子商务

首先,在新冠肺炎疫情大流行的背景下,消费者逐渐认识到在线购买产品和服务的便捷性。南非市场正慢慢转向电子商务,尤其是新冠肺炎疫情期间网上购物以创纪录的速度增长,南非的数字经济市场在快速扩张。据中国驻南非共和国大使馆经济商务处信息,南非本土最大的在线支付平台快速支付(PayFast)表示,新冠肺炎疫情期间,南非居民的手机网购订单大增,2020 年 3 月至 2021 年 2 月,快速支付(PayFast)处理的手机支付交易量同比增长 143%,网上购物占零售总额的 40%,而截至 2019 年年底,网上购物仅占零售总额的 2%。其次,南非具备电子商务发展的基础设施条件和消费群体,这有助于提升南非作为全球商业服务投资目的地的吸引力。南非拥有现代化交通体系,有非洲最完善的交通运输系统,电信发展水平较高,电信网络基本实现数据化。南非有 3654 万互联

---

① GSMA,*The Mobile Economy Sub-Saharan Africa 2021*,2021,p.2.

网用户,渗透率达62%,社媒渗透率超过一半,消费者基数大。此外,南非政府已经意识到发展数字经济将提供更多创造就业岗位的机会,缓解国内就业率极低的窘境,因此对数字经济发展持积极鼓励态度。在南非贸工部公布的最新风险管控规定中,放宽了对电子商务行业的限制。这意味着在线商店可以出售除烟酒以外的所有产品。南非在电子商务领域出台了一系列法律法规和政策,如2002年的《电子通信和交易法》、2017年的《网络犯罪和网络安全法案》等。① 值得注意的是,随着消费者越来越多地通过网上银行等方式进行金融交易,南非金融领域数字欺诈活动大幅增长,与2020年后四个月相比,2021年前四个月南非与金融服务相关的疑似数字欺诈尝试增加了187%。

4. 农业

南非农业较发达,农产品加工制造业是制造业最大的子部门,农业受疫情影响较小且恢复较快。农业部门是南非国内生产总值最具韧性的贡献之一。据中国驻南非共和国大使馆经济商务处信息,2020年南非农业部门同比增长13.4%。2021年第四季度农业综合企业信心指数为74点,高于前一季度的67点,其中资本投资分项指数上升22点至79点。农业综合企业信心指数达到自2001年该指数发布以来第二高水平,表明南非国内贸易环境强劲以及2021/2022生产季节前景良好。此外,联合国开发计划署驻南非代表处发布"南非可持续发展目标投资者地图",列举了南非与实现可持续发展目标相关的商业机遇,其中包括农业,具体有农产品加工、节水、针对中小型农场的共享经济平台等,南非农业在可持续发展中具有重要的投资价值。近年来南非政府重视农业投资,加快土地改革,完善相关法律法规,推进农业现代化。2020年10月,南非政府公布的新征地法案明确了在适当情况下无偿征收土地的条件,法案将为南非民众及投资者带来确定性。2020年12月,拉马福萨总统批准了一系列旨在进一步规范南非财产和土地的新政策,其中最主要的是《保护

---

① 黄梅波、段秋韵:《"数字丝路"背景下的中非电子商务合作》,《西亚非洲》2021年第1期。

和发展农业用地条例草案》,该草案为该国提供一种公平和平衡地使用农业用地的方法。

四、疫情后南非的投资风险

根据牛津经济研究院发布的《非洲投资风险与回报指数》报告,南非的投资风险指数由 2020 年的 4.60 上升到 2021 年的 4.73[1],投资回报增长的同时,投资风险也有小幅上升。新冠肺炎疫情的反复、兰特贬值、社会治安问题以及经济复苏困难重重等,加大了投资的不确定性。具体而言,疫情后南非的投资风险有以下五点。

(一)汇率和通胀风险

汇率是影响外商直接投资的重要因素,汇率风险是国际投资者的顾虑之一。兰特汇率在国际市场波动较大,主要是受主要经济体经济形势、主要货币(如美元、欧元)走势、国际商品价格涨跌以及国内利率调整等多种因素影响。由于美国等西方国家在疫情发生初期普遍采取较为宽松的货币政策,外溢效应在非洲十分明显,非洲正面临数十年来投资和外汇流失最严重的情况。全球因素在 2022 年将继续拖累新兴市场资产,包括兰特在内的新兴市场货币汇率仍处于弱势。鉴于南非经济前景疲弱和美国利率预期上涨,法国巴黎银行驻南非机构表示,在 2021 年下跌约 8%基础上,预计兰特兑美元汇率将在 2022 年继续下跌约 7.5%,在 2022 年年底达到 16.50 兰特。兰特持续贬值降低了投资者以美元计价的预期收益,同时汇率波动增加了以兰特衡量收益的不确定性,从而增加了外商直接投资的汇率风险,不利于南非吸引投资以实现可持续发展。

根据南非统计局的最新数据,2021 年 12 月以消费者价格指数衡量的通货膨胀率为 5.9%,比上个月高 0.4 个百分点,这是继 2017 年 3 月以来的最高值,见图 2-2。以消费者价格指数衡量的通货膨胀率的走势如

---

① Oxford Economics, *Africa Risk-Reward Index* 2021, 2021, p.1.

（单位：%）

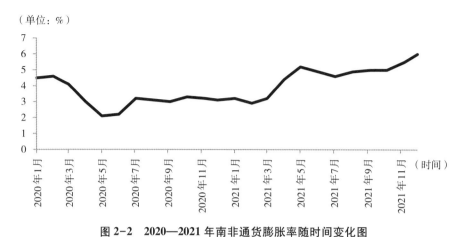

图 2-2　2020—2021 年南非通货膨胀率随时间变化图

资料来源：载自 Trading Economics 网站，https://zh.tradingeconomics.com/south-africa/inflation-cpi。

图 2-2 所示。2021 年 12 月的食品和非酒精饮料类别、住房和公用事业类别、交通运输类别和杂项商品和服务类别分别同比增长 5.5%、4.2%、16.8% 和 4.3%，对 5.9% 的通货膨胀率的贡献分别为 1.0 个、1.0 个、2.3 个和 0.7 个百分点。由此可见，交通运输行业是通货膨胀的主要因素，12 月记录了 16.8% 的年度增长，这也使该行业成为通货膨胀篮子中唯一年增长率超过南非储备银行货币政策目标范围 6% 上限的组别。南非通货膨胀的升高一是会打击民众的消费能力，国内需求降低，企业的产品易滞销；二是会增加企业的生产成本，减少利润，降低对外国投资者的吸引力。此外，由于美国通胀上升进一步推动其货币政策正常化，南非储备银行可能被迫再次提高回购利率以遏制通货膨胀产生的影响。南非储备银行提高回购利率，货币回笼，贷款利率随之上升，这增加了企业的偿还利息，因而不利于外国企业投资建厂。

（二）短期经济复苏困难重重

在短期内新冠肺炎疫情和国内暴乱将继续影响南非的经济复苏进程。根据南非统计局的最新数据，2021 年第三季度，国内生产总值同比下降 1.5%，国内最终消费、资本形成总额、商品服务出口和商品服务进口分别贡献 -1.5 个、0.8 个、-1.5 个、0.7 个百分点。此外，南非从新冠肺炎疫情影响中复苏的速度存在行业差异,劳动密集型行业而言尤其缓慢,尽管私营部门和正式非农业部门收入已恢复至疫情前水平,但是其就业复苏仍然疲弱。除农业部门之外,所有部门就业水平均出现下降,特别是建筑、运输和金融部门。

消费者信心和制造业信心继续保持低迷。南非第一国民银行和经济研究会联合发布数据显示,2021 年第四季度消费者信心指数从上一季度的-10 小幅升至-9,达到 2020 年第一季度新冠肺炎疫情暴发前水平。其中,经济前景分项指数从-14 升至-12,家庭财务状况分项指数从+12 升至+14,消费者对南非经济前景依旧持消极态度。同时,2021 年第四季度南非制造业信心继续下降,商业信心指数下降 3 点至 38 点,仍位于低于50 点中间值的收缩区间。对消费能力和信心造成打击最大的是新冠肺炎疫情临时救济措施的结束,而制造商对未来市场持消极态度的主要原因是各省面临的缺水问题、持续实施高强度负荷削减以及近期钢铁行业工业行动均造成负面前景。第四波疫情、未来经济形势的不确定性、缺水及电价上涨问题将会对消费者和生产者信心产生下行压力,不利于南非短期经济复苏。

更为严重的是,疫情导致南非政府支出增加、收入减少,财政赤字压力增大,加速债务危机。2020/2021 财政年度,南非各级政府财政平衡与国内生产总值之比为-12.0%,同比下降 6.7 个百分点。同时南非各级政府债务负担率达到 77.1%,同比上升 14.9 个百分点,这使南非政府更加入不敷出。由于财政整合措施缺乏可行性,未来五年南非债务危机或将被引爆。

(三)劳动力问题

首先,疫情加重南非劳动力市场失衡,失业率再创新高。由南非统计局数据,2021 年第三季度南非失业率上升至 34.9%,相较于 2021 年第二季度增长 0.5 个百分点,再次创下自 2008 年开始季度劳动力调查以来最高水平。失业率高企成为该国亟须解决的问题之一。南非政府高度重视教育,公共教育支出占国内生产总值的比重在世界前列,2021 年这一比例为 19.53%,位居世界第 11 位。但根据世界银行数据,南非的高等院校入学率在 2019 年仅为 23.87%,这远低于当时的世界水平 39.41%。劳动力质量较低,难以满足现代企业对员工素质的要求。这也说明南非高额的公共教育支出并未起到应有的作用。

其次,南非的劳动力成本在疫情后面临上涨。在南非失业率创下新高的同时,2021 年 5 月南非工资水平仍强劲复苏,实际实得工资总额同比增长 3.7%,平均实际实得工资达到 12650 兰特。虽然疫情反复以及封禁措施的存在可能会对就业市场和工资水平造成影响,但是大部分行业工资复苏已经发生,全国最低工资自 2021 年 3 月起将从每小时 20.76 兰特上升至每小时 21.69 兰特,全国最低工资 4.5% 的增长率高于南非 2020 年 3.3% 的平均通胀率。过高的工资水平将会增加了外商直接投资企业的用工成本,降低经营利润,造成更高的失业率,导致失业率和全国最低工资增长率同时增长的恶性循环。

再次,南非工会力量强大,罢工时有发生。非洲人国民大会、南非共产党和南非工会大会组成的三方联盟是南非的执政力量,因此南非工会组织势力十分强大。南非劳动法制体系健全,政府制定了一整套劳工法律强化劳工保护,涉及工时、休假、组织工会和罢工等内容,对工会权力的强调一定程度上造成了罢工频繁,带来诸多负面影响。2020 年 10 月,南非四大工会组织联合,在包括约翰内斯堡、德班、开普敦等城市在内的全国范围举行反对腐败和失业的全国性大罢工,这是南非有史以来最大规模的罢工游行。虽然罢工仅为期一天,但在疫情好转、南非经济亟待复苏的情况下,如此大规模的罢工活动代价沉重。

最后,南非排外情绪抬头。早在 2008 年、2015 年上半年和 2019 年下半年,南非便发生过大规模排外骚乱,给外国移民的人身和财产安全造成巨大伤害。2020 年至今,受新冠肺炎疫情冲击,南非经济下行,失业率高,绑架、抢劫等各类刑事案件层出不穷,整个国家的经济已陷入第二次世界大战以来最长的衰退周期。这也让南非国内的排外情绪再次被点燃,反移民团体多次示威游行,要求政府优先考虑南非人的经济利益,再一次将矛盾对准了外来移民。

（四）经营成本上涨

首先,南非的用电成本在疫情后将上涨。南非国家电力公司因债务负担,于2021年4月1日起上调电费标准15.6%,这大大加重了企业经营压力。此外,由于管理不善、设备落后,南非国家电力公司发电站性能急剧下降且一时难以恢复,南非各地陷入不断限电的恶性循环之中。这将会大幅增加企业的经营成本,影响企业的连续生产,因此投资者的预期收益会降低,外商直接投资的风险增大。

其次,油价上涨对南非经济造成冲击。由于受到美元升值和全球石油供给紧张这两个因素的影响,2021年年末包括南非在内的全球大多数国家燃油价格创下历史新高。目前南非95号汽油价格为每升19.61兰特,高于大多数的非洲国家,这不仅使南非汽车司机和企业生产成本增大,而且会对农业、制造业、分销供应链以及商品价格产生连锁反应,因此中小企业需要经历更长的时间才能从新冠肺炎疫情中恢复过来。

最后,南非部分城市的水费增加。南非第一大城市约翰内斯堡宣布2021年7月1日开始上调水费6.8%,上调比例远高于通货膨胀率。这种涨幅不仅会加重南非居民的生活负担,还会对投资者和房东产生连锁影响。

（五）社会治安与腐败

根据全球数据库网站努贝奥(Numbeo)发布的"2021年全世界安全指数及犯罪率数据",在参评的135个国家及地区中,南非以犯罪指数评分77.07排名第三。[①] 2021年第二季度的犯罪统计数据显示多个犯罪类别案件大幅增加,谋杀、谋杀未遂、性侵和各类袭击等接触类犯罪增加了60.6%,仅谋杀一项就增加了66.2%,在2021年4月1日至6月30日有5760人被杀。犯罪因素日益增多不仅阻碍了南非经济从新冠肺炎疫情

---

① NUMBEO,"Crime Index by Country 2021",https://www.numbeo.com/crime/rankings_by_country.jsp? title=2021,2022-03-20.

中复苏的进程，国际投资者也可能会因担心人身安全而拒绝在南非投资。

2021年7月，南非前总统祖马因"拒绝回应关于对他九年总统任期内系统性腐败的指控"，入狱监禁15个月，其支持者对此宣判表示强烈反对并迅速形成了所谓的"解放祖马运动"，形成了全国范围内的公共治安危机，造成212人死亡，超2500人被捕。这场暴乱加剧了社会动荡的隐患，造成巨额经济损失并使大量工作岗位面临风险，可能会对投资者信心产生长期影响。这将在未来一段时间持续困扰南非。

此外，南非部分官员存在严重贪污腐败。2022年1月6日，南非官方调查报告称前总统祖马执政期间存在系统性腐败。国家高级官员在获得权力时，产生了急速的腐化和堕落。这同样会影响国家长期发展和社会长治久安。

五、投资南非对策分析

当今世界正经历着百年未有之大变局，后疫情时期孕育着新机会，也隐藏着新挑战，但经济全球化是不可逆转的时代潮流，投资国际化已日益成为跨国公司获取高额利润和提高企业竞争力的重要手段。南非正面临着疫情后的经济振兴，吸引国际投资助力产业转型升级是其走出困境的途径之一。南非政府应当采取相应措施改善营商环境，提高外商直接投资的国际竞争力；同时，国际投资者也应当警惕风险，做好防范措施，实现自身投资利益最大化。

（一）南非政府层面的对策分析

首先，南非国家政策制定者需要从长远角度设计疫情后国家的调整措施，抓住疫情带来的发展机遇，使南非经济在后疫情时期能够保持可持续发展，并促进本国经济转型。

第一，鼓励疫苗接种，健全公共卫生保障体系。公共卫生关系着一个国家或地区人民大众的健康，而健康的劳动力是国家经济运行的基本保障。考虑到公共卫生服务是一种社会效益回报周期相对较长的服务，南非政府的干预作用在公共卫生工作中是不可替代的。南非政府应作出长期规划,加强公共卫生基础设施建设,宣传健康卫生的生活方式,改善居民的卫生状况,提高对突发疾病的监测和防控能力;要加强医疗卫生人才建设,壮大医护队伍,改善医护人员的薪资待遇;此外,还要健全线上咨询问诊服务,使南非居民足不出户便可享受到医疗服务,这也降低了人员流动,控制疫情的再次蔓延。

第二,大力打击腐败,提高居民受教育水平。南非政府应当加强公共部门治理、杜绝腐败。南非政府要建立独立的反腐败调查机构,加强监督问责的透明度,预防并及时发现腐败行为,对营私舞弊的官员零容忍;健全有关反腐和保护证人的法律制度,加强对证人的保护力度,鼓励公民积极举报,对实情举报者予以奖励。打击腐败不仅能维护社会的公平正义,还能促进教育资源落实到位。南非政府的教育支出,应当细分到每一行政级别,确保未成年人能够享受到应有的教育;提高南非家庭对教育的重视程度,让高等教育人才享受到更好的社会待遇,从而改变南非家长对基础教育的冷漠态度;完善职业教育,提高技术性工人的职业实践能力,从而更能契合跨国投资企业的劳动力需求。

第三,整治电力供应系统,降低生活成本和经营成本。电力短缺已经成为长期制约南非经济发展的因素。南非政府应当加快电力供应系统改革,增强供应能力,降低外国投资企业的经营成本和外国技术工人的生活成本。强化零碳电力的角色定位,南非政府要制定一个连贯、可信的过渡路线图,用可再生能源取代发电能力不足的老旧燃煤电站,妥善处理南非国家电力公司的债务问题和员工再就业问题;放宽现行的法规限制,鼓励民间自建电厂进入该行业,打破南非国家电力公司的垄断地位,让消费者享受到更合理的电价;形成大规模区域互联电网,从而在南非全国范围内构建起一个互相补给和调度的整体电力市场,一区域用电紧张可以从其他区域调度,减小了全国范围内的停电风险。

第四,抓紧数字经济发展机遇,促进经济转型升级。在疫情期间,出于疫情防控的需求,南非政府实施的封禁政策使居家办公、自主隔离成为一种短暂的生活方式,这也促进了线上购物、教育、医疗、游戏等产业的发展,数字经济的机遇和红利已然显现。因此,南非应该对数据驱动的"未来市场"进行更多投资。加快通信基础设施的建设,降低居民上网成本;加快实施重点行业数字化转型提升和数字化转型支撑服务的培育,以税收优惠等政策促进企业转型,同时要完善线上支付体系,严格打击数字经济犯罪,为数字经济的发展提供良好的支持服务;完善与数字经济相关的监管规范,健全治理体系,引导正确发展路径,守住安全底线,确保有序、规范、健康发展;积极把握南非数字经济投资大会和第四届投资峰会,吸引高新技术企业投资,带动本地数字经济发展。

（二）投资者层面的对策分析

对于想要在南非投资的个人或企业,在把握投资机会的同时,也要规避投资风险,积极处理可能出现的不利情况。

第一,重视事前调查,制订合理的投资计划。外商投资企业要咨询本国政府关于对南非投资的优惠政策,充分利用本国政府提供的有关南非的商业信息,听取指导意见,减少信息不对称;要做好投资事前调查分析,包括对项目客户及相关方的资信调查和评估,对投资或承包工程国家的政治风险和商业风险的分析,对项目本身实施的可行性分析,从而将不确定性降到最低;要制订长期的投资计划,充分考虑到疫情反复对南非经济的影响,同时要制定好相应的预防措施和补救策略。

第二,做好事中的风控和管理工作,规避、转移风险。南非兰特易受国际市场影响,波动较大,欲在南非投资的企业可以通过在合同中增加保值条款及汇率风险分摊条款、采取提前付款策略、选择美元作为计价货币以及签订外汇远期合约等方法来规避汇率风险;在开展对南非的投资合作时,使用保险机构提供的包括政治风险、商业风险在内的信用风险保障产品,转移信用风险;强化安全防范意识,采取必要措施确保人身安全,开展业务时做好安全防范工作,投资办厂和日常生活要尽量避开黑人聚集的老城区和贫困人口密集地区;维持疫情常态化,做好疫情全面防控工作,严格管控企业人员的流动,把人身安全放在第一位。

第三,发生风险事故后,尽快通过相关手段追偿损失。风险管理者应当及时采取有效措施予以抢救和补救,防止损失的扩大和蔓延,将已出现的损失降到最低限度。南非的经济执法较严格,在南非投资的企业要遵守法律法规、合法合规经营、定期纳税、注意保护黑人权益,当发生经济纠纷等风险事故时,要第一时间通过法律手段追偿损失;要与母国驻南非的大使馆保持联系,遇到突发事件,积极寻求大使馆的帮助和保护;购买保险的企业要主动配合保险公司的核损定赔。

第四,妥善处理与当地居民、工会的关系,承担必要的社会责任。在疫情期间,在南非投资的企业或个人要严格遵守当地封禁规定,配合警察、医疗机构和当地社区工作,同时也要安抚好员工的情绪;妥善处理与工会的关系,谨慎对待劳资关系,对南非人民在疫情后的消极情绪表示理解,聘请当地律师帮助解决经营生产与工会组织的矛盾;积极履行企业社会责任,密切与当地居民的联系,多做一些公益事业,树立良好的企业形象,同时当地政府和社区进行抗疫合作,回馈当地社会。

六、中国对南非投资领域分析

南非是中国在非洲的主要投资目的地,根据中国商务部的统计,中国对南非的外商直接投资流量在 2020 年为 4 亿美元,比 2019 年增长18.15%,直接投资存量达到 54.2 亿美元。这说明即使在疫情影响下,中国对南非的投资力度仍未减弱,中国依然是南非的第一大投资来源国。以往中国企业在南非投资主要涉及矿产、制造业、金融和能源等领域,其中制造业为主要投资领域[①]。在疫情肆虐的当下,从南非政府加大基础设施的投资、全球经济数字化转型和南非 2050 年实现碳中和的目标来看,新的投资机会主要集中在道路基础设施、数字经济和清洁能源领域。

[①]　中国国际贸易促进委员会:《企业对外投资国别(地区)营商环境指南——南非(2020年)》,中国商务出版社 2020 年版,第 52—53 页。

（一）道路基础设施

中国和南非在道路基础设施的投资合作潜力体现在双方供需匹配。首先，南非政府大力鼓励通过完善基础设施来带动疫后经济复苏。南非政府已明确将桥梁、公路、铁路和港口等基础设施建设放在经济工作的首位，以求在当前和疫情过后推动经济快速恢复与发展。据中国驻南非共和国大使馆经济商务处信息，2020年8月初，为落实拉马萨福总统提出的1000亿兰特基础设施规划，南非国家公路局宣布将实施278个总额为302亿兰特的道路基础设施项目，并将在项目实施中与财政部等部门合作，简化采购流程和加快招标与授标过程。其次，中国拥有道路基础设施建设的资金和技术方面的优势。中国的道路基础设施建设能力居世界前列。截至2021年4月16日，中国高速铁路运营里程达3.79万千米，约占世界高铁总里程的2/3，高速铁路规模位于世界第一；2018年建成的港珠澳大桥集桥梁、隧道和人工岛于一体，是世界目前里程最长、施工难度最大、设计寿命使用最长的跨海公路桥梁；截至2021年年底，中国沿海港口万吨级以上的泊位数为2530个，在全球港口货物吞吐量和集装箱吞吐量排名前十的港口中，中国占了七个。中国道路基础设施建设的丰富经验为双方在该领域的合作提供了有利条件，中南两国的投资合作不仅会带动疫情后的经济复苏，还会为南非的持久稳定发展创造条件，增加国家经济活力。

（二）数字经济

2020年，中国数字经济规模为5.4万亿美元，位居世界第二。[①] 新冠肺炎疫情促进了南非数字经济的发展，南非拥有后发优势。因此两国开展数字经济方面的投资，有利于实现互惠共赢，弥合"数字鸿沟"。首先，双方开展数字经济合作有利于南非的通信基础设施建设。华为是南非电

[①] 中国信息通信研究院：《全球数字经济白皮书——疫情冲击下的复苏新曙光》，中国信息通信研究院2021年版，第20页。

信基础设施发展的主要合作伙伴,为南非80%的人口提供服务。2020年7月,华为在南非参建非洲首个5G独立组网商用网络,这将促进南非的信息通信技术发展创新、助力走进数字时代。其次,双方开展数字经济合作有利于为南非培养更多数字化人才。根据中国驻南非共和国大使馆经济商务处提供的信息,2021年11月,两国启动华为"未来种子"项目,华为将通过线上线下相结合的方式对选拔的12名优秀学生进行培训,在过去五年,该项目已为南非数字化发展培育了90余名人才。最后,双方开展数字经济合作有利于南非拓宽数字经济发展领域。智能手机在南非最常使用的功能是拨打、接听电话和上网,电子商务、远程办公和线上课程等使用频率在疫情期间才得以提升。中国在远程通信领域已具备相对成熟的技术,双方的数字经济合作有利于开发智能手机等通信设备在南非的使用潜力。同时中国在大数据、云计算、物联网、区块链和人工智能等方面也积累了较为丰富的技术经验,有利于推动南非在相关领域的发展。

（三）清洁能源

中国在清洁能源领域有着丰富的开发经验和世界领先的技术,同时两国对清洁能源有着共同的需求,中国与南非共同开展清洁能源建设,有利于实现优势互补,促进能源转型。首先,南非可再生能源储量丰富,尤其在太阳能和风能方面具有天然优势。但截至2019年,可再生能源在南非一次能源结构中仅占比4%,可再生能源装机容量和发电量仅分别占全国总量的8%和6%。根据南非最新版综合能源规划,2030年可再生能源装机占比将增至37.08%,太阳能和风电装机将分别达到8288兆瓦和17742兆瓦。① 因此南非的清洁能源市场广阔,南非政府积极推进清洁能源开发。其次,中国政府也十分重视清洁能源的发展,拥有先进的开发技术。中国的可再生能源开发利用规模稳居世界第一,能源消费结构向清洁低碳加快转变,中国国家能源局最新数据显示,截至2021年年底,中国

---

① 周立志:《南非可再生能源发展现状及中国企业投资建议》,《中外能源》2021年第8期。

风电并网装机容量达到 30015 万千瓦,已连续 12 年稳居全球第一;光伏发电并网装机容量达到 3.06 亿千瓦,突破 3 亿千瓦大关,连续 7 年稳居全球首位。同时中国能源供应保障能力不断增强,基本形成了煤、油、气、电、核、新能源和可再生能源多轮驱动的能源生产体系。南非与中国的清洁能源投资合作不仅有利于弥补南非电力供应不足的短板,更有利于南非实现经济可持续发展、达到碳中和的目标。

第三章　埃及的投资机会和投资风险

长期以来,埃及的经济发展受限,在就业难度大、贫富差距持续扩大、通货膨胀加剧以及政府腐败等问题的影响下,国内社会动荡不安,经济发展进入困境。自2014年塞西执政以来,针对国内形势进行多项改革,不仅遏制了经济衰退,还加强管理,为经济复苏奠定了坚实的基础。一方面,埃及政府在实现汇率自由后,大幅提振外汇储备,达到了维持民生需求。另一方面,埃及政府改善财政收支结构,在实行税制改革的同时削减经常性支出,使财政预算由亏转盈。在塞西政府统筹领导下,社会政局稳定,重大项目得以推进落实,经济向好发展。截至2019年,国民经济生产总值增速连续5年保持在4%以上。

然而,在新冠肺炎疫情的冲击下埃及经济的痼疾再一次凸显。首先,埃及的经济改革一波三折,埃及民众的生活水平虽然逐渐稳定但负担依然沉重。其次,埃及经济发展依赖于第三产业,纺织等实体经济发展落后,国际贸易优势主要依赖地理优势和资源禀赋,经济的抗风险能力较差。在新冠肺炎疫情的影响下,各国对产业链、供应链的安全和完整提出了更高的要求,世界贸易缩减,大部分行业进入休整期,埃及的经济发展面临着新一轮的挑战。

一、埃及基本经济情况

从产业结构来看,第二产业和第三产业在埃及占据重要地位,特别是第三产业占据了国民经济生产总值的50%(见图3-1),是该国的支柱产业。相比之下,由于工业体系在纳赛尔时期(1956—1970年)建立,无法满足当代的发展需要,因此埃及缺乏主体产业进行主导。[1]

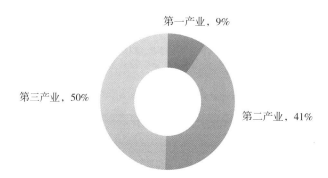

第一产业,9%

第三产业,50%

第二产业,41%

图3-1 2020/2021财年埃及三次产业产值分布比例

资料来源:Ministry of Planning and Economic Development,"National Accounts Data",https://mped.gov. eg/GrossDomestic? lang=en,2022-01-23。

在第二产业中,油气和建造业表现出强劲的发展势头。油气是埃及的重点产业,在2019年占GDP总值的13.6%。首先,储能丰富是埃及油气行业兴盛的前提条件。截至2019年,埃及的石油储量位居非洲第六位,天然气储量位居非洲第三位。其次,埃及的油气投资高度对外开放,特别是产业链上游共集聚了62家石油公司,其中外国公司高达82%。这推动了埃及油气行业的现代化进程。[2] 最后,作为区域型油气集散地战略中心,埃及油气行业的发展前景清晰明了,在人力、资本等多方面得到优效配置。不同于油气行业的先天优势,埃及建造业发展得益于政府的战略部署。自塞西执政以来,先后提出了政府中期工作七大重点、经济领域的十大建设项目、体面生活倡议等多项战略规划,在基础设施建设和公共服务改善等多方面加大投资力度。埃及的耕地面积在快速增长的人口下日益萎缩,农业问题的突出使发展不平衡问题进一步加剧。对此埃及政府针对不同地区的发展特点提出了多个农村建设项目,在改善基本生活条件的基础上实行土地开发项目,以建造新的农业体系。

---

① 戴晓琦:《塞西执政以来的埃及经济改革及其成效》,《阿拉伯世界研究》2017年第6期。

② 《对外投资合作国别(地区)指南:埃及》,商务部对外投资和经济合作司,http://fec. mofcom.gov.cn/article/gbdEn/#,2021年版,第16页。

旅游业是埃及服务业的传统支柱产业,而通信是服务业的新兴产业。首先,埃及是世界四大文明古国之一,拥有深厚的文化底蕴,游客主要来自英国、意大利等欧洲国家。旅游业的繁荣拉动了当地的食宿需求,其增速在2018年达到约38%,为埃及提供了近12%的就业岗位。旅游业所创造的红利仍将是埃及政府的经济发展重点,未来将进一步简化签证办理手续,扩大旅游市场。其次,埃及的通信行业起步较晚,固定网络及移动网络速度均显著低于世界平均水平,但发展较快且市场规模大。2016年,埃及政府正式发布4G牌照,埃及政府通过通信和信息技术部门推动基础设施建设促进数字化转型,并在"2030远景目标"等战略规划中提出发展具有竞争力、创新和灵活性的信息技术产业。在多项数字转型战略的推动下,通信行业对国内生产总值的贡献在2017—2021年保持着近15%的高速增长。[1]

二、新冠肺炎疫情对埃及的影响

2020年的新冠肺炎疫情造成了全球经济下行,外国直接投资回撤,投资流量跌至1万亿美元,全球投资水平回到2005年。在全球产业链受到冲击的情况下,市场供给和需求大幅下降,埃及的外来投资也在减少。第一,疫情高发期的封锁政策使进行中的项目放缓搁置,投资决策以规避风险为主,海外投资决策减少。第二,经济活动的减少严重影响海外项目的盈利能力,投资幅度随之下降,埃及2020年的外国直接投资只有59亿美元,较前一年降低35%。[2] 尽管埃及的外来投资减少高于非洲平均变化,但埃及依旧是非洲最大的外资接受国,表现了市场对于埃及在疫情下的经济表现和未来发展的积极态度。

① Kamel, Sherif, " The Potential Impact of Digital Transformation on Egypt ", *Economic Research Forum*, Working Paper No.1488, 2021, p.13.

② United Nations Conference on Trade And Development, *World Investment Report* 2021, New York: United Nations Publications, 2021, p.163.

（一）新冠肺炎疫情下的埃及经济

2020年,埃及GDP增长受疫情影响,在实施全面改革计划后首次下跌至3.6%,并在2021年达到3.3%,失业率也反弹至9.3%(见图3-2),但得益于埃及的经济改革,其疫情中GDP仍然实现了正向增长。新冠肺炎疫情对经济的影响主要通过供需关系和政策环境对埃及的产业活动、国际贸易以及劳动人口产生冲击。

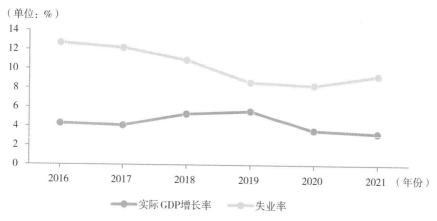

（单位：%）

图3-2 2016—2021年埃及实际GDP增长率和失业率

数据来源:参见国际货币基金组织数据库,https://www.imf.org/external/datamapper/datasets/WEO,2022-01-25。

第一,新冠肺炎疫情对埃及的三次产业造成了不同程度的损害。首先,农业由于季节性的特点并没有受到疫情的直接影响,反而在市场的推动下产业有所扩大。其次,含采矿业、制造业等在内的第二产业经济活动水平整体下滑。从供给侧看,除受停工停产政策影响外,全球一体化导致的"供应链传染"破坏了埃及产业的生产步伐,对于参与国际生产活动的行业产生巨大打击。从需求端看,埃及整体的消费能力在下降。埃及44.9%的劳动人口处于非正规部门,没有健全的社会保障和工作保障,满足生活的基本需求有较大的不确定性。世界银行以每天3.2美元作为贫困线对埃及进行贫困统计,调查结果显示埃及在疫情期间贫困率从24.1%上升至30.5%。在封锁政策限制埃及人民活动,削弱消费意愿的同时,收入下滑造成相应的消费能力降低是导致市场需求下降的重要原因。最后,以交通、运输和旅游业为主的服务业在疫情期间受到了重大冲击。据统计,2020 年 3 月埃及共计 70%—80%的酒店及餐馆等项目被取消预订。①

第二,埃及的国际贸易缩减,贸易逆差持续扩大,特别是大宗商品的价格变化放大了经济依赖自然资源的危害。对于依赖大宗商品的贸易国来说,大宗商品的价格走势、国家的对外贸易及其经济发展之间存在直接的传导作用。埃及的产业化进展较慢,产业链短,且集中活跃于产业链下游,依赖于自然资源、人口红利等先天优势。根据埃及统计局的数据显示,2020 年半加工类大宗商品和成品类大宗商品分别占据埃及总出口的25.8%和47.2%,且石油出口约占总出口的25%左右,在国际贸易中较为被动。② 供求关系作为影响国际大宗商品价格的核心在疫情影响下出现了失衡,使大宗商品价格出现大幅波动,特别是原油、天然气、煤炭等能源产品的价格指数从 2019 年 12 月的 101.9 直线下降,在 2020 年 4 月跌至到 38.66。③ 除此之外,全球市场需求降低,海关检查更加严格,埃及的海外市场萎缩,2020 年的出口量在近 5 年中首次下滑,缩减 8%(见表3-1)。在海外市场萎缩叠加大宗商品市场低迷的情况下,埃及经济发展进程缓慢,经常账户余额恶化,在债务负担方面提出了巨大挑战。

表 3-1　2016—2020 年埃及国际贸易状况　　(单位:百万美元)

进出口贸易	2016 年	2017 年	2018 年	2019 年	2020 年
出口	25468	25604	27624	28993	26630

① Breisinger, Clemens; Raouf, Mariam; Wiebelt, Manfred; Kamaly, Ahmed; and Karara, Mouchera, *COVID—19 and the Egyptian Economy: From Reopening to Recovery: Alternative Pathways and Impacts on Sectors, Jobs, and Households*, Washington: International Food Policy Research Institute (IFPRI), 2020, p.5.

② Central Agency for Public Mobilization and Statistics, *9.2 % Decrease in Trade Balance in 2020*, Cairo: Central Agency for Public Mobilization and Statistics, 2022, p.1.

③ World Bank Group, *Commodity Markets Outlook*, Washington: World Bank Publications, 2021, p.71.

续表

进出口贸易	2016 年	2017 年	2018 年	2019 年	2020 年
进口	55789	61627	72000	70919	59843
贸易平衡	−30321	−36023	−44376	−41926	−33213

资料来源:联合国贸易和发展数据库,https://unctadstat.unctad.org/wds/TableViewer/tableView.aspx,2022−01−23。

第三,疫情使埃及的劳动人口陷入收入困境。在经济下行的环境下,企业同时面临主动和被动的停业减产。为保证持续经营,企业在开源节流中往往选择降薪和裁员。首先,与 2020 年 2 月的就业情况相比,埃及在 6 月超过 2/3 的非正规劳动人口的工资遭到了下调,而正规劳动人口中 21% 的职工被减薪。从行业角度看,就业于旅游业、交通运输等服务业的人口减薪幅度最大,而医疗、教育等需求弹性较小的行业受到的影响较小。其次,埃及的就业率在同一时间段下降了 8%。其中,文化程度较低的群体所受影响最大,就业率下降 12%,基础学历的劳动人口就业率也下降 11%。[1] 因此,工业化程度低、核心技术差使埃及经济脆弱的重要原因。

尽管国内经济疲软,埃及在 2020 年实现经济正向发展,展现出巨大的经济潜能。其中,汇率自由化是埃及经济发展史的重要一步,也是增强其经济弹性的重要一步,为工业发展作出了巨大贡献。第一,在出口结构上,埃及的出口从以石油为导向转为以制造业为产业支柱,吸引更多的私人投资。第二,埃及制造业发展持续增长。2020 年的出口数据显示,成品和半成品共占据出口市场 78% 的份额,分别实现了 4.5% 和 7% 的增长,有利于推动埃及在国际分工中向产业链上游移动,形成成熟的制造产业集群。同时,国际市场需求的增长为埃及创造了更多的就业岗位,改善了国内劳动供给,失业率从 12.7% 降低并维持在 8% 左右。[2]

---

① International Labor Organization, *The Impact of COVID* − 19 *on Employment and Wages in Egypt*, 2021, pp.8−14.

② Central Agency for Public Mobilization and Statistics, 9.2% *Decrease in Trade Balance in 2020*, Cairo:Central Agency for Public Mobilization and Statistics, 2021, p1.

（二）新冠肺炎疫情下埃及的政策应对

埃及经济发展的背后依旧存在严重的贫困问题。贫困群体本身存在健康问题的可能性更大且生活密集,在疫情中更容易受到病毒的攻击。同时,埃及的社会保障普及率低,贫困群体缺少获取医疗、食物等必需品的途径,因此,埃及的新冠肺炎疫情循环往复。然而,埃及疫苗的普及率达65.7%,远高于南非、尼日利亚等非洲经济体,政策防控、财政以及货币政策等方面也加大力度,推进埃及经济的复兴。

1. 疫情防控

埃及的疫情防控从封锁过渡到解禁阶段都有不同的重点。2020年3月,疫情开始在埃及大范围传播,政府关闭学校、参观以及礼拜等多个场所,防止新冠肺炎疫情出现大规模的集中暴发。同年6月,埃及疫情迎来高峰期,单日确诊人数最高近1800人,埃及政府出台宵禁,停运公共交通,关闭商场及娱乐场所,并严格规定在公共场所佩戴口罩。此后,随着确诊人数不断减少,埃及防控政策逐渐放开,从减少宵禁时间、控制公共场所容纳能力等方面开始复工复产。埃及自2016年的经济改革后经济发展迅猛,但债务问题依旧突出,2020年的公共债务占据GDP的89.8%。经济的长时间抑制和大基数的贫困人口使埃及面临较大压力,同时,宗教习俗的背景使埃及无法实施长期的居家隔离。因此,埃及开放公共场所,通过严格的惩罚措施强制佩戴口罩以最大限度地控制疫情,对违规者处以4000埃及镑的罚款,对向违规者开放的公共场所处以停业3天的惩罚。

2. 激励政策

新冠肺炎疫情暴发之后,埃及政府大规模的公共投资为各行业的活动经营提供了有效的支撑,主要可以从财政和货币两方面政策考虑。

首先,埃及的财政政策的重点在于平衡经济复苏和债务负担。埃及的外债水平处于高位,在经济下行中应考虑债务的可持续性,因此在财政措施的推行中更强调非现金补贴。2020年3月,埃及政府支出1000亿埃及镑支持生产部门的活动。第一,政府下调天然气、电力的供应价格,使工业用电价格降低约0.0064美元,并预计在未来的3—5年内固定电价。电价降低能够降低企业的生产成本,帮助企业在国际市场中抢占优势,特别是钢铁、铝等电力成本占比较大的行业。据统计,电力成本在钢铁、铝等行业中约占总成本的15%—17%。第二,税务局延期收缴企业所得税款。除食品、制药、保健行业外,受疫情影响较大的企业可以分批次缴纳2019年税款,在2020年4月、5月和6月分别缴纳税款的20%、30%和50%,并免收逾期利息。[1] 分批次延期收缴工业税款相当于政府向企业提供无偿贷款,能够在缓解企业财务问题的同时保证政府的财政收入。第三,补贴农业生产保证埃及的基本生活需求。埃及政府通过固定面粉等原材料价格,保证食物的良性供应,同时减轻农民的税务负担维护商家的基本利益。

其次,适当的货币政策有利于财政当局的稳定。传统的货币政策是中央银行通过利率来控制市场中的货币流通,从而刺激经济活动并使通货膨胀水平维持在一定的水平期间。2020年,埃及中央银行3次调整隔夜存款、隔夜拆借和主要业务利率,将其从9.25%、10.25%和9.75%调整至8.25%、9.25%和8.75%。埃及央行的通货膨胀目标范围处于6%—12%,但2020年的实际利率始终低于最低水平,使埃及的实际利率高于多数国家。较高的实际利率能够推动外资流入,充实外汇储备,但不利于改善国内市场的低迷走势。因此,埃及央行多次降息改善经济的疲软增长为公共财政提供支持并减少埃及镑的上行压力,而埃及降息后的实际利率依旧在新兴市场中拥有较强的竞争力。除此之外,埃及央行向中小企业以及中低收入家庭提供贷款优惠,将利率降低2%,并对存在违约风险的贷款人提供新的债务减免计划。

三、埃及的投资机会

埃及地处欧洲、亚洲、非洲三大洲的交通要处,拥有联通欧亚航运的苏伊士运河,具有独特的区位优势。在1995年加入世界贸易组织后,埃及同世界各国展开合作,加入埃及—欧盟伙伴关系协定等多个区域贸易

---

[1] Korea Institute for International Econimic Policy（KIEP）, *Crisis and Fragility: Economic Impact of C VID—19 and Policy Responses*, Sejong: KIEP, 2020, pp.98-100.

协定,享有多国的自由贸易政策。除此之外,埃及拥有丰富的自然资源和充足的人力资源,使其在国际市场上拥有较强的比较优势。根据《2020年非洲投资指南》[①],埃及连续3年被评为非洲的最佳投资目的国。疫情虽然阻碍埃及经济的发展,但是强劲的经济表现说明了埃及投资环境的相对稳定,以及在资源要素、工业变革和区域经济三方面涌现的投资机会。

(一)投资环境

1. 经济可持续发展

埃及经济在新冠肺炎疫情期间的表现展现了2016年以来经济改革取得的成就,也扩大了埃及在卫生、教育和社会安全网等方面的薄弱问题。为增强经济弹性,埃及在原有改革成就的基础上进一步深化,提出"埃及国家结构性改革",通过加强管理人口、财政、政府绩效、立法以及后勤五大体系,达到经济多样化、发展人力资本、改善国有企业、调动私营部门、提高公共机构的效率和透明度等目标,以吸引投资为本土创造更多的就业机会,为出口导向型的企业创造更加有利的环境,释放巨大的经济潜力。

首先,财政改革是整个结构性改革的先前条件,重点加强对税收和债务两个方面的管理。第一,税收征管是保证政府财政收入的根本。埃及发布的"中期收入战略"在税务征收方面加大监管力度,防止税基侵蚀,通过数字化改革构建完整的征收体系,减少偷税漏税。在收入方面该战略计划逐渐限制免税,扩大税基,将个体纳入税收征管中,并预计在4年内将税收与GDP的比例提高2%。[②] 第二,债务管理对于减少埃及融资需求,有效发挥政府力量至关重要。在债务结构上,埃及逐渐扩大期限规模,在2020年将欧洲债券期限延长至30年,甚至可以延长至40年,成为中东地区期限最长的债券。[③] 在利息支出方面,利息支出是政府财政预算

① 商务部国际贸易经济合作研究院,中国驻埃及大使馆经济商务处,商务部对外投资和经济合作司:《对外投资合作国别(地区)指南:埃及》,2020年版,第34页。

② International Monetary Fund, *The Second Review under the Stand-by Arrangement for the Arab Republic of Egypt*, Washington: International Monetary Fund, 2021, p.15.

③ African Development Bank Group, *North Africa Economic Outlook*, Abidjan: African Development Bank Group, 2021, p.26.

中的主要项目,政府逐步将高收益的债券替换为低成本债券。埃及高额的利息支出不仅增强经济的脆弱性,还限制了政府的自由裁量权。2018/2019财年利息支出占收入和费用的比例开始逐渐降低(见图3-3)。在融资市场方面,埃及一直努力开发国内债券市场和摩根政府债券指数—新兴市场,扩大投资者基础,来应对2022—2024年增加的外债义务。

（单位：%）

图3-3　2015/2016—2020/2021财年埃及利息支出占当期收入及总费用之比

资料来源：Ministry of Finance, "Citizen Budget", https://www.mof.gov.eg/en/posts/stateGeneralBudget/5fdd5876c21a6d0007c0277f/The%20Citizen%20Budget%202020%2021。

其次,结构改革的深化有助于释放埃及的经济潜力。第一,人力资本将获得更大的发展支持。新冠肺炎疫情下,劳动力市场的冲击在教育程度、性别两方面展现出两极分化的特点。未来,政府将在医疗保障、教育发展和性别平等方面加大公共支出,加强经济的包容性和增长动力。第二,市场和社会资源等领域向私营部门的开放力度逐渐扩大。埃及的国有企业占据经济的主导地位,遍布各大战略行业,2017/2018财年中,仅公共商业部门和公共部门的企业在经济生产总量中占比已达16%,但生产力仅达到私营部门的25%,还存在较普遍的亏损现象。① 新冠肺炎疫情使埃及面临更为紧迫的外部融资需求,加速推动了能源、运输等领域的

---

① International Monetary Fund, *The Second Review under the Stand—By Arrangement for the Arab Republic of Egypt*, Washington: International Monetary Fund, 2021, p.18.

开放性,监管和法律体系也在逐渐完善,促进公平竞争环境的形成。第三,深度参与全球贸易。2019 年,埃及的平均关税上升至 14.43%,显著高于撒哈拉沙漠以南非洲地区的平均水平(7.76%)。较高的关税政策使埃及的国际贸易发展缺乏动力,占 GDP 的比值始终低于 50%。在经济改革中,政府将逐步减少贸易壁垒和出口补贴,特别将非关税壁垒作为改革的重点领域,使中小企业活跃于国际贸易中,打开国际市场。第四,发展绿色经济。埃及政府将环境因素纳入政策之中,鼓励私营部门在绿色经济中的投资,比如对汽油征收绿色费用,在市场上发行绿色债券,确保在发展经济的同时减轻环境压力。

2. 政策支持

2017 年埃及政府颁布《投资法》,进一步增强对外开放力度。相较于1997 年的《投资保障和鼓励法》,新法则覆盖对象更为全面,进一步规范管理体系,提出了更为明确的激励措施,具体分为以下四个方面。

首先,投资保障方面。埃及政府对境外投资者给予国民待遇,不限制其资金的流动,对于投资项目给予全部所有权,不可实行国有化。

其次,一般激励政策。对于非自由区建设项目,自注册登记起可免交5 年的印花税和公证费。为项目相关的必要机器设备,按照货值的 2%缴纳进口关税。

再次,特殊激励政策。特殊激励政策旨在通过国际资本带动本国落后地区的发展,即符合条件的项目可以根据不同的地区,以投资成本相应比例为税基,从应税净利润中免除企业所得税,核减额度最高可达 50%。

最后,附加激励政策。满足附加激励政策的项目,可以申请进出口的专门海关窗口,并且由国家承担员工技术培训的部分费用以及建设公共设施连接到投资项目的费用。对于在接受土地后的两年内实行投产项目,将返还 50%的土地费用。

2020 年政府颁布的第 6 号总理令表明,对于所属制造业、农业、贸易、教育、卫生、交通、旅游、住房、建筑、体育、电力、能源、自然资源、水、电信和科技行业的项目,若在 2020 年 3 月 8 日后进行了新增资产、提高产能的扩展项目投入,并且有单独的账户和财务报表,可以同时享有以上 3

种激励政策。

（二）资源要素涌现

1. 自然资源

自然资源的开发利用是埃及 2030 远景目标的一部分,埃及正在通过内部结构化改革实现自然资源的最佳增值和国民建设,推动国民经济的增长。

首先,埃及鼓励公私合营加速矿产开发。2022 年 1 月,埃及资源部部长在未来矿产论坛中表示埃及正在计划发展工业。采矿城市,开采黄金、铜等自然资源,在未来 20 年内完成采矿业 10 倍的扩张,使其为 GDP 贡献 5%。在自然资源的发展规划中,最重要的一点就是埃及政府放开了对私营部门的参与限制。2020 年 1 月,埃及政府颁布了新的《采矿法》。长期以来,私营部门投资者面临强制性合资制度,在经营和管理中处于被动地位。在矿产开发中,企业不但需要支付高昂的特许权使用费,在利润分配中有严格的利润共享协议,使企业的投入产出不等,资源开发活动性较差。在新的采矿条例下,政府为鼓励私营部门的参与,在生产共享和采矿权方面作出了较大的让步。第一,政府通过完善开采许可和税收体系来取代生产共享,即企业根据矿石种类支付 5%—20% 不等的特许权使用费。第二,政府允许企业将矿山勘测许可期限由 2 年继续延展,但总体期限不得超过 15 年。

其次,埃及的天然气在国际市场中展现出较大的发展前景。从需求端考虑,埃及电力获取的 80% 来源于天然气,是非洲最大的天然气消费市场。同时,可持续发展战略使能源供应由传统的煤炭转向天然气等可再生资源,导致国际天然气市场吃紧,全球贸易量在 2021 年增长 6%。[①]从供给端看,埃及拥有 2.186 万亿立方米的天然气探明储量,位居世界第 16 位。然而,埃及液化天然气仅占总出口的 5%,占油气类出口的 12%,主要是由于国际金融危机后国际资本回撤,对天然气产业产生较大影响。

---

① International Energy Agency: *Gas Market Report*, Paris: International Energy Agency, 2022, p.45.

随着政府的结构改革,对天然气的勘探开发再一次迎来机遇。根据预测,2040 年天然气的产量将达到 1000 亿立方米。[①] 同时,埃及在国际金融危机前天然气产业发展蓬勃,作为产品的净出口国拥有完整的出口基础设施。因此,在政府明确的行业前景和连续的产业集群为埃及再次成为区域出口中心提供机会。

2. 人口红利

埃及是劳务输出大国,拥有丰富的劳动力资源。埃及拥有呈金字塔形的增长性人口结构。截至 2021 年,埃及总人口约 1.0148 亿,其中 0—19 岁的青少年占比 43.21%,60 岁以上的老年人口占 8% 左右(见表 3-2)。联合国儿童基金会的报告显示,埃及 2030 年前劳动人口快速增长且抚养率低,处于人口红利的早期阶段。2030—2080 年,埃及处于人口红利的后期,将迎来经济快速增长的契机。[②] 为激发人力资本潜能,埃及在人才培养方面作出巨大努力。

表 3-2 2021 年埃及人口年龄分布 （单位:百万人）

年龄段	0—4	5—9	10—14	15—19	20—24	25—29	30—34	35—39
人口数量	12.64	11.77	9.81	8.99	8.77	8.07	7.71	7.07
年龄段	40—44	45—49	50—54	55—59	60—64	65—69	70—74	75+
人口数量	5.96	4.76	4.19	3.71	3.07	2.35	1.41	1.20

资料来源: Statista 数据库, https://www.statista.com/statistics/1229759/total - population - of - egypt - by-governorate/, 2022-01-25。

首先,埃及正在从多方面更新当前落后的教育系统。2020 年,埃及与美国国际开发署、沙特基金、韩国、意大利和德国的多边和双边教育合作伙伴签署了 2020 年价值 2.52 亿美元的融资协议,用于提高学校应用技术和教师技能、推行现代化技术提供优质教育等目标。作为可持续发展的核心,教育对青少年的影响将成为经济发展的原生动力。

---

① International Energy Agency: *Africa Energy Outlook*, Paris: International Energy Agency, 2019, p.163.

② United Nations International Children's Emergency Fund (UNICEF): *MENA Generation 2030: Egypt*, UNICEF, 2019, pp.1-2.

其次,埃及劳动力有望从成本优势转向人才优势。新冠肺炎疫情推动了全球的数字化改革。埃及政府在2021年提出了新一轮的国家结构改革方案(National Structural Reform Programme,NSRP),利用数字转型使私营部门发挥更大力量,助力2030愿景的实现。2020年,埃及政府在信息技术专业的培训和能力建设方面投入4亿埃及镑,共计培训13000名学员。[1] 此外,为了支持创新型和技术性初创企业的发展,政府向学生、和工作群体提供了一系列的孵化计划,通过私营和公共部门的多种渠道加速人力资源的在培训和技能提升。然而,人力资源的培训进程同数字转型之间仍有较大差距。埃及预计在15所大学中建立创新中心,通过大学的"孵化"力量促进青年创业创新。人力资源是最重要的社会资源之一,埃及正在尝试加速进入信息技术时代。

（三）产业转型

1. 农业

埃及农业占据经济生产活动的14%,拥有非洲的第二大农产品工业。得益于丰富的自然条件,埃及每年种植两种作物,丰富的产能使埃及在国际市场中享有竞争优势。

首先,埃及农业有望释放出较大的规模经济潜能。人口大增长以来,埃及的人均拥有土地面积不断下降,从20世纪60年代的1.6公顷下降到21世纪的0.8公顷。土地资源稀缺使埃及盛行自给自足和小规模农业。据统计,87%的农业农场占地面积不足1公顷,并且这些农场占埃及农业的47%。虽然自给自足的小农经济使多数人口满足自身消费需求,但其严重限制了埃及农业的发展。第一,在分散经营下,农业人口对生产技术的更新较慢,生产力水平较低。同时,由于农业知识不均匀地分在整个市场中,增加了其可获取性的难度,在资源浪费的同时也使个体面对更高的风险。第二,在市场经济的作用下,小农经济的经济地位不稳定,在

---

[1] Kamel, Sherif, "The Potential Impact of Digital Transformation on Egypt", *Economic Research Forum*, Working Paper No.1488, 2021, p.20.

经营中难以获得外部资金,在市场中难以同大型企业进行市场竞争。第三,企业化经营能够合理配置社会资源,使农产品产业链联系紧凑,释放经济潜能。埃及农产品的生产集中于初级产品,90%来源于谷物、水果等大田作物,但国际市场需求明显偏向于加工产品。

其次,埃及对农业发展表现出明确的目标和态度。第一,持续开垦农用土地。除尼罗河谷和三角洲区域外,埃及其他地区的土地主要以沙漠为主,占据埃及95%的土地面积。2019年的"可持续发展战略"显示,埃及将在2025年将农业收入提升至14%,就业比例提高至27%。因此将沙漠区域转化为种植区域是埃及农业发展的核心目标。第二,农产品生产者获得消费补贴等多种形式的激励,比如埃及出口发展基金无偿捐助高达出口总值10%支持企业出口。第三,园区助力农业发展。2016年,埃及开发综合农业园区,建立集生产、加工、采集、研发、贸易和社会功能于一体的加工企业所在地,使消费者和最终生产者联系紧密。埃及园区发展经验丰富,能够克服埃及中小型企业经济,实现企业的整合以及产品的增值,建立协同效应并获得积极的外部效应。在新冠肺炎疫情的冲击下,全球对供应链、产业链的质量和可持续性发展提出了更高的要求。通过园区的发展,园区内部能够通过合同约束将计划与价值链连接,建立更加牢固可靠的产业链。

2. 电子电气领域

电子电气作为制造业增加值最高的行业,广阔的国内市场和强劲的发展能力使埃及在疫情的刺激下迎来新一轮发展机会。

首先,新冠肺炎疫情激发了埃及电子电气设备的需求。第一,除人口带来的市场规模外,埃及电子商务的发展间接推动电子电气行业的发展,同时,线上教学的教育改革也使埃及对电子产品的需求激增。2021年埃及电子商务交易额达800亿埃镑,其中,电子产品占据28%的交易额,成为该年度电子商务的重点领域,其他家具家电占据贸易的12%(见图3-4)。第二,疫情加深埃及对医疗器械的认识。非洲在医疗器械行业活跃程度低,收入不足全球2%,处于被动方。该领域进入门槛高,且较为集中,主要由美国、德国等发达经济体掌控,但新冠肺炎疫情使新兴经济体面临更广阔的机会。疫情期间,埃及医疗器械的市场主要分为个人防护装备和高科技医疗设备,其中,个人防护装备市场由中国和马来西亚主导,占据进口的65%。① 其次,埃及的电子电气设备制造具备发展能力。第一,相关领域人才丰富。在夸夸雷利·西蒙兹(Quacquarelli Symonds,QS)世界大学排名中,埃及有3所大学在电子与电气工程相关领域进入世界前250名,在该领域拥有良好的教育资源和科研水平,为埃及电子电气发展提供不竭动力。第二,埃及重视本土制造业的发展,早在2017年就提出了"埃及电子制造"倡议,为企业生产和出口提供补贴等激励措施。根据中华人民共和国驻阿拉伯埃及共和国大使馆经济商务处信息,2021年11月,埃及政府宣布对海关关税政策的调整,对作为最终产品的光伏电池征收5%的关税,对进口手机征收10%的关税,对计算机及其配件和"平板电脑"暂行免税政策,进一步发展民族产业。第三,埃及能够成为电子电气产品的区域生产和出口中心。埃及位于非洲和中东等快速增长的市场中,有望通过区域经济实现更广阔的国际市场。

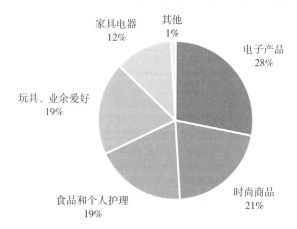

图3-4 2021年埃及电子商务交易分布

资料来源:《埃及2021年电子商务交易额达800亿埃镑》,载中华人民共和国驻阿拉伯埃及共和国大使馆经济商务处:http://eg.mofcom.gov.cn/article/jmxw/202112/20211203229756.shtml,2022-01-25。

---

① OECD:*Production Transformation Policy Review of Egypt*,Paris:Organization for Economic Co-operation and Development,2021,p.112.

（四）区域经济

区域经济是埃及深化产业改革、实现经济增长的重要手段,主要可以分为国内园区以及国际间的区域合作,比如非洲经济一体化的自由贸易区。

园区在埃及的发展历史中扮演了重要的角色。在埃及,自由区和投资区的外资存量占据全国的10%左右,自由区和合格工业区的生产活动占据埃及非石油出口市场的50%,推动了埃及产业融入全球价值链的进程。同其他地区相比,投资者偏爱于拥有园区的城市。第一,埃及不同地区的园区拥有不同的地理优势,如自然资源丰富、基础设施健全等。第二,园区能够避免双方的信息不对称。政府提出明确的目标规划招商引资,通过集群效应使投资者依据选择,信息透明度更高。第三,园区是埃及政府产业深化的政策措施,享有丰富的激励措施以及较低的启动成本。然而,埃及的园区在创新、可持续发展等方面的表现参差不齐,甚至破坏了市场秩序。为解决经济区发展问题,埃及政府提出"实现工业区和自由区以及国内、区域和全球价值链之间的一致性和一体化",加强了产业链的相互联系和稳定性。

非洲大陆自由贸易区是埃及国际化进程的重要一步。首先,非洲大陆自由贸易区能够扩大埃及的出口市场。非洲是世界上一体化最低的地区之一,各经济体之间的贸易往来并不活跃。2018—2020年,埃及在非洲地区的出口占总计的15.4%,并且主要以利比亚、阿尔及利亚和摩洛哥为主。在形成区域经济一体化后,埃及将会收获南非、尼日利亚等32个自由贸易伙伴,并通过整体同全球市场建立更紧密的联系。据联合国非洲经济委员会预计,埃及对非洲地区的出口在协定实施后将增加21%—30%。其次,埃及出口产品的附加价值能够进一步提升,提高其在世界经济中的参与程度。

四、埃及的投资风险

尽管埃及市场显现出巨大的发展潜力,但国际资本大幅回撤与观望也证明了埃及市场存在的较大风险。相比汇率波动等一般性海外投资风险,埃及在资源分配、行政效率等方面所固有的问题是海外投资关注的重点,主要可以从投资壁垒、结构性改革以及社会动态三个方面进行分析。

（一）投资壁垒

1. 营商环境

根据世界银行 2020 年的评估报告看,埃及的营商环境在 190 个经济体中综合排名 114 位,有较大的改善空间。埃及在营商环境的 10 个相关指标中,财产登记、纳税、跨境贸易以及合同执行这 4 个方向表现尤为欠佳。

首先,财产登记从财产转让的程序、所消耗的时间、费用以及土地管理的质量指数四方面进行综合评判。埃及征收的手续费、税费等相关费用较低,仅占财产价值的 1.1%,重点在于程序繁杂和管理较差。第一,埃及的财产登记需要经过 9 个步骤耗时 76 天,而中东和北非地区仅需要 5.4 个步骤耗时 26.6 天。第二,埃及私人土地的登录信息并不完整,因此在所有权和财产的详细信息上容易产生纠纷。

其次,纳税的评判标准从税务负担、程序的复杂度和时间三方面考虑。埃及的税务体系复杂,税种多且缴纳频繁,每年需要缴纳 27 次,纳税额能够达到利润的 44.4%,远高于中东和北非地区,对于高成本行业或市场竞争激烈的行业并不友好。

再次,埃及的跨境贸易位于 171 名。相较于出口,进口程序困难复杂是跨境贸易表现较差的主要原因。相较于出口,进口在获取批文的时间和费用上都需要承担更多,比如中东和北美地区处理通关文件的时常平均为 72.5 天,而埃及需要 265 天。对于季节性较强、保存周期短等性质的商品,在交易过程中会因错过最佳交易时间而遭受巨大损失,因此,较长的进口时间对企业整体的规划能力有较高的要求,在一定程度上增加了企业的经营风险。

最后,埃及的合同执行力有待提高。埃及的合同执行力在 190 个经济体中排名 166 位,其中时间和司法质量是执行力低的主要原因。由表3-3 可知,商业纠纷通过法律解决的平均时长是 1010 天,是中东和整个北非地区的 1.6 倍,其中,审判和执行分别需要 720 天和 270 天,给投资者带来了较大的不确定性和风险。一方面,埃及政府工作的透明度较差,较长时间的审判难以保证判决的公正性,投资者的利益难以保障。另一方面,大额合同的纠纷对投资者的商誉有所损害,长期的审判程序对企业日常经营也会有较大影响。

表 3-3 2020 年埃及、中东和北非合同执行相关评判指标

合同执行表现	埃及	中东和北非	经济合作与发展组织
耗时(天)	1010	622	589.6
成本(占索赔价值的百分比)	26.2	24.7	21.5
司法程序的质量指数(0—18)	4	6.6	11.7

资料来源:World Bank,*Doing Business*:*Egypt*,Washington:World Bank Group,2020,p.53。

2. 后进入者劣势

后动劣势是相对于先动优势而言,指的是企业因较晚进入市场而不具有的竞争优势。在埃及市场中,欧洲、美国等经济体由于地理或外交战略同当地较早建立密切的合作关系,在市场中树立起良好形象,甚至建立了惯例。由于埃及文化对不确定性拥有较高的规避意愿,因此会有明显的后进者劣势,比如在经贸合作中,可能会遇到优先使用欧洲产品或门槛标准的要求。

欧盟是埃及国际贸易的重要组成部分。首先,苏伊士运河的开通建立了双方相互依赖的关系。苏伊士运河具有天然的地理优势,缩短了欧洲到印度和亚太之间的距离,使埃及在同欧洲的经贸中掌握了主动权。其次,欧盟依赖能源贸易使埃及对其之间的经贸往来形成依赖。埃及是"地中海投资计划"的重要一环,拥有丰富的自然资源。阿拉伯之春后,埃及急需恢复经济,在石油等产业方面加强双方的合作。2010 年,欧洲和埃及之间的石油贸易只占据欧洲进口的 1%,但其收入占据该年度财政的 10%左右。同时,欧洲通过"地中海经济发展援助项目"、《欧洲邻国文书》等合作多次向埃及进行援助,将资金直接交给政府,支持埃及的经济改革和发展,一次获得欧盟的非对称权力资源。[①]

---

① 钱磊、穆尼尔·宰亚达:《埃欧关系的历史建构与当下演变——从非对称到强相互依赖》,《欧洲研究》2017 年第 35 期。

埃及和欧盟长期的相互依赖关系对埃及的发展有较大的影响。首先,欧盟的标准认定在很多领域成为埃及验收的默认标准。在一些标准与质量基础建设项目当中,欧盟通过资金援助进行项目参与,比如 2015年,由欧盟拨款,英国、法国和西班牙主导从标准化、合格评定和机构能力建设三个方面帮助促进埃及标准与质量组织(Egyptian Organization for Standardization and Quality)的发展。

3. 产业链薄弱

埃及的工业基础薄弱,供给能力有限,因此,投资难度随产业链的复杂程度而增大。大卫·李嘉图的贸易理论认为国家间的贸易往来受生产力的差异所制约,世界银行以此为理论基础计算出每个国家的产品相对优势。基于世界银行的相关数据,埃及竞争优势最强的产品为农作物,其次是工业产品和化学制品,充分发挥了埃及农业大国的优势(见表3-4)。整体来说,劳动力和自然资源等资源禀赋在埃及的经济发展中占据了重要地位。在工业品中,竞争优势较强的分别是地板涂层、水泥石灰、纺织品以及非合金钢制品。这些工业产品竞争优势强但工序简单,产业链短,主要依靠埃及的劳动人口红利,弥补了技术上的需求。尽管埃及的纺织以及电视机生产在国际上有较大的市场,但其主要活跃于产业链的下游,在纱和电子元件的生产中还不具备竞争实力。并且,受埃及国内对外企竞争的制度与腐败等非制度性的阻碍,各个国家对埃及制造业的投资始终不高。由此可见,埃及国内制造业产业链较短,产业集聚不明显,对于附加值较高的产品生产能力较弱。

表3-4 2021年埃及产品比较优势及出口详情

出口产品	肥料	小麦粉和面粉	地板涂层	化学试剂	精油、香水和香料
出口量（万美元）	23014	12125	37782	124451	41629
比较优势（1—100）	49.6	16.5	15.7	14.5	8.3

资料来源: United Nations Conference on Trade and Development, "Revealed Comparative Advantage", https://unctadstat.unctad.org/EN/RcaRadar.html,2022-01-23。

（二）改革进程缓慢

军方对经济资源的控制是埃及结构性改革的重大阻碍。军事经济的发展可追溯到纳赛尔执政期间,在此期间军队免缴税费,在财务经营方面不受政府的管制和约束。由此开始,军队的自主权和自由裁量权不断加强,在财务等方面独立于相关政府部门,逐渐掌握公共经济。军事部门对埃及在政治经济方面的重大影响将扰乱市场公正,削弱私营部门在经济复苏方面的作用。

首先,军队缺乏发展动力。军方经营的企业不受国家监管,在市场上享有绝对的竞争优势,比如约25％的住房支出和公共基础设施支出由军方管理。在此基础上,商业经营下的所得利益免税且不用上缴国家,官员还会获得额外的津贴福利。在政治方面,军方可以将其成员置于企业、非政府组织、开发银行和援助组织等架构中,拥有强大的关系网络获取更多的资源信息,有助于确保私营部门的主要决策稳定在军方设定的范围内。因此在军事经济的背景下,军方的最基本的经营目的往往不是利润最大化而是注重发展决策。

其次,私营部门的发展受到限制。埃及军事控制了土地、自然资源等主要经济生产活动,在同私营部门的合作关系中居主导地位。埃及政府针对双方投资合作设立的法律和监管框架模糊,且军方不受民事法庭管辖。在此情况下,私营部门利益在合作中不被保护,合同执行不力使合作可能性逐渐降低,导致军方在市场上更容易取得垄断地位,市场准入门槛被变相提高。

（三）社会焦点突出

埃及的社会形势较为复杂,尽管军方通过强有力的手段使国内形势一度稳定,但国内社会和国际关系中依然存在焦点问题。

首先,埃及非正规经济生产面临较大挑战。据统计,约53.7％的制造业以非正规企业的形式存在,其中家具制造商（65.4％）、服装（64.6％）

和木材制造商(60.1%)所占比例最高。① 在非正规经济下,企业在资金、相关服务等方面往往面临更多的问题,在外部环境冲击下受到的影响也最大。中小企业作为埃及经济发展的主力,抗外部风险能力较差将对市场情绪造成恐慌。除此之外,埃及非正规就业的比例达到63%左右。非正规就业的劳动人口缺乏基础的社会保障,因此在经济下行时面临的生存问题更大。同时,疫情以来埃及的贫困率已增长至30.5%,非正规就业的劳动保障将进一步加剧政府的民生问题,容易引发频繁的犯罪行为。埃及政府已经开启实行"同疫情共存"的政策,在医疗体系匮乏、疫苗普及率低的情况下,疫情的未来走势未知,因此这部分企业和劳动者的未来发展很难预料。

其次,埃及同埃塞俄比亚的大坝争端愈演愈烈。复兴大坝被认为是非洲最大的水力发电厂,水从埃塞俄比亚高地青尼罗河流向苏丹和白尼罗河,意味着埃塞俄比亚作为水流上端能够控制下游埃及的水域,影响国家的粮食供应。尼罗河是埃及最主要的水源,埃塞俄比亚的行为被认定对埃及产生了社会威胁。尽管双方在使用规则上达成共识,但在实际使用中依旧存在争议。

五、政策与建议

海外投资不仅是投资者出于自身利益最大化的考量,对于东道国来说,其所带来的"溢出效应"能够推动当地企业的成长并使产业间形成产业关联,从而进一步影响产业结构。因此从投资双方来看,埃及政府应当为投资者提供稳定的投资环境,而投资者也应做好风险防范准备。

(一)政府

虽然新冠肺炎疫苗的普及率正在不断上升,但是病毒不断突变为疫情防控带来了新的问题。埃及人口密度大,管理效率低,因此政府要在恢

---

① Organization for Economic Co-operation and Development: *Production Transformation Policy Review of Egypt*, Paris: Organization for Economic Co-operation and Development, 2021, p.54.

复国内经济的同时注意疫情管理。

首先,尽快巩固国内经济。新冠肺炎疫情使埃及失去了部分外国直接投资。尽管在国际组织的大额汇款下消除了其负面影响,但最主要的民生就业问题急需解决。宏观经济的稳定性是决定国际投资的重要因素之一,因此政府应尽快调节经济发展节奏,在稳定国内市场后充分利用区域经济拓展国际市场,通过扩大就业减轻贫困压力。

其次,顺应数字化趋势,尽快完善社会保障建设。第一,通过一人一档的数据共享建立医疗保障体系使政府对于人口的健康管理更加方便及时,同时有利于顺利开展疫情防控工作。第二,加大医疗投资,解决贫困群体看病难的问题。在诊治方面,政府也应全局掌控,对于感染密度大、症状重的地区给予特殊管理。第三,尽快调整非正规劳动人口和正规劳动人口之间的保障差距。非正规劳动人口是国民经济中的变数,健全的福利保障能够在环境下行期间内稳定经济的发展。

再次,坚定发挥私营部门的经济活力。市场经济的优势在于通过价格机制自由调动市场中存在的社会资源并达到配置最优化,实现各方互利共赢的局面。埃及公共部门对经济的掌控不仅限制了私营部门的发展,同时富有针对性的政策导向削减了投资积极性。在经济恢复期,政府应从本土完整的产业链入手,通过贷款优惠、出口补贴等政策加大扶持力度,创造更多的就业,助力经济增长。

最后,充分发挥园区作用。工业园区作为带动埃及产业变革的工具,需要将其目标与其他战略保持一致,而不是彼此之间孤立发展。尽管工业园区通过福利政策吸引投资而获得竞争优势,但长期来看竞争才是企业发展的源泉动力。因此政府要促进园区内外企业之间联系,在相互的学习合作中实现技术升级和资源优化等目标。同时,政府应该从全局的角度引领园区在各自合适的领域发展。专业化的发展建设能够集聚优效资源,在促进发展的同时有利于打出国家形象。

(二)投资者

在国际经营中,投资者应针对不同的投资环境采取相应的市场竞争策略、管理方式以及经营标准，最大限度地避免因环境差异引起的损失。

1. 本土化战略

本土化战略是企业适应海外经济、文化、政治等差异的竞争方式。本土化战略要求企业融入目标市场，从经营到产品定义都努力地融入当地文化，主要可以从四个方面着手：产品本土化、营销方式本土化、人力资源本土化以及研究开发本土化。埃及的不确定性规避指数较高，产品和营销方式的本土化能够帮助企业迅速了解当地市场，通过建立起和消费者的联系获得竞争优势。除此之外，企业还要注重培养和政府之间的关系，增强信息获取的能力，在规避风险的同时争取更多的机会。在必要的时候，企业可以考虑进入埃及市场的投资方式，选择收购或合资的方式，利用已有战略资源迅速进入市场，特别是在埃及的自然资源领域。尽管埃及政府鼓励私营部门投资，但在黄金开采等重大项目上依旧选择当地的龙头企业合作，因此在某些特殊领域，企业应先合作再竞争。除此之外，企业也要注意社会责任，平衡东道国的各方利益，建设良好的企业形象。

2. 充分理解埃及的行政效率

针对埃及冗杂的行政流程，企业在经营管理中要有较强的预见性。首先，企业要保证安全的现金流。埃及的经济改革效果显著，国内形势较好，实现了基本的财政盈余，但债务水平依然较高，以中长期债务为主，过度依赖外部援助。另外，埃及重视本土企业的发展，外来投资者面临的项目选择往往难度大、盈利性低。因此，企业需要灵活运用资金，避免因资金问题陷入经营危机。

其次，合同是合作双方责任与义务的依据，能够为投资者带来最大的利益保障。企业应该对当地的相关法律法规进行充分了解，比如在免责方面，除合同规定的不可抗力或特殊情况，埃及一般不设免责条款。对于合同的建立，企业应该从磋商到执行再到争端解决，进行整体的风险评估，对于非实质性内容采用企业的标准格式，保证自身利益的安全性，特别是在国际承运方式和结汇中，企业更应该严守底线，防止钱货两空。

3. 充分考虑环境因素

首先，企业在项目运行周期上要考虑整体的连续性。埃及国家内部的行政效率低,进口清关、资产转移等需要大量的时间,使投入面临较大的不确定性。此外,埃及社会的内部矛盾问题突出,外有极端组织威胁,内受集体抗议和罢工的影响。因此,企业应充分考虑环境因素,制定并选择合适的生产流程,避免准时制(Just in Time)运营,掌握项目的整体节奏,避免因延迟交工等问题陷入商业纠纷。

其次,在运营流程上保证操作的合规性。虽然企业在实际经营中根据实际情况灵活应对,但是在根本性问题上应该严格规范。埃及是国际诈骗频发区,并且境外账户对开户名没有严格要求。因此,诈骗组织会利用合作双方的空暇期间仿制信函等文件实施诈骗。因此,操作流程的合规能够避免企业陷入不必要危险。

六、中国对埃及投资的领域建议

埃及同中国有深厚的合作历史和基础,在 1994 年就以签署双边的《投资保护协定》,在实际投资中更偏向于进出口的贸易往来。2020 年,中国对外直接投资存量及流量分别居世界第三位和第一位,但由于产业链相距较远,中国在埃及的直接投资存量与埃及吸引外资存量总额的比始终不足 1%,且项目多集中于经贸合作区。[①] 在疫情推动下,国际分工局势再次洗牌,埃及的基础设施建设、纺织以及电子行业涌现在投资者面前。

(一)基础设施建设

2019 年,埃及政府提出"体面生活倡议"发展农村地区,以可持续发展为基础,围绕改善住房环境、开展基础设施项目、提供医疗及教育服务、提供就业培训以及环境干预等多个方面展开。但长期来看,体面生活倡议涉及范围广,埃及在资金支持和项目运营上的持续发力需要国际间的

---

① 国家统计局:《2020 年度中国对外直接投资统计公报》,中国商务出版社 2021 年版,第 4 页。

交流合作。

首先,埃及的基础设施建设面临巨大的资金缺口。体面生活倡议的资金主要来源于国家的预算、基金和社会组织的捐赠,但在新冠肺炎疫情影响下埃及的财政预算面临新的挑战。据统计,2016—2040 年埃及政府需要支付基础设施相关费用约 6750 亿美元,将面临 2300 亿美元的资金缺口。① 自 2013 年"一带一路"提出以来,中国大力发展双边和多边合作,为发展搭建合作平台,建立基金、银行等金融机构,如中非发展基金、非洲共同增长基金等,为全球提供公共产品和服务。同时,中国在调动私营部门资本方面有成熟经验。中国国内的基础设施建设在项目承包上鼓励公私合营,在资金调动上鼓励多元化,通过发行专项债、基础设施资本证券化等形式提升资本市场服务的实体能力,能够为埃及带来实际的解决方案和建设经验。

其次,中国基建在技术标准、施工能力等方面已处于国际领先水平。中东地区是中国开拓较早的海外基建市场,相互依存日渐紧密,造就了良好的投资环境。2020 年,中阿合作论坛通过了《中国—阿拉伯国家合作论坛 2020 年至 2022 年行动执行计划》,加强双方在铁路、港口、能源和电信等领域基础设施的合作,为企业搭建了广阔的投资平台,发挥自身优势。中国的基建工程"性价比"极高,对外基础设施建设主要以"交钥匙工程"为主,能够在保证项目快速落实的同时,把控产出质量。同时,中国企业在项目运营中寻求包容性合作、互利型合作以及发展型合作,传达"以基建服务民生"的思想,同"体面生活倡议"的出发点相吻合。②

(二)纺织业

得益于盛产的棉花,埃及纺织业发展较早,在棉花种植、纺纱、织布以及成衣制造方面形成了一套完整的工业流程,为埃及创造了 20% 的就业岗位。然而,纺织业作为埃及第二大制造业,创造的附加值只占 3.6%,整

---

① Global Infrastructure Hub: *Global Infrastructure Outlook*, Oxford: Oxford Economics, 2017, p.11.

② 张楚楚:《以实证明:中国与中东国家的基础设施合作》,《西亚非洲》2021 年第 4 期。

个行业面临巨大的生产挑战。①

首先,埃及国内市场产业链完整但不成熟。第一,由于纺织业在织布、印染等技能上能力较弱,导致其创造的附加值同产业规模不相匹配,本土的市场需求仍需通过进口满足。2019 年,埃及从中国进口针织、刺绣、纱线、手工或合成纤维等相关制品约占总量的 17.2%,其中中国的纺织纱出口占据埃及总进口的 44.3%,在埃及市场上占据很强的竞争优势。② 第二,纺织业主力以中小企业为主。根据中华人民共和国驻阿拉伯埃及共和国大使馆经济商务处信息,在埃及 7000 多家纺织企业中,中小企业约占 90%,利用自然优势和地理优势将成品低价出口,而 3 家最大的纺织公司由于债务负担、技能落后等原因反而经营困难,通过向军方供货得以支撑。因此,在埃及纺织行业企业能够获得相对公平的竞争环境,利好于中国企业的海外投资。

其次,埃及服装市场巨大。第一,电子商务能够促进纺织业发展。根据中华人民共和国驻阿拉伯埃及共和国大使馆经济商务处信息,2021 年埃及电子商务交易额达 800 亿埃镑,时尚产品在当年占据21%的销售额,有较大的发展潜能成为电子商务的支柱领域。第二,埃及是重要的交通枢纽。作为非洲第二大服装制造商,在双边贸易的推动下,主要向美国、欧洲等地出口。同时,由于埃及纺织业劳工待遇良好,国际劳工组织在 2018 年解除《更好的工作程序》(Better Work Program)禁令,埃及企业有望同迪士尼等国际著名品牌开展合作,国际市场版图进一步扩大。第三,企业经营范围广泛。尽管新冠肺炎对纺织业造成不可逆转的影响,但企业能够根据市场需求将生产线转为口罩等防护品。埃及人口密度大但医疗体系脆弱,政府为抗击疫情强制佩戴口罩,因此厂商能够获得稳定的市场需求。

①　Organization for Economic Co-operation and Development: *Production Transformation Policy Review of Egypt*, Paris: Organization for Economic Co-operation and Development, 2021, p.24.

②　Central Agency for Public Mobilization and Statistics: *Annual Bulletin of Trade Exchange Between Egypt and the Most Important East Asian Countries*, Cairo: Central Agency for Public Mobilization and Statistics, 2020, p.30.

（三）电子行业

中国的电子行业在埃及市场发展稳定。2019 年，中国出口埃及电子机械机器零件约达 34 亿美元，占出口总量的 28.3%。[①] 然而，埃及的政策趋势旨在发展民族产业，通过鼓励本地生产深度参与国际分工。因此，电子行业等技术优势型企业可以考虑从出口转变为海外直接投资，加强同内部市场的产业联系，以保证在埃及市场的竞争优势。

首先，埃及市场需求潜力巨大。第一，埃及数字转型带动了企业与消费者之间电子商务的发展，将进一步激发电子产品的消费需求。从移动端看，埃及市场基本实现移动端的互联互通，但相关基础设施落后导致互联网的普及率低，用户可开发性较大。根据中华人民共和国驻阿拉伯埃及共和国大使馆经济商务处信息，2021 年 1 月埃及的移动连接率达92.7%，互联网普及率为 57.3%，较上一年度增长 8.1%，同年的世界互联网普及率达 59.5%。从消费端看，2021 年埃及电子商务交易额达 800 亿埃镑，其中，居家办公办学政策使电子产品需求增强，占据 28% 的交易额，成为该年度电子商务的重点领域。第二，中国品牌逐步占领埃及市场。从 2019—2021 年的市场占有率看（见图 3-5），龙头厂商三星的市场竞争力逐渐下跌，中国的 OPPO、华为和小米等企业迅速抢占市场，达到了 45% 左右的市场份额，真我（realme）、传音等品牌也在逐渐探索埃及市场。同时，第二届"一带一路"国际合作高峰论坛中国同埃及就人工智能、5G、信息通信基础设施建设、大数据、超级计算、移动支付和智慧城市等领域合作交换意见，签署了《中华人民共和国工业和信息化部与阿拉伯埃及共和国通信和信息技术部关于加强通信和信息技术领域合作的谅解备忘录》，为中国企业搭建合作平台，对于建设企业形象，进一步拓展市场起到推动作用。

其次，东道国政策导向促使企业产业转移。贸易壁垒是国家发展民

---

① Central Agency for Public Mobilization and Statistics：*Annual Bulletin of Trade Exchange Between Egypt and the Most Important East Asian Countries*，Cairo：Central Agency for Public Mobilization and Statistics，2020，p.30.

（单位：%）

2019年　　2020年　　2021年

图 3-5　2019—2021 年埃及移动设备市场占有率

资料来源：Statcounte 数据库，https://gs.statcounter.com/browser-market-share/mobile/africa#monthly-201901-202112,2022-01-25。

族企业的一种战略计划，通过减少进口或增加费用成本削弱进口产品在本土的竞争力。在运输成本上，苏伊士运河是欧亚航运的生命线，承担了世界 7% 的航运交易。2021 年，埃及宣布逐步减少 2020 年以来推出的激励和减免政策，将运河通行费提高 6%。[①] 除此之外，2021 年 11 月，埃及政府宣布调整海关关税政策，对作为最终产品的光伏电池征收 5% 的关税，对进口手机征收 10% 的关税，对计算机及其配件和"平板电脑"暂行免税政策，以保证当地教育需求和数字化转型。[②] 上调关税进一步压缩了企业的利润空间。特别是华为在中美经贸摩擦下受到芯片制裁，成本线上移可能会削弱企业的市场竞争力。基于政府态度，企业应尽快调整国际竞争方式，必要时同民族企业开展合作获取政策支持，在埃及市场立稳脚跟。

---

① 《埃及苏伊士运河管理局预计 2022 年运河收入将达 70 亿美元》，载中华人民共和国驻阿拉伯埃及共和国大使馆经济商务处：http://eg.mofcom.gov.cn/article/jmxw/202201/20220103238701.shtml,2022-01-27。

② 《埃财政部调整部分产品进口关税》，载中华人民共和国驻阿拉伯埃及共和国大使馆经济商务处：http://eg.mofcom.gov.cn/article/jmxw/202112/20211203222612.shtml,2022-01-27。

第四章　尼日利亚的投资
机会和投资风险

　　2013 年尼日利亚国民生产总值达到 5099 亿美元,超越南非成为非洲第一大经济体,但其后尼日利亚的国民生产总值增长率在−1.794%—6.73%范围内大幅波动,经济发展的持久性和稳定性表现并不乐观。尼日利亚人口众多,能源资源丰富,油气业、农业等行业是经济发展的重要支柱,对外贸易以能源产品等初级产品出口为主。总体来说,第一产业和第二产业在经济中占据重要位置,也是国内投资和外来投资的主要目标行业。这些产业属于劳动力密集型,吸纳劳动力的能力较强,同时也容易受到经济周期的强烈影响,相对比较脆弱。

　　2020 年新冠肺炎疫情暴发,人民出行受到管控,无法为行业生产供给充足的劳动力。这影响了投资进程的持续推进和投资成本的有效变现。同时,全球经济发展大幅放缓,世界市场需求低迷,新生投资的当下需求被遏制,疫情将从供给、需求两端对尼日利亚的投资产业和投资决策产生重大影响。此外,尼日利亚因其落后的医疗水平在应对新冠肺炎疫情方面表现并不乐观。这降低了尼日利亚作为投资目的地的吸引力。疫情后,尼日利亚已有的特定行业投资能否维持以及是否存在新生的投资机会仍面临较大的不确定性,有待进一步分析。

一、尼日利亚的基本经济状况

　　了解尼日利亚的经济结构是分析尼日利亚投资机会的前提和基础。尼日利亚地处西非东南部、非洲几内亚湾西部顶点,毗邻尼日尔、贝宁、喀麦隆等国,是非洲第一大经济体,2020 年国内生产总值约 4323 亿美元,超过撒哈拉以南非洲所有国家 GDP 总和的 1/5,人均国内生产总值近 2100 美元,属于中等收入国家。

尼日利亚是是非洲第一大石油生产国和天然气储量国,也是近年来世界上油气勘探开发活动最活跃的国家之一。[①] 目前,尼日利亚已探明的石油储量约 370 亿桶,居非洲第二位,世界第十一位,以目前产量计算,可继续开采 50 年。已探明存在剩余石油储量的油田有 478 个,且主要分布在尼日尔三角洲的沼泽地带、近海大陆架和几内亚湾的深海区,优质优良,含硫量低,离地面浅,易于开采[②]。

作为尼日利亚的经济支柱,石油出口成为其主要经济来源,石油出口所得甚至占据尼日利亚出口总收入的九成以上。尼日利亚的采掘工业处于初级阶段,本土的开采基础设施发展不健全,勘探开发能力不足。尼日利亚有在石油行业与跨国石油企业开展合作的需求,石油行业因此成为尼日利亚吸引外国投资、开展国内国际合作的目标行业。据统计,尼日利亚大约 92% 的石油生产和 84% 的工程承包及相关业务由跨国石油巨头承担。壳牌、艾克森美孚、道达尔和阿达克斯等跨国石油巨头的石油日产量占尼日利亚石油日产量的 90% 以上。除了石油,尼日利亚也蕴藏着丰富的天然气资源,已探明的天然气储量约为 5.1 万亿立方米,是世界上最优质的天然气,重质组分含量高,具有广阔的开发利用前景。为改变本国经济对石油工业的过多依赖,尼日利亚政府已实施天然气开发战略,大力开发国内丰富的天然气资源,以达到推动经济发展和增加政府收入的目的。尼日利亚还是西非唯一产煤国,已探明煤炭总储量约为 27.5 亿吨,且低硫低灰粉,是世界上优质的环保煤。

长期以来,得益于石油、天然气等丰富的自然资源,油气产业成为尼日利亚最核心产业,油气收入是尼日利亚最重要的经济收入来源,为尼日利亚贡献了 94% 的外汇收入和 62% 的财政收入。与此同时,油气主导的

---

① 李慧勤:《论中国对尼日利亚的能源外交》,湘潭大学 2012 年硕士学位论文,第 16 页。
② 陈会颖等:《世界能源战略与能源外交·非洲卷》,知识产权出版社 2011 年版,第 141 页。

经济结构较为单一、脆弱，导致尼日利亚的经济多次因全球石油价格变动而受到巨大冲击。2014—2016 年原油价格跌破 60%，尼日利亚出口额减少一半，其国内生产总值增速由 5% 骤减至 2.7%，甚至在 2016 年降为负，尼日利亚一度陷入衰退危机。

此外，农业是尼日利亚的重要产业。尼日利亚的主要粮食作物有高粱、小米和玉米等，种类丰富，但目前仍不能自给，每年需要大量进口大米和棉花等粮食作物。为了解决农产品长期依靠进口的局面，尼日利亚政府多年来制定了一系列刺激政策，包括提高大米、蛋类等农产品和农业机械设备进口关税，对在尼从事农产品生产和加工投资的外国企业免征 3—5 年，甚至 7 年所得税，并对化肥进口和经济作物出口给予补贴以鼓励国内农业生产。与此同时，为了改善农业基础设施差、农业生产技术落后、农业生产效率低下、农产品加工程度低、农业科研人员投入不足等问题，降低小农土地所有制对农业机械化实施的限制，尼日利亚制定农业发展规划，以实现粮食自给、减少进口为目标，提高农业生产效率满足国内需求，提高农产品品质增加出口。

总体来说，尼日利亚经济具有广阔的发展前景和较大的发展潜力。据 2019 年 4 月 5 日国际货币基金组织发布的预测，2020—2024 年尼日利亚年平均国内生产总值增速将保持在 2% 左右，进入较为平稳的恢复期。作为尼日利亚的主导产业，自然资源采掘业和农业仍是当前吸引外国投资的主要行业。根据联合国贸易和发展会议发布的《2020 年世界投资报告》，2019 年尼日利亚吸收外国直接投资 32.99 亿美元，外国直接投资存量为 986.18 亿美元，是非洲第三大外国直接投资目的地。外国投资主要来自欧洲和美国，两者投资比重约占尼日利亚吸收外资总量的 75%，且主要集中在石油、天然气、金融、制造和电信等领域。

二、尼日利亚的疫情发展状况

尼日利亚气候湿热，是各种病毒滋生繁殖的温床，疟疾、登革热、拉沙热和埃博拉等传染疾病已对国民的生命安全和身体健康构成严重威胁，叠加新冠肺炎疫情的侵袭,本土脆弱的医疗系统已难以有效应对,尼日利亚的中央政府和国民面对更加严峻的考验。

(一)尼日利亚的疫情状况

2020年2月28日尼日利亚发现第一例新冠肺炎确诊病例,此后确诊病例数不断增加。尽管中央政府实施了病例和密接人员隔离、跨境人员和货物流动管控的措施,但由于尼日利亚核酸检测能力有限,病例探查尚未覆盖全体人员,尼日利亚新冠肺炎病毒的真实确诊患者远不止确诊数量,"隐匿性传播"仍不断发生。此外,官方指定医院和隔离点的医疗饮食条件较差,多数确诊患者选择逃离隔离点,导致疫情外溢,造成大规模社区传播。[1]

如图4-1所示,2020年2月28日至2022年2月28日,尼日利亚确诊病例数持续增长,总确诊病例曲线持续攀升,新增确诊病例呈大幅振荡波动趋势,表明尼日利亚疫情尚未出现拐点,仍存在较大的不确定性。截至2022年3月8日,尼日利亚总确诊病例254637例,确认死亡病例3142例。[2]

(二)尼日利亚针对疫情的纾困政策

1. 实施经济刺激计划

为推动经济复苏,尼日利亚中央政府调整财政政策和货币政策,出台了一揽子经济刺激计划,总额达到5.8万亿奈拉,折合美元约16亿。

(1)货币政策

表4-1为尼日利亚针对疫情出台的货币政策。

---

[1]　中华人民共和国商务部外国投资管理司:《对外投资合作重点国别(地区)新冠肺炎疫情应对指南:尼日利亚》,2020年版,第7页。

[2]　World Health Organization,"The Current COVID-19 Situation",https://www.who.int/countries/nga,2022-03-09.

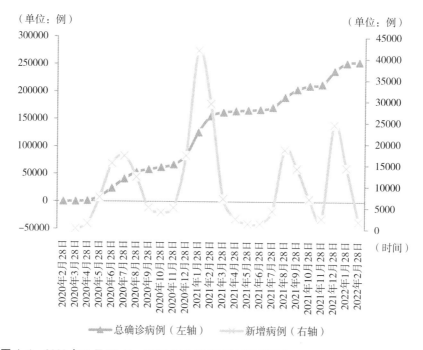

图 4-1　2020 年 2 月 28 日—2022 年 2 月 28 日尼日利亚"COVID—19"确诊病例数

资料来源：World Health Organization, "The Current COVID—19 Situation", https://www.who.int/
countries/nga, 2022-03-09。

表 4-1　新冠肺炎疫情后尼日利亚政府出台的货币政策

措施	针对领域
成立 1000 亿奈拉(约 2.8 亿美元)的授信	支持健康卫生领域
提供 500 亿奈拉(约 1.4 亿美元)	为中小企业和受疫情影响的家庭提供信贷安排
降息 100 个基点,基准利率下调至 12.5%	刺激经济
延长中央银行疫情干预措施的还款期一年,降低利率	尽快控制疫情,促进经济恢复
提高银行存贷款比率,扩大对私营部门的信贷	救助私企,保障就业
向经济相关部门注入 1.1 万亿奈拉	为经济部门有效发挥职能提供物质支持
下调官方汇率	促进出口

资料来源:中华人民共和国商务部外国投资管理司:《对外投资合作重点国别(地区)新冠肺炎疫情
应对指南:尼日利亚》,2020 年版,第 8 页。

（2）财政政策

尼日利亚中央政府实施的财政政策包括财政激励政策、税收缴纳政策和税收征管政策三类。如表4-2所示为不同类型财政政策的具体措施。

表4-2　新冠肺炎疫情后尼日利亚政府出台的财政政策

财政政策类型	具体举措
财政激励政策	实施特殊公共工程
	将海关缉私大米用于赈灾
	增加联邦医护工作者的风险津贴
	设立新冠肺炎疫情危机干预基金
	削减2020年财政预算规模
	收集企业政策诉求
税收缴纳政策	修正《2019财政法案》
	明确旧合同不适用新税率
	免征防疫抗疫医疗物资的进口关税
	对航空公司实施救助
	对外国数字服务商征税
税收征管政策	税收征管配套措施
	纳税人税务登记
	先锋企业税收管理规范
	油气行业税收征管

资料来源：中华人民共和国商务部外国投资管理司：《对外投资合作重点国别（地区）新冠肺炎疫情应对指南：尼日利亚》，2020年版，第8—12页。

与此同时，尼日利亚中央政府积极向国际金融机构寻求资金支持。2020年尼日利亚疾控中心已从世界银行获得9000万美元的专项防疫资金，用于满足各州和联邦首都区的防疫需求。

2. 调整产业发展方向

新冠肺炎疫情暴发暴露了当前尼日利亚在医疗卫生领域发展极度不足，无法满足国民的基本医疗需求。为鼓励本地卫生产业发展，尼日利亚中央银行拨款 2.8 亿奈拉。同时，新冠肺炎疫情期间针对人员和货物实施的流动管控措施，对尼日利亚交通业造成一定冲击。尼日利亚政府为交通运输业提供 100 亿奈拉的纾困资金，并逐步开启交通行业的改革。此外，受全球新冠肺炎疫情封锁措施的缓解、国际市场对原油的需求增加和价格走坚等因素提振，尼日利亚国家石油公司增加了原油和天然气的出口。尼日利亚联邦石油资源部还出台《天然气运输网络法》指导天然气运输网络体系的建设和运营，着力促进天然气产业发展。这些产业将在中央政策的引导和中央财政资金的投入下获得长足发展，也为先进技术入驻、国际资本流入提供了重要机会。

（三）疫情对尼日利亚经济的影响

受国内经济运行停滞和国际油价下跌的双重影响，新冠肺炎疫情对尼日利亚经济产生较大挫伤。2020 年尼日利亚 GDP 总量为 4322.94 亿美元，相较上年减少 158.26 亿美元，同比下降 1.79%；人均国民总收入为 2000 美元，相比 2019 年减少 30 美元，同比下滑 4.66%。虽然尼日利亚 2020 年最终国内生产总值负增长，但 2020 年第四季度 GDP 同比增长 0.11%，调整了第二季度下滑 6.1% 和第三季度下滑 3.6% 的技术性衰退，表明该国经济正逐渐摆脱疫情暴发以来的衰退趋势。这主要得益于尼日利亚中央政府推行的经济发展多元政策，2020 年非石油行业特别是信息通信行业表现良好，一定程度上抵消了疫情和石油减产对经济的影响。

2021 年前三个季度，按平均汇率测算，尼日利亚名义 GDP 折合 3188.78 亿美元，同比增长 1.9%，增量为 57.96 亿美元。其中，第一季度折合 1063.19 亿美元，同比下降 7.3%；第二季度折合 987.40 亿美元，同比增长 3.8%；第三季度折合 1118.92 亿美元，同比增长 7.0%，经济处在不断调整、恢复之中。

三、疫情后尼日利亚投资的影响因素分析

尼日利亚是西非地区的"领头羊"，是非洲第一人口和经济大国，在

西非地区和整个非洲都具有重要影响。尼日利亚的政府支持、市场规模大等优势是吸引外国直接投资的重要有利因素，与此同时，尼日利亚严峻的安全形势、国内部族冲突等问题也让部分资本望而却步。世界银行发布的《2020年营商环境报告》显示，尼日利亚营商环境得分56.9分，在190个国家中位列131位，排位靠后，营商环境有待改善。

（一）尼日利亚吸引投资的有利因素

1. 经济缓慢恢复增长，进入"后石油时代"

如图4-2所示，2000—2008年尼日利亚国内生产总值快速增长，增长率最高可达30.03%，国民经济处在高速发展进程当中；其后经济发展受2008年国际金融危机重创，2009年国内生产总值大幅下滑，国民生产总值负增长；2010—2014年，其经济逐渐恢复，但经济发展速度远不及2008年国际金融危机爆发之前，经济下行压力大；2015年国际石油价格下跌，尼日利亚经济增速放缓，2016年其经济负增长，2017—2020年其经济开始新一轮恢复，2021年暴发疫情，经济发展再次受到外部强烈冲击。2021年上半年南非国内生产总值实现超过尼日利亚，尼日利亚作为非洲第一经济体的地位受到冲击。总体来说，尼日利亚经济处在震荡发展中，发展韧性有所强化，但因其经济结构单一、脆弱的特点，其经济发展极易受到国际经济波动影响，国民经济应对风险挑战的能力仍需大幅提升。

石油依赖对尼日利亚经济发展产生深远影响。2014—2016年爆发的石油危机对尼日利亚汇率产生重要影响。为了控制汇率，尼日利亚政府实行货币管制，消耗大量外汇储备稳定汇率。此外，石油价格危机的影响传到国内，导致尼日利亚国内通货膨胀率一度飙升至15%以上。虽然政府兼施了财政政策和货币政策，将通货膨胀率稳定在2019年水平左右，但仍高于政府6%—9%的目标区间。

尼日利亚政府也逐渐意识到减少石油依赖的必要性和紧迫性，于2016年出台《经济复苏与增长计划》，规划2017—2020年内着力减少全球经济周期和外部因素对尼日利亚经济的影响，多方向发展经济。2018年以来，尼日利亚经济在信息与通信技术（ICT）行业带动下逐渐好转，信

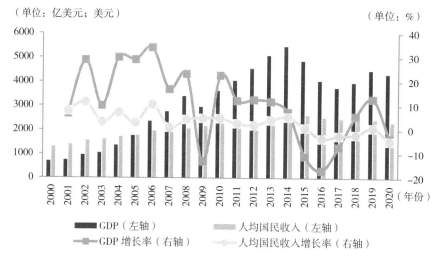

（单位：亿美元；美元）　　　　　　　　　　　　　　（单位：%）

图4-2　2000—2020年尼日利亚GDP、人均国民收入统计图

资料来源：世界银行数据库，https://data.worldbank.org.cn/indicator/NY.GDP.MKTP.CD? locations = NG&view = chart，2022 - 03 - 08；尼日利亚国家统计局，https://nigerianstat.gov.ng/elibrary? queries = GDP，2022 - 03 - 08。

息与通信技术行业对经济的贡献率达到13%。2020年3月全球经济受新冠肺炎疫情冲击，国际油价暴跌，尼日利亚经济再次受到重创，为修复疫情对经济的冲击，大幅增产石油以维持收入，表明尼日利亚经济结构调整尚未真正落实，油气产业仍是经济发展的重要支柱。

2. 开展金融改革，资本市场恢复信心

2007年尼日利亚政府提出《金融体系发展战略》，实行整合非正式部门金融活动、改革支付体系、扩张债券市场和增强银行业稳定性等举措，致力于2020年成为区域性和国际的金融中心。截至2018年，尼日利亚证券交易所已有159家上市公司，数量仅次于南非的约翰内斯堡证券交易所和埃及的亚历山大证券交易所。在公司债券市场上，尽管受2014—2016年危机影响，本地公司对美元债务信心不强，通过发行国际债券融资活动锐减，但本地公司短期通过商业票据的模式融资热情有所恢复。此外，2012—2017年尼日利亚私募股权经济不断发展壮大，私募股权交易总额达78亿美元，是同时期南非市场的3倍、肯尼亚市场的7倍之多。同时，私募二级市场股权交易也在逐渐萌芽。总体来说，尼日利亚金融市场的培育、发展增强了资本市场的信心,为吸引国际投资创造了基本的金融环境。

3. 人口众多,人口红利有待释放

尼日利亚是非洲第一人口大国,总人口 2.01 亿,占非洲总人口 16%。预计尼日利亚人口将以 2.6% 的速度增长,到 2050 年人口总数将接近 4 亿,超过美国,成为仅次于中国和印度的第三大人口大国。

如图 4-3 所示,从人口结构来看,0—14 岁的未成年人和 15—64 岁的劳动力群体占比分别在 40% 以上和 50% 以上,年龄结构偏年轻化,人口 65 岁及以上人口占比为 3%,尚未步入老龄化社会,人力资源充足,劳动力市场竞争激烈。根据 2015 年尼日利亚统计局等多部委调整的关于就业和失业统计概念和方法,2018 年度第三季度尼日利亚劳动力人口为 9050 万,全国失业率约为 23.1%,不充分就业率为 20.2%。2019 年尼日利亚经济平稳增长,失业率有所降低。但 2020 年受新冠肺炎疫情和国际油价暴跌影响,在接连封国、封城的政策管控下,尼日利亚全国经济运行停滞,失业率大幅提升。大量学习能力强、等待就业的年轻劳动力涌入市场,既提供了充足的廉价劳动力,又为市场贡献可观的消费潜力,当这些消费潜力得到释放,会凝聚成促进经济发展的重要力量。

人力资本指数是指在其母国保健服务及教育风险存在的情况下,当年出生的孩童在满 18 岁时可以到达的人力资本数值,数值范围为 [0,1],数值越大,人力资本越强劲[①]。2020 年尼日利亚人力资本指数处于较低水平,数据化为 0.361,仍有较大发展潜力。

此外,尼日利亚中产阶层人口占总人口的 23%,总购买力超过 280 亿美元,大大助力了本土零售、电商等行业的发展壮大。尼日利亚统计局数据显示,尼日利亚是非洲大陆购买快速消费品的第二大国,仅次于安哥拉。与此同时,日益增长的中产阶层也进一步推动了消费升级。例如,近年来尼日利亚民众对医疗健康、投资理财和更高品质生活的需求明显增长,促生了医疗旅游等新兴消费形式。据预测,尼日利亚人每年出国医疗

---

① 世界银行数据库,https://data.worldbank.org.cn/indicator,2022-03-12.

（单位：%）

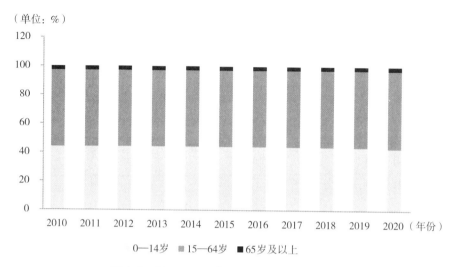

0—14岁　　15—64岁　　65岁及以上

图4-3　2010—2020年尼日利亚人口年龄分布

资料来源：世界银行数据库,https://data.worldbank.org.cn/indicator/SP.POP.1564.TO.ZS？locations=NG&view=chart,2022-03-08。

的花费约10亿美元,不到1%的人拥有国内的医疗保险,本地的医疗医药行业潜力尚未被完全开发,这为外来投资提供了广阔的空间。

4.移动互联网欣欣向荣,数字社交文化较为成熟

得益于尼日利亚联邦政府出台的《国家宽带发展计划》,尼日利亚的宽带互联网普及率从2013年的6%已跃升到现在的31.5%,预计到2023年尼日利亚的网民规模将达到1.8亿。大规模的互联网群体主要由移动互联网带动。当前尼日利亚移动互联网的平均数据传输速度为每秒16mb,用户以2G、3G用户为主,其中2G用户占比52%,3G用户占比44%,仅有4%的手机用户能够使用4G网络。预计到2025年,随着电信基础设施进一步提升,尼日利亚移动互联网普及率将增至55%,届时3G网络将取代2G网络成为主流,4G用户占比将达到17%,小部分人群能够登上5G快车。目前尼日利亚固定宽带互联网的普及率仍较低,只有0.1%,且数据传输速度仅为每秒11兆,排名全球第145名。

尼日利亚拥有庞大的智能手机用户群体,根据全球移动通信系统协会统计,尼日利亚有近9750万人拥有手机,其中5300万人拥有智能手机,预计 2025 年尼日利亚使用智能手机的用户将翻倍,覆盖 1.4 亿人。除了庞大的消费群体,低价、普及的移动数据也为移动互联网创新创业发展提供了丰厚的土壤。目前,尼日利亚境内 30 天 1GB 移动数据流量包价格为 1000 奈拉,约合 2.8 美元,不到普通人平均月收入的 1.7%,而固定互联网每月使用成本在 80 美元,因此目前尼日利亚 2400 万活跃的社交媒体用户中,96% 以上都是通过手机端访问。

尼日利亚智能手机用户群体多使用脸书(Facebook)、照片墙(Instagram)和油管(Youtube)等社交平台,形成了相较成熟的社交文化,推动尼日利亚国民形成更加开放包容的心态,加强了尼日利亚与世界的联系,为尼日利亚接纳、吸引外商投资奠定了心理基础。

5. 创投兴起,投资机构众多

2012 年尼日利亚创投兴起,创新企业主要集中在互联网金融、电商、生活服务、能源发电和交通出行等众多领域。据不完全统计,尼日利亚已有 230 家科技初创公司,具有代表性的公司有卓米亚(Jumia)和支付栈(Paystack)等公司。其中卓米亚在美国成功上市,是非洲第一家独角兽公司;金融科技公司因特斯威驰(Interswitch)获得 Visa(维萨)的 2 亿美元投资,占股 20%,成为非洲第二家独角兽公司。2019 年,分类信息广告公司吉基(Jiji)获 2100 万美元 C 轮融资,成为非洲少数进入 C 轮融资及后续投资的初创公司之一。

除了创新企业涌现,尼日利亚兴起了众多的投资机构,其融资规模快速增长。据企业服务数据库公司克伦茨(Crunchbase)统计,在尼日利亚活跃的风险投资机构有 98 家,除了欧美老牌风险投资机构和国际开发性金融机构旗下的基金,如国际金融公司(IFC)和挪威基金(Norfund)外,还有很多本地优秀的投资机构,如回声风险投资(Echo VC)和 CRE 风险投资(CRE Venture Capital)等。从整体融资规模和活跃程度来说,尼日利亚遥遥领先其他国家。德勤会计师事务所(Deloitte)的数据显示,2017 年全非洲初创公司融资约 1.95 亿美元,尼日利亚约 6800 万美元。2018 年据科技点(Techpoint)统计,尼日利亚 148 家初创公司共融资 1.78 亿美元,是 2017 年的两倍之多。2019 年融资超过 100 万美元的公司超过 20

家,数量仅次于埃及。尼日利亚兴起的众多投资机构为吸引外商投资搭建了重要的平台基础设施,有助于形成良好的投资环境,培育成熟开放、竞争有序的投资市场。

此外,尼日利亚大力支持国民创新创业,其孵化器数量为非洲之"最"。据统计,目前尼日利亚早期创业孵化器有 85 家,高于其他所有非洲国家。谷歌和脸书等国际知名企业在尼日利亚的拉各斯都有自己的孵化基地。比较有代表性的孵化器是合创孵化器(Co-Creation Hub Nigeria)和致一孵化器(One Hub)。合创孵化器成立于 2010 年,是尼日利亚历史最长、最著名的孵化器,目前已成为连接拉各斯及周边地区的科技从业者、企业家、政府、科技公司和投资者的重要社区。合创孵化器的孵化计划主要由三部分构成,6 个月的预孵化期、12 个月的孵化期和 12 周的加速孵化期。其中,预孵化期可获得 5000 美元的资金支持,孵化期可获得 2.5 万美元的资金支持,企业运营成效显著的话有可能从合创孵化器的增长基金(Growth Capital)获得高达 250000 美元的持续资金支持。除了资金支持外,合创孵化器还为初创企业提供了包括业务战略、财务管理、数字安全、招聘和产品开发等在内的实际支持。在合创孵化器的支持下,已有超过 50 家公司从各个层面得到支持,完成了孵化计划,包括莱弗班克(Lifebank)、特鲁普(Truppr)和马马莱特(Mamalette)等新创企业。致一孵化器主要提供办公空间、资金支持和相应指导,扶持农业科技和金融科技初创公司。

6. 部分赛道尚待开发,发展潜力大

撒哈拉以南地区是移动钱包应用最为广泛的地区之一。全球移动通信系统协会报告显示,世界上 45.6% 的移动钱包使用者来自撒哈拉以南地区。由于尼日利亚政府曾禁止中央银行向运营商授予"移动货币"(Mobile Money)的相应牌照,因此尼日利亚在该领域远远落后,尚未有一家移动钱包占据统治地位。但近年来,这种局面正在改变。2018 年南非电信运营商 MTN 已经获得"超级代理人"(Super Agent)牌照,可以提供移动支付的相应业务。涌入金融科技赛道的企业不断增加,形成行业规模,其竞争程度将进一步加强。这也为国际资本进入尼日利亚开展移动

支付业务提供了广阔的空间。当前,已有众多国外资本入驻尼日利亚本土的移动支付公司欧佩(Opay),包括美团、高榕、源码、软银亚洲、BAI资本、红点、IDG资本、红杉和金沙江创投,共计融资1.7亿美元。掌上支付(Palmpay)也获得传音和网易共同投资的4000万美元种子轮融资。

除了移动支付,小额贷在尼日利亚也有广阔的需求。根据2016年中央银行的调查,尼日利亚仍有很大一部分人口被排除在金融服务之外,有58.4%的国民无法接触到充分的金融服务。尽管2012年尼日利亚中央银行推行的无现金政策增长了市场信心,推动面向个人的消费贷盛行,但目前信用机构的数据量仍然较少,仅仅覆盖百万用户量。此外,尼日利亚的小额贷仍然面临着比较高的违约风险。总体来说,尼日利亚多数民众还被排除在现代金融体系之外,不能享受金融带来的便利和收益。因此,资本在小额贷的细分领域仍有广阔的探索空间,例如面向个体商户的供应链金融、集成贷款方的贷款超市和信用数据公司等领域。

7. 投资机制不断健全,营商环境逐渐改善

为促进国际投资发展,尼日利亚政府通过颁布法律法规、设立相关部门等手段建立健全尼日利亚的投资机制和法律体系,为国内外资本平等参与市场竞争、形成统一开放、竞争有序的投资环境提供法律保障和制度基础。

首先,健全发展有关投资的法律法规。1995年尼日利亚颁布了《尼日利亚投资促进委员会法》和《外汇(监督等事项)法》,废除了限制外国投资者参与尼日利亚资本市场的法令,取消外国资本参与尼日利亚证券投资的限制,外国投资者无须经过尼日利亚财政部的批准便可以作为经营者和投资者参与尼日利亚证券市场,且拥有公司资本的比例没有限制,完善管理外商投资的法律法规。此后又先后出台多部促进外国直接投资的法律法规,涉及公司商务、出口加工区和技术引进等领域。根据相关法律规定,除石油领域和政府采购方面有特别限制外,尼日利亚对国内外资本实行统一的优惠政策,无双重标准。与此同时,投资者的资产不会被政府国有化或非法征用,并可以自由转移资金。外国投资者通过获得许可证的银行转移到尼日利亚的外国现金或资本,可以投资任何企业或证券。

这提升了流入资本的安全性和流动性，为保护投资者资产提供了法律保障，激发了国际资本入驻的积极性。

其次，尼日利亚政府建立了鼓励、促进、协调国内外投资者在尼投资的机构——尼日利亚投资委员会。该委员会设有"一站式"投资中心，尼政府的不同部门可在投资中心设立办事机构，为投资者发放经营许可，提供涉及投资环境、特定行业领域投资要求和法律法规等信息，办理与投资相关的各种手续，为国内外投资者提供"一站式"便利服务。目前，在尼日利亚投资委员会设立办事机构的政府部门有 27 个，包括公务事务委员会、尼日利亚海关署、联邦税务局、国家技术获取和促进办公室和尼日利亚中央银行等。

再次，2011 年尼日利亚政府参照英国、马来西亚和新加坡的模式，将原有的商业和工业部重组为工业、贸易和投资部，将投资事务纳入管理范围，强化投资政策的推行和投资事务的协调合作，并出台了尼日利亚工业革命计划、国家企业发展计划及有关贸易政策等，创造有利于投资、工业化发展的良好营商环境，推动尼日利亚经济增长。

最后，为减轻官僚主义对营商环境造成的不利影响，提高尼日利亚营商环境便利度，实现到 2023 年将尼日利亚在世界银行营商环境便利度的排名提高至 70 名以内的目标，2016 年 7 月，尼日利亚成立改善营商环境总统委员会。该委员会每月召开例会，并根据需要举行特别会议，调查投资"瓶颈"，发现应进行改革的领域。该委员会还专门设立线上平台，接受公众意见建议并会同有关部门就在尼营商事宜进行反馈。该委员会自成立以来，已推出 140 项改革措施，包括采用电子许可进行文件注册登记使开办企业变得快捷；通过在网上公开所有相关文件、收费价目表、预申请要求等，增加了办理施工许可证的透明度；允许借款人检查自己的信用信息并向银行、金融机构和借款人提供信用评分，方便了获取信用信息；使用中央电子支付系统，使缴纳各项联邦税变得简便等①。

---

① 中国国际贸易促进委员会：《企业对外投资国别（地区）营商环境指南：尼日利亚（2020）》，2020 年版，第 30—32 页。

如图 4-4 所示,依据 2017—2020 年世界银行连续发布的营商环境报告,尼日利亚营商环境便利度在全球经济体中排名不断靠前。其中,开办企业、获得电力和执行合同等细项排名均有一定程度的提升和进步,在 2020 年达到新的水平。

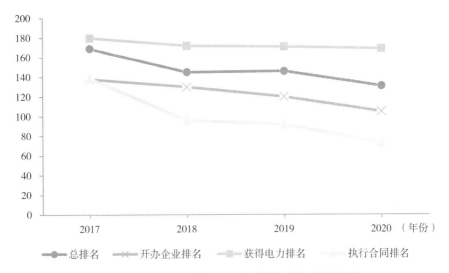

图 4-4 2017—2020 年尼日利亚营商环境便利度排名

资料来源:世界银行:《2020 年营商环境报告》,译林出版社 2020 年版,第 4—8 页;《2019 年营商环境报告》,译林出版社 2019 年版,第 4 页;《2018 年营商环境报告》,译林出版社 2018 年版,第 4 页;《2017 年营商环境报告》,译林出版社 2017 年版,第 4 页。

(二)影响尼日利亚投资的不利因素

1. 多重势力威胁,安全形势严峻

尼日利亚的安全局势受到多重势力的威胁。一是活跃的极端势力,主要分布在尼日利亚东北三州和东南部,以“博科圣地”恐怖组织和南部比夫拉地区分离主义恐怖势力为主,严重威胁尼日利亚长久治安。2013年 6 月,尼日利亚政府将“博科圣地”定性为恐怖组织,在该组织活动猖獗的东北部 3 个州实施紧急状态并派兵清剿,这在一定程度上打击了恐怖活动,尼日利亚受恐怖袭击的频率和规模有所下降,但之后又有所反弹。澳大利亚智库经济与和平研究所(IEP)数据分析显示,2011—2015

年,保守估计"博科圣地"极端组织杀害超过 1.5 万人,甚至高达 2 万人,成为全球最致命恐怖组织。2017 年以来,"博科圣地"袭击活动在尼日利亚政府打击下有所减弱,但在进入下半年后频率及强度大增。如表 4-3 所示,2014 年以来,"博科圣地"在尼日利亚本土不间断地发动恐怖袭击活动,造成严重的人员伤亡,影响营商环境的稳定性和国际资本流入的信心。

表 4-3 "博科圣地"发动的恐怖袭击活动

时间	袭击地点	袭击方式	伤亡人数
2014 年	首都阿布贾	炸弹袭击	200 余人死伤
2014 年 4 月	尼日利亚北部	绑架	276 名女学生被绑架,已确认 53 名女学生逃跑,但还有 223 名女学生下落不明
2015 年 12 月 12 日	卡杜纳州扎里亚		媒体报道至少有 100 人丧生,冲突双方各执一词
2015 年 12 月 15 日	卡杜纳州	与警方冲突	数人死亡
2016 年 1 月	阿达玛瓦州		14 人死伤
2016 年 10 月 29 日	尼博尔诺州	爆炸袭击	至少九人死亡
2017 年 5 月 15 日	博尔诺州首府	自杀式袭击	11 人死亡
2017 年 6 月	博尔诺州首府	自杀式袭击	16 人死亡
2017 年 7 月	尼日利亚政府石油勘探队	绑架	37 人死亡
2017 年 7 月 28 日		自杀式爆炸袭击	14 人死亡
2017 年 8 月 15 日	博尔诺州		16 人死亡,82 人受伤
2018 年 2 月 19 日	约贝州	绑架	绑架 110 名女孩,其中绝大多数于 1 个月内获释
2018 年 4 月	首都阿布贾	抗议示威	警方共逮捕 115 名暴力示威者
2020 年 3 月	尼日利亚军营	突袭	50 名士兵死亡

资料来源:商务部国际经贸经济合作研究院、中国驻尼日利亚大使馆经济商务处、商务部对外投资和经济合作司:《2020 年对外投资合作国别(地区)指南:尼日利亚》,2020 年版,第 19—21 页。

　　二是部族冲突,这导致严峻的社会治安问题。尼日利亚有 250 多个本土民族,是一个多民族国家。其中人口占比较大的大部族有 20 多个,诸如豪萨族、富拉尼族(并称豪萨—富拉尼族)、约鲁巴族和伊博族,分别占全国总人口的29%、21%和18%。豪萨—富拉尼族、约鲁巴族和伊博族三大部族互不隶属、宿怨难平,均有各自宗教、语言、领地、政权和制度,经济发展水平也不尽相同,而处在中间地带的小部族则要依附于这三大部族。因此,各部族间时常会引发各类社会治安问题,甚至挑起部族冲突和骚乱,爆发部族之间的武装冲突,造成人员伤亡。近年来,尼日利亚种族冲突愈演愈烈,已造成逾千人死亡,数万人流离失所,严重影响社会稳定和民众生活。

三是猖獗的非法武装,主要分布在尼日利亚南部尼日尔河三角洲产油区,这些组织从事盗油、走私和绑架等活动,极大地威胁尼日利亚能源出口和运输等活动。非法武装的组成人员一般是无法就业的普通群众,甚至接受了高等教育的大学生也加入其中。因当地就业率低,无法找到工作的人加入偷油的不同工序中,形成了偷油—炼油—运油—卖油的产业链。非法武装活动扰乱了尼日利亚的市场秩序,导致政府损失高额税收,同时严重冲击国家的对外贸易政策,尤其是走私事关国民经济命脉的资源将严重削弱国有企业对国家经济的调控。

在三股势力交杂影响下,尼日利亚的安全形势较为严峻。中国经济与和平研究所发布的《2019年全球恐怖主义指数报告》显示,尼日利亚恐怖主义指数连续4年位居全球第三位,仅次于伊拉克和阿富汗,叙利亚紧随其后,足见尼日利亚安全形势的严峻程度。2018年全球发生的最致命的20起恐怖袭击中,有1起发生在尼日利亚,该年尼日利亚因恐怖袭击死亡1731人,人数同比上升13%。不稳定的安全局势会影响投资者的投资信心和资本入驻的连续性,投资活动可能因恐怖袭击活动而中止,难以实现预期的经济效应和投资者的乐观情绪。

2. 各种传染疾病频发,医疗系统脆弱

表4-4列举了尼日利亚各种类型传染病、霍乱、疟疾、黄热病和艾滋病经常暴发,造成严重的人员死伤。2017年尼日利亚境内需要对被忽视热带病(NTDs)进行干涉的人数高达1.3亿,仅次于印度,位居世界第二;2017年尼日利亚境内的艾滋病及病毒携带者数量估计为310万,排在全

球第二。尼日利亚暴发的各种传染病发生率基本高于世界水平,发生频次也位居世界前列。

表 4-4　尼日利亚存在的传染病

疾病类型	具体种类
食物及水源性疾病	细菌和原生动物性腹泻、甲 E 型肝炎、霍乱和伤寒
蚊虫等载体传播疾病	疟疾、登革热和黄热病
水接触疾病	钩端螺旋体病和血吸虫病
呼吸系统疾病	脑膜炎
雾化粉尘或土壤接触疾病	拉沙热
动物接触疾病	急性戊型肝炎、猴痘和狂犬病
其他	埃博拉、艾滋病

资料来源:商务部国际经贸经济合作研究院、中国驻尼日利亚大使馆经济商务处、商务部对外投资和经济合作司:《2020 年对外投资合作国别(地区)指南:尼日利亚》,2020 年版,第 16 页。

表 4-5 所示的是 2014—2020 年在尼日利亚暴发的较大规模的疫情统计,诸如拉沙热等疾病在尼日利亚境内多次发生,屡治不止。尼日利亚各种传染病频发,严重侵害尼日利亚本土和外来务工人员的生命安全和身体健康,进一步影响投资企业的长期稳定发展。

表 4-5　2014—2020 年尼日利亚发生的传染病

时间	疾病类型	伤亡人数
2014 年 7 月	埃博拉	累计确诊病例 20 例,死亡 8 例,2014 年 10 月疫情结束
2016 年	拉沙热	蔓延尼日利亚十多个州,出现大量疑似病例,并造成数十人死亡
2017 年	脑膜炎疫情	至 2017 年 5 月中旬,至少造成 1112 人死亡
2018 年	拉沙热	涉及 21 个州,至 2018 年 4 月中旬,疫情至少造成 114 人死亡
2018 年 12 月—2019 年 3 月	拉沙热	93 人死亡
2018 年	黄热病	出现 98 例,24 人死亡
2018 年	霍乱	死亡近千例
2019 年	拉沙热、黄热病、霍乱	累计疑似黄热病例 4288 例,231 人死亡;累计确诊拉沙热,167 人死亡;报道霍乱病例超过 1500 例

续表

时间	疾病类型	伤亡人数
2020 年	新冠肺炎	截至 2022 年 3 月 8 日,总确诊病例 254637 例,确认死亡病例 3142 例

资料来源:商务部国际经贸经济合作研究院、中国驻尼日利亚大使馆经济商务处、商务部对外投资和经济合作司:《2020 年对外投资合作国别(地区)指南:尼日利亚》,2020 年版,第 17 页。

与各种传染病频发、屡治不止相对应的是恶劣的医疗环境。世界卫生组织最新公布的数字显示,尼日利亚医疗卫生体系综合指数在 191 个成员中排第 177 名,孕产死亡率在全球排在第四名,新生儿死亡率在全球排第 7 名。近年来,在世界卫生组织和各国援助下,尼日利亚医疗条件不断改进,但缺医少药的问题仍比较严重。2019 年尼日利亚约有 7.4 万名注册医生、12 万名护士和 10 万张病床,但种类众多的传染病传播快、确诊感染人数众多,导致患者与医生的比例为 10000：3,患者数量与医生数量比重严重失衡。此外,医疗设备特别是计算机断层扫描显像机(Computed Tomography Machine)和呼吸机等资源匮乏。据统计尼日利亚全国仅有数百台呼吸机,这难以满足人口高达两亿国家的国民需求。世界卫生组织统计,2019 年尼日利亚全国经常性医疗卫生支出占 GDP 的 3.7%,按照购买力平价计算,人均经常性医疗卫生支出 215.2 美元,人均卫生投入远低于世界卫生组织建议水平。

3. 基础设施建设亟待提升

尼日利亚基础设施状况不佳,影响了经济发展潜力。尼日利亚交通行业发展缓慢,公路是重要的交通命脉,现有里程 19 万千米,承担着全国 93%的货运量和全国 96%以上的客运运输重担。[①] 受多雨、缺乏维护的综合影响,公路状况较差,特别是东南部和西北部公路路面毁损严重。虽然政府启动了众多道路维修计划,但目前公路发展仍不能满足快速城镇化的需求。

目前尼日利亚已有拉各斯、卡诺、伊巴丹和阿布贾等 7 个城市人口超

---

① 中国国际贸易促进委员会:《企业对外投资国别(地区)营商环境指南:尼日利亚(2020)》,2020 年版,第 19 页。

过100万,其中拉各斯人口增长迅速,1960年仅有76万人口,2020年达到2151万人,成为尼日利亚第一大城市。据全球著名市场监测和数据分析公司尼尔森预测,到2025年,尼日利亚城镇人口占比将高达55%;到2050年,拉各斯将会成为全球人口第六大城市,约3200万人将会在拉各斯工作生活。尼日利亚飞速的城市化,对公共基础设施提出了更高的挑战。从道路交通来说,尼日利亚缺乏有效的公共交通系统及相应规划,在通勤时间内,拥堵额通勤道路几乎成为拉各斯的"标志"。在拉各斯,在通勤高峰时间内有500万辆汽车从四面八方涌进市中心,平均每个上班族每周要花30个小时拥堵在路上,这大大降低了整个城市的运行效率。

其次,从商业用电来说,尼日利亚电力工业基础比较落后,全国有近60%的人口处在缺电状态,电力供需矛盾十分突出,成为阻碍尼日利亚经济发展的主要问题之一。尼日利亚发电站总装机容量为1252.2万千瓦,国家电网中实际可获得的电力年平均约400万千瓦。而根据尼日利亚电力部估算,尼年电力需求最低2000万千瓦、最高近6000万千瓦,即电力供应严重不足,存在巨大缺口,已成为制约尼经济、社会发展的"瓶颈"[1]。

此外,尼日利亚电网与周边国家几乎无互联互通,难以实现区域电力的传输和转接,更不利于统筹建设区域内电力系统和基于电力设施的更复杂的价值生态。2020年6月23日,世界银行在其批准向尼日利亚电力部门提供7.5亿美元信贷支持的声明中称,大约47%的尼日利亚人无法通过电网获取电力,其他人则经常面临断电的情况。尼日利亚电力部在2020年1月的报告中表示,尼日利亚是非洲人均电力供应最少的国家之一。由于电网供应不够稳定,大部分政府机关、事业单位以及97%以上的企业都自备发电机发电。尽管尼日利亚政府很早就对电力系统进行改革和私有化以吸引投资,电力发展仍然无法满足日益增长的商业和民用需求。不过,这也给国际资本入驻尼日利亚出行、离网电力等领域提供了发展空间。

---

① 中国国际贸易促进委员会:《企业对外投资国别（地区）营商环境指南:尼日利亚（2020）》,2020年版,第21页。

4. 汇率风险不容忽视

尼日利亚外汇收入主要依靠油气出口,经济结构转型尚未实现,经济发展韧性较差,经济体应对外部冲击能力较差。如图4-5所示,受国际油价下跌影响,2014年以来尼日利亚货币奈拉持续贬值,对美元汇率从2014年的158.553∶1降至2020年的358.811∶1。叠加疫情影响,全球石油需求萎缩,国际生产生活秩序尚未恢复,低油价将在一定时间内持续,预计奈拉贬值趋势将会持续。

（单位：%）

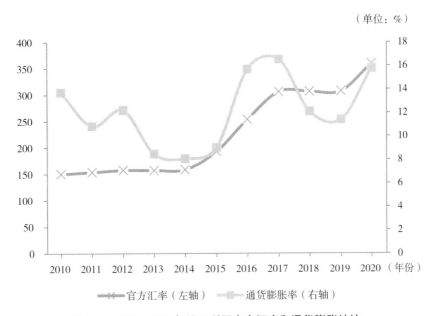

图4-5　2010—2020年尼日利亚官方汇率和通货膨胀统计

资料来源:世界银行数据库,https://data.worldbank.org.cn/indicator/PA.NUS.FCRF? locations＝NG&view＝chart,2022-03-12;https://data.worldbank.org.cn/indicator/FP.CPI.TOTL.ZG? locations＝NG,2022-03-12。

货币大幅贬值将导致以投资者所在国货币计算的成本、收益大幅波动,在合同订立后和投资经营后带来财务利润上的不确定。汇率大幅波动还可能导致投资所得的提取、汇出受到东道国汇率管制影响,影响员工薪酬和后续投资的进行。此外,汇率大幅贬值将加剧资本流出,冲击经济的可持续发展;还可能推高国内通胀水平,提高企业的经营成本和民众的生活成本,进一步从供给、需求两端冲击经济,产生负反馈的恶性循环,进一步恶化尼日利亚的宏观经济环境。

四、投资尼日利亚的对策分析

统筹考量疫情后尼日利亚经济复苏、资本市场恢复信心等积极因素和安全形势严峻、各种传染病频发等不利因素，尼日利亚中央政府和意向投资者均应采取相应措施加以规避、化解。从尼日利亚中央政府层面来看，应实行切实有效的措施改善投资环境，巩固、发展已有的积极因素，削减不利因素的威胁；对意向投资者来说，应做好投资规划，积极主动适应东道国环境变化，趋利避害，保护自我投资权利不受侵犯。

（一）尼日利亚政府层面的对策分析

2017 年尼日利亚投资促进委员会连同尼日利亚联邦税务局发布《尼日利亚投资优惠政策汇编》，梳理了对尼日利亚投资的优惠政策，内容涉及一般性税收优惠政策、特定行业优惠政策、关税优惠政策、出口优惠政策、经济特区优惠政策、先锋地位优惠政策、投资政策和投资保护政策，旨在降低尼日利亚投资门槛，提升投资吸引力，不断优化投资环境。此外，尼日利亚与众多国家、地区和经济体签订多边经贸协定、双边投资协定、双边贸易协定和避免双重征税协定，不断加强与其经贸往来国家、地区和经济体的合作沟通，推动双方投资领域的顶层设计建设。与此同时，尼日利亚立法机构正在进行多部法律修订以建立健全投资领域的法律法规和管理体制。综合来看，尼日利亚在不断推进事关投资的体制机制建设和法律法规健全，助推投资细则完善和开放程度提升，但当前影响投资决策的不利因素主要来源于宏观环境层面的不安全和不稳定，诸如严峻的安全形势、恶劣的医疗环境和基础设施等。为此，尼日利亚中央政府应多措并举，构建稳定的投资环境，维护投资者已有的投资成果，激发新生投资落地。

首先，尼日利亚中央政府应严厉打击极端恐怖势力，创造稳定的外部环境，这是国民安居定业、资本入驻的前提和基础。近年来，以"博科圣地"和"尼日利亚伊斯兰运动"为代表的恐怖袭击活动造成严重的生命财产损失,导致民众恐慌情绪蔓延,更对地区和国际社会的安全稳定形成威胁,产生外溢影响。为此,尼日利亚政府应加强与非盟、西共体和联合国的紧密合作,注重与周边国家的协同应对,团结力量共同打击恐怖主义。

其次,尼日利亚中央政府应注重发展资源不足、水平低下的医疗系统,以有效应对各种传染疾病和新冠肺炎,保障本土人民和投资者的生命安全和身体健康。具体来说,加大财政资金在医疗领域的倾斜力度,为医疗体系建设提供基本的物质支持;着力推动医疗资源在各级卫生机构的高效配置和利用,发挥基层卫生系统对底层人民的保护和支持;鼓励资金充足、技术先进的资本进入医疗领域,为本土医疗系统发展注入活力;将传染病防控作为公共卫生能力建设重点等。

再次,在基础设施领域,响应"一带一路"倡议,借助各种对尼日利亚投资基金等平台,积极加强国际合作。当前尼日利亚与中国在交通基础设施领域的合作形成典型的示范效应。在中尼交通基础设施合作中,中国的技术、资本、管理和尼日利亚的劳动力、资源互补发力,协同促进尼日利亚弥补交通基础设施缺口,为优化尼日利亚投资环境提供基础支持,促进尼日利亚资本积累和技术转换。除了交通基础设施,尼日利亚在电力、土地等基础设施领域仍存在巨大缺口,为此尼日利亚中央政府应建立有效的沟通协调机制和高效监管机制,搭建线上线下服务平台畅通资本入驻,提供风险提示、政策咨询等服务,为企业发展保驾护航。

最后,为有效应对汇率风险,就直接措施来说,尼日利亚政府应建立健全应对奈拉汇率波动的风险管控制度,加强监测和信息披露工作,实施诸如设立风险管控部门、梳理风险管控流程等措施。更进一步来看,尼日利亚汇率大幅波动的主要原因是经济对油气的过度依赖,为此应加快转变经济发展方式,调整经济结构,从根本上控制汇率风险。

综上所述的政策措施并不是尼日利亚中央政府一朝一夕就能实现、达成的目标,而是需要持久投入的系统性、结构性改革。尼日利亚中央政府应秉持破釜沉舟的勇气和魄力持续推进、不断发力。

（二）意向投资者的对策分析

具体来说，有投资尼日利亚意图的企业，首先应充分、全面预估投资风险，做好前期风险评估调查研究和可行性分析。多渠道、多层面收集、识别尼日利亚投资的相关信息，并结合行业和企业发展特点进行实地的长期调研分析。调研过程应联系尼日利亚中央政府、本国驻尼日利亚大使馆和行业协会等组织获取官方信息，同时应积极联系已在当地开展投资的企业，具体了解实际投资的困难、风险和预期利益，综合评估投资成本和利得。

其次，若企业的投资计划具有较高的可行性，应进一步采取渐进式的投资进入方式，动态检测、评估投资风险和利益变现情况。同时，为了有效分散风险，建议采取多国分散投资、合资等方式开展投资，建立健全投资风险管控制度和风险预警机制，重视项目的潜在风险和不确定因素，动态检测风险对投资利益变现的可能影响。此外，建议投资企业通过雇佣当地员工、履行社会责任等方式适应、融入尼日利亚文化，提升当地民众对投资企业的好感度，降低企业被国有化征收的可能性。

最后，投资者应重视加强与本国驻尼日利亚大使馆等官方机构的联系沟通，做好意外风险发生的紧急预案和解决措施。意外发生时，采取退出策略及时止损，尽可能减少损失。

五、疫情后尼日利亚的投资机会

新冠肺炎疫情是挑战，也是机遇。虽然交通运输、旅游零售等传统服务行业在疫情中遭受沉重打击，但卫生医疗、远程办公和在线娱乐等行业表现出强大的增长潜力。这些新兴产业将倒逼政府和企业增加资金投入和政策支持，加快驱动国家产业新旧动能转换和数字经济产业发展。[1] 结合尼日利亚当前国情，疫情后尼日利亚的投资机会将在医疗卫生、移动

---

① 汪阳洁、唐湘博、陈晓红：《新冠肺炎疫情下我国数字经济产业发展机遇及应对策略》，《科研管理》2020年第6期。

支付和基础设施等领域涌现。

（一）医药、医疗器械等医疗领域

长期以来,尼日利亚是多种传染病频发、屡治不止的集中地,恶劣的医疗环境无法有效应对已有的各种传染疾病,新冠肺炎疫情的暴发更是雪上加霜。2014 年尼日利亚通过耗时 10 年的国家健康法案,搭建了公立和私立医疗服务的标准框架,批准建立基本医疗供应基金,不断发展国家卫生体系。2017 年尼日利亚政府通过第二版国家健康战略计划,通过公私合营的方式拓展医疗卫生服务,着力提供更加优质的临床服务。近些年来,虽然尼日利亚政府积极推动医疗行业各项改革,但受尼日利亚人口基数大、各种疾病频发和医疗器械制造业基础薄弱等实际情况的综合影响,尼日利亚的医疗卫生事业未取得预期效果,甚至有进一步恶化的趋势。

1. 本土医疗卫生发展现状

（1）医疗供给体系建设

尼日利亚卫生体系由公立和私立构成,且公立机构承担主要运行责任,私立机构进行辅助。公立机构按照责任划分为地方卫生机构、州级卫生机构和国家级卫生机构。其中,地方卫生机构由地方政府管理,覆盖乡村地区;州级卫生机构和国家级卫生机构主要服务城市。根据欧盟医疗原产国信息(MedCOI)尼日利亚国家情况说明书中介绍,虽然尼日利亚的三级卫生体系存在转诊系统,但由于初级卫生诊疗系统薄弱,大多患者往往直接求助于国家级卫生机构。这会造成医疗资源大幅向国家级卫生机构和州级卫生机构倾斜,原本发展羸弱的地方卫生机构得不到发展,加大公立卫生体系内部发展水平两极分化,生活在农村地区的贫民得不到救助,形成恶性循环的负反馈机制。尼日利亚的私立医疗服务体系高度碎片化,由众多小型医疗机构组成,管理框架清晰,资源丰富。近年来,联邦政府逐渐认可了私立医疗领域的贡献,鼓励通过公私合营的模式运营医疗机构。

总体来看,相较非洲的其他国家,尼日利亚拥有最多的卫生人力资源,但其护士、助产士、医生的数量和医疗基础设施仍然不足以应对最基本的医疗服务。因此,一部分患者选择到医疗资源更发达的国家旅游就医。这其中隐含的潜在投资机会值得关注。

（2）卫生预算和支出

2018年尼日利亚人均医疗卫生支出约为216.6美元,其中国民自费比例占据总卫生经费的71.7%。据估计,尼日利亚约有130万人因需要支付医疗费用,其生活落到了贫困线以下。政府只承担约13%的人均医疗支出,剩余部分由外国援助和非营利组织提供。国家医保计划覆盖率只达到3%—4%的水平,且主要保障联邦公务员。此外,社区医保、州政府医保和商业保险分别为不到1%的国民提供保障。政府承担的卫生筹资来自联邦、州和地方三个层级。由于公共卫生在国家策略的优先级靠后,卫生方面的财政投入在国家财政拨款中所占的比例相对较低,因此卫生部能够拿到的国家经费更加难以满足现实需要。从2010—2016年尼日利亚公示的卫生预算来看,政府健康预算占总预算的在3.7%—5.8%之间,远低于政府2001年在非洲联盟的阿布贾宣言中承诺的15%预算目标。

（3）卫生产品管理

2016年尼日利亚对药品和器械注册实施通用技术文件（CTD）报批,对医药、器械实行更加严格、规范的管理,与全球药械注册发展趋势接轨。

根据麦肯锡的统计数据,2014年尼日利亚制药市场规模为14亿美元,预计之后十年将保持9%的年增长率,最终在2026年达到36亿美元。由于科研水平较低,基础设施落后,受进口药品冲击及政策影响,尼日利亚制药产能整体低于40%,本地企业生产的药品在供应西非区域的所有药品中占据25%,剩下的75%从亚洲公司进口,其中印度占到进口的1/3。这种局面正在改变,尼日利亚目前约有160家本土或合资医药企业,随着这些企业的发展壮大,外国仿制药的进口规模将逐渐缩小。

根据美国商务部国际贸易组织的估算,尼日利亚人均医疗器械产品消费额不到1美元,远低于发达国家人均100美元、东南亚国家人均10余美元,我国人均6美元的水平。但是,尼日利亚本地企业大量的产能属于闲置状态,医疗设备生产能力极为薄弱,除了能生产少量的注射器、注射针头及病床等基本器械外,基本上不能生产其他医疗设备。因此,尼日利亚主要从西方发达国家进口核磁共振仪、高分辨率 CT 机、高清晰 X 线机等医学影像诊断设备和高压氧舱、便携式家用制氧机等医用设备。

总体而言,尼日利亚建立起了以公立医疗服务系统为主,私立医疗服务为辅的医疗体系,政府也通过国家健康战略规划积极推动健康领域的发展。但是,其卫生体系仍然面临着重要的挑战。

2. 疫情后的投资实践和投资机会

为促进尼日利亚卫生企业发展,尼日利亚通过公私合营的模式鼓励、支持、引导私营医疗的发展。目前,中国在尼日利亚私营医疗领域较为活跃,众多医药企业在尼日利亚建立生产基地,深度参与尼日利亚卫生建设。根据中山大学国家治理研究院全球卫生研究中心研究成果,如表 4-6 所示,近年来,我国的悦康药业、桂林南药等药企先后在尼日利亚投资建厂,积极参与当地卫生治理。值得注意的是,我国自主研发的抗疟疾药物以可负担的价格受到了当地患者的欢迎,满足了患者对青蒿素的强烈需求。

表 4-6　2008—2019 年中国药企与尼日利亚合作项目

时间	合作方	方式	项目描述
2008 年	悦康药业集团股份有限公司	投资建厂	中国悦康药业集团股份有限公司、尼日利亚第二大制药企业菲森药业有限公司(FIDSON)和科迪健康产业(香港)有限公司三方合作,在拉各斯州莱基自由贸易区投资设立药厂
2009 年	桂林南药股份有限公司	产品进驻	注射用青蒿琥酯(Artesun)在尼日利亚成功上市,全面、正式进入尼日利亚市场
2013 年	四川中康光大制药有限公司	投资建厂	联合四川协力制药在尼日利亚投资建立青蒿类制药厂
2017 年	东方科泰医药有限公司	设立子公司	设立子公司生产青蒿素的制品和相关成果
2019 年	红杉资本	设立互联网医疗公司	在尼日利亚推广平价优质医疗解决方案"样板诊所",运用 AI、互联网等手段为居民提供就诊服务

除了医药产品,中国企业也在尼日利亚参与基础设施项目建设和医疗器械捐赠、合作,如2015年,中国能源建设集团投资建设哈科特港专科医院;东软医疗以国家援外项目为依托,在尼日利亚市场经营影像类医疗设备等。

综合来看,在尼日利亚需求的医药、医疗器械等私营领域,企业还是有广泛机会大有可为的。同时应当注意的是,尼日利亚的药品准入要求高,流程复杂,进入市场的制度性成本较高。此外,尼日利亚药监局经常出现文件遗失情况,流程比较复杂,时间成本较高。因此,企业进入市场时应充分考量其对投资的影响,做好投资规划。

（二）电商、移动支付等价值生态

1. 本土电商、移动支付发展现状

在非洲国家中,尼日利亚已成为电商创业的第一选择。其中,出现了如卓米亚和孔加(Konga)这样在经营规模和融资额度上,都处于前列的巨头公司。卓米亚是非洲首个独角兽企业,估值超过10亿美元,已于2019年在美国纽约证券交易所上市,其业务涵盖埃及、加纳、肯尼亚和摩洛哥等非洲14个国家及地区。作为非洲最大电商平台,卓米亚采取淘宝的平台模式,自建物流,已覆盖尼日利亚最大的8个城市,拥有400万用户。

为了搭建完善的价值生态,实现利益最大化,为电商用户提供更加便利的服务,卓米亚在全品类电商平台基础上,采用自营(自主向消费者销售商品)和第三方平台相结合的业务模式推出物流、支付、外卖、旅行等多种服务,业务布局与阿里等成熟电商企业相似,致力打造完善产品与服务矩阵。具体来说,自建物流配送体系卓米亚物流(Jumia Logistics),类似菜鸟网络;推出支付工具卓米亚支付(Jumia Pay),类似支付宝;提供旅行服务卓米亚旅行(Jumia Travel),类似携程;外卖服务卓米亚食品(Jumia Food),类似饿了么。综合来看,卓米亚搭建的平台生态丰富了产品矩阵,推动商品和服务协同发展,提高了竞争壁垒。

孔加是卓米亚的主要竞争对手,成立于2012年,采取线上与线下相结合模式,有线下实体店。同样地,孔加自建物流,在尼日利亚各个区域

都有收货点,拥有18.4万活跃用户。但孔加经营不善,处于持续亏损状态,且缺少融资助力进一步投资,已于2018年3月被本地收购。除了卓米亚和孔加两大巨头,尼日利亚涌现众多类型的电商企业,诸如"大众点评"德尔迪(DealDey)、线上超市格洛(Gloo.ng)和尼日利亚版"58同城"狄蒂(Jiji.ng)等。不过,超过70%的电商企业尚未盈利,依旧面临消费者购物习惯、物流、支付和法律法规等方面困难,很多中小规模的电商企业在卓米亚和孔加等巨头竞争中夹缝生存。同时,由于后续融资不足,不少初创企业未能挺过2016年的经济衰退。但是,尼日利亚电商的发展并没有进入死局。不少创业公司吸取了巨头和失败企业的经验,探索出了一些新的业务模式,以创新的方式规避了限制电商发展的桎梏。比如,目前在非洲的电商创业中,有72.1%更关注细分市场,把全部精力集中在一个领域,这类电商对库存的需求相对较小,也更容易吸纳投资。

2. 疫情后的投资机会和投资风险

疫情期间实施的对人员和货物的流动管控为电商发展创造了重要的机会。加之尼日利亚发展电商的条件充分,有理由认为疫情后电商将是重要的投资机会。一方面,尼日利亚人口规模优势明显,年轻化程度高,年轻人对互联网接受程度更高,消费潜力更强,为电商与零售业发展提供广阔市场空间。另一方面,近些年来尼日利亚信息和通信基础设施投资规模不断加大,智能手机售价与网络数据资费降低,智能手机普及率不断提高,这将对尼日利亚电商业务发展形成有力推动。

同时,应当看到的是,尼日利亚关于电商的法律法规并不完善,在电商领域涉及的知识产权保护、消费者权益保护和数字签名等问题仍存在较大争议。尼日利亚急需出台电商相关法案以保障交易质量,提升消费者信任。此外,尼日利亚消费者对电子支付持有怀疑态度,偏好使用货到付款方式,使用电子支付的意愿较低,影响了电子支付普及度。

（三）交通基础设施领域

1. 本土交通设施发展状况

基础设施是社会经济快速发展的催化剂,而以公路、铁路和航空为代表的公共交通基础设施又是基础设施的基石。尼日利亚的交通基础设施发展缓慢，已对国家的持续发展形成制约，加之人口增长和城市化快速发展更加剧了基础设施的运行压力。其交通基础设施的密度和现况落后于印度、南非和肯尼亚等中等收入国家[①]。从铁路来说，尼日利亚的铁路设施发展滞后、互通性差、缺乏良好的技术支撑[②]，存在较多的安全隐患，严重限制乘客和货物的快速运输，增加了货物的运输成本，削弱了货物在国际市场的竞争力，无法满足国民经济社会发展的需要。1995年开始，在两国政策支持之下，我国与尼日利亚开始开展铁路建设合作，积极承担尼日利亚铁路合作项目的主要建设工程款，提供运营协助、技术培训和维护等服务。就公路发展方面而言，公路是尼日利亚的交通命脉，已形成连接首都阿布贾和各州首府的三级交通网，但由于建设时间长、缺乏维护等原因，路面状况较差，交通拥堵严重。此外，尼日利亚与周边国家尚未形成有规模、整体性的公路网络，区域联系、沟通有限。基于以上原因，加之出租车较高的出行费用，机动灵活的摩托车成为尼日利亚人民出行时首选的交通工具。

2. 疫情后的投资机会和投资风险

尼日利亚交通基础设施有待完善的发展现状为资本入驻提供了广阔的机会。目前我国已在公路、铁路和航空等方面加强了合作，大力助推尼日利亚基础设施现代化，但主要以国有企业承包合作为主。相较于私营企业，国有企业承担风险能力较强，技术支撑雄厚，更能满足尼方需求，但这并不意味着私营企业无可作为。就尼日利亚人民日常使用的交通工具方面，私营企业仍大有可为。

尼日利亚私人汽车保有率低，机动化率较低，主要使用三轮车，占比高达70%，占有绝对使用优势，步行占比15%，四轮车出行占比15%，其中5%的四轮车归优步（Uber）和泰克斯（taxify）等共享企业所有，10%的四轮车为自有车辆。在四轮车领域内，优步已于2013年进入非洲市场，

---

① 王严:《中国与尼日利亚交通设施合作现状与未来》,《非洲研究》2019年第2期。

② 高秋婧:《中国与尼日利亚铁路基础设施合作研究》,浙江师范大学2020年硕士学位论文,第14—18页。

目前主要在拉各斯活跃,拥有26.7万活跃用户,7千名司机。实际上,二轮车是尼日利亚本地人使用更频繁的出行工具,在日常出行中更加灵活、便捷,已有大量资金涌向这个使用频次更高和用户基础更加广泛的赛道,不仅发展了载人运输,更拓展了物流配送,融入电商的价值生态中。总体来说,二轮车网约企业处于快速增长中,已吸引大量资本入驻,但在政策层面仍受到较严格的监管。拉各斯政府的禁摩措施直接导致各个网约车平台业务收缩和转型,其长期发展仍然需要依赖政府的政策倾向。

下 篇

中非投资发展报告

——非洲大陆自由贸易区、"一带一路" 倡议与中非投资合作

第五章 国际大宗商品价格走势及其对非洲经济的影响

尽管非洲整体发展在 21 世纪以来取得较大成就,但其经济发展依然面临许多问题。2019 年,非洲 GDP 增长 3.6%,其中内部需求为经济增长提供了约 69% 的动力,然而该地区受频繁的战乱、疾病以及自然灾害等因素的干扰,适龄劳动人口的增长高于就业岗位的增长,因此非洲大陆的经济增长和减贫步伐已经放缓。同时,非洲地区之间发展差异较大,以第三产业为发展优势的国家明显优于资源导向型国家,特别是石油生产疲软使安哥拉等石油出口国经济下行。

新冠肺炎疫情发生后,全球大宗商品市场遭遇了巨大波动,非洲经济体面临多项挑战。针对疫情全球范围内出台了限制性措施,经济活动水平的普遍下降使大宗商品的需求急剧萎缩。对于南苏丹等资源出口大国,国际贸易的停滞使其经济受到巨大打击。面对已有的发展"瓶颈"以及新冠肺炎疫情的冲击,非洲再次暴露了经济结构单一的发展缺陷。非洲的经济发展长期依赖于自然资源,且一直处于对资源效用的低效配置,这些特征使其经济发展建立于外部的高风险中。对于未来的发展道路,非洲应在重塑全球价值链期间抓紧时机,考虑区域经济的一体化和生产的转型,在增强自身对外部风险的抵抗力中寻求稳定发展。

一、非洲经济与大宗商品价格的关系:长期分析

非洲大部分国家拥有丰富的石油和矿产资源。从以往的发展来看,大宗商品的价格、非洲的对外贸易及其经济发展之间存在直接的传导作

用。在 2008 年国际金融危机以及阿拉伯之春前后,非洲经济受大环境影响下行,供应链受市场情绪以及整体需求的影响,对大宗商品的价格产生负面影响。大宗商品价格低迷往往引起非洲对外贸易收入的下降,进一步减弱经济的发展。反之,大宗商品价格上涨也会通过出口贸易的繁荣促进非洲各国经济的发展。国际货币基金组织将非燃料及石油类大宗商品的市场价格指数化,以 2016 年为基础值 100,其走势同非洲的经济增长率变化展现出较大的相似性(见图 5-1)。

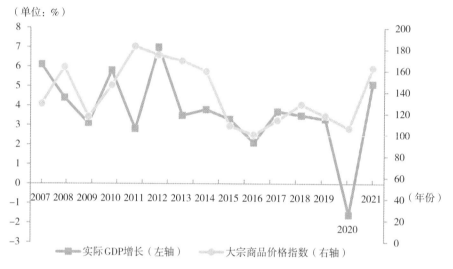

图 5-1　2007—2021 年非洲经济增长与国际大宗商品价格指数变化

资料来源:国际货币基金组织数据库,https://data.imf.org/? sk = 471DDDF8 - D8A7 - 499A - 81BA - 5B332C01F8B9,2022-03-14。

（一）非洲经济依赖大宗商品出口的机制和特征

21 世纪以来非洲经济发展在国际上十分抢眼,是仅次于亚洲增长最快的地区。在新冠肺炎疫情前,非洲凭借丰富的自然资源参与国际间的分工合作,在 2019 年贸易收支占当年 GDP 的 20%左右。在 2016—2020 年非洲的初级大宗商品交易额占据其总贸易额的 70%以上,在贸易往来中掌握主导地位(见图 5-2)。除此之外,非洲的大宗商品产出还集中于少数产品且不具备多样性优势,这种经济结构使非洲的经济发展长期伴随较高的外部风险。

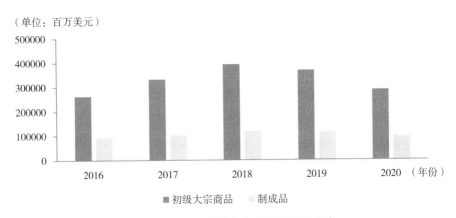

（单位：百万美元）

图 5-2　2016—2020 年非洲商品贸易构成

资料来源：联合国贸易和发展数据库，https://unctadstat.unctad.org/wds/TableViewer/tableView.aspx，2022-03-14。

1. 非洲国家出口产品集中度高，且严重依赖于原油

非洲拥有先天的资源优势，其矿产储量占据世界的 30%，可耕地面积位居世界第一，可以为产品多样性提供更多的可能。然而联合国贸发会议数据显示，2020 年非洲地区出口产品集中度指数为 0.188（见表5-1）。出口产品集中度指数指一定期间内经济体的出口在多大程度上集中于少数产品，通常国际上使用赫芬达尔指数计算出口产品多样性，来表达经济体出口产品的结构与世界的差异，指数越大，该经济体出口产品的集中度越高。非洲国家的产品多集中于原油类产品。2017—2019 年，非洲的原油出口占大宗商品出口额的 50% 以上。从交易构成看，非洲绝大多数的国家大宗商品出口占据总出口的 80% 以上，其中 14 个国家的要素占据大宗商品出口总额的 60% 以上（见表5-2）。但由于非洲地区工业落后、体制僵化，对资源的开采利用存在较大的提升空间，相比之下尼日利亚等较为发达的经济体在非洲对外贸易中占据较大市场。

表 5-1 2020 年世界出口产品集中度及多样性指数

地区	非洲	亚洲	欧洲	美洲	大洋洲
产品集中度	0.188	0.101	0.062	0.074	0.287

资料来源：联合国贸易和发展数据库，https://unctadstat.unctad.org/wds/TableViewer/tableView.aspx? ReportId=120,2021-08-15。

表 5-2 2020 年撒哈拉以南非洲地区资源禀赋型分布

国家或地区	大宗商品出口比（%）	资源导向	资源要素出口比（%）
安哥拉	96	燃油	96
乍得	98	燃油	93
刚果共和国	89	燃油	65
赤道几内亚	95	燃油	97
加蓬	88	燃油	60
尼日利亚	97	燃油	95
南苏丹	99	燃油	87
博茨瓦纳	94	珍珠、宝石和非货币性黄金	96
布基纳法索	97	珍珠、宝石和非货币性黄金	74
马里	94	珍珠、宝石和非货币性黄金	85
坦桑尼亚	84	珍珠、宝石和非货币性黄金	60
刚果民主共和国	88	矿石和金属	93
赞比亚	91	矿石和金属	87
中非共和国	80	农业原料	73

注：大宗商品出口比为大宗商品出口额与总出口额之比；资源要素出口比为该要素与大宗商品出口总额之比。

资料来源：联合国贸易和发展数据库，https://unctadstat.unctad.org/wds/TableViewer/tableView.aspx? ReportId=217476,2022-03-15。

2. 非洲产业化和工业化发展较为缓慢

经济多样化需要长期的探索，不仅要考虑结构变化和产业政策，还要结合国家的创新体系以及大量的财力、物力、人力，对教育水平、基础设施和政策制度等方面都有较高的要求。根据表 5-1,非洲出口产品集中度指数高于亚洲、欧洲及美洲。第一,非洲发展独立较晚,出口产品主要集中在矿产资源和农作物,对初级产品的依赖拖慢了其他行业的发展。自20 世纪 60 年代开始,非洲大部分国家获得了民族独立,先后经历了"进口替代战略""结构调整计划"以及新结构经济学下的工业化改革。进口替代观点同贸易保护主义相一致,认为发展中国家出口将导致收入和资源的流失,因此,非洲部分国家设置严格的贸易壁垒积极发展本国产业。由于多数国家国内局势刚刚稳定,缺乏完整且成熟的产业链和工业体系,进口替代战略不仅没有推进工业化进程,反而造成了非洲国家之间的经济孤立。[1]"结构调整计划"总结了进口替代战略,反对政府的过度干预倡导市场自由化。1986 年,国际货币基金组织将推进工业私有化、解除进出口限制等一系列政策建议作为其对发展中国家提供贷款和援助的附加条件,却忽略了发展中国家的实际情况。进口替代战略失败后,产业在开放的市场下由于缺乏竞争能力而破产,国家经济反而产生动荡,因此非洲目前仍然是世界上工业化程度最低的地区。[2]以 2019 年疫情前各国的经济情况为参考,非洲实际 GDP 增长前 8 位国家的制造业增加值中只有加蓬和刚果民主共和国高于世界平均水平(见图 5-3)。根据联合国工业发展组织信息,受工业化进程缓慢的影响,非洲在全球制造业增加值中份额较低,在 2018 年仅有 1.8%。非洲出口以初级大宗商品为主利润微薄,难以置换更大数量的有较高的附加值的进口产品,是全球机器设备进口量最低的地区之一。并且,非洲一些区域本身存在的贫困问题和粮食安全问题有待解决。

再次,非洲以大宗商品为基础的经济发展伴随经济的高风险。产品多样性低导致经济弹性较差,即经济对风险的抵御能力较差。图 5-4 展现的是 2014—2015 年度非洲经济弹性与出口集中度之间的关系。在 52

---

[1]　赵祚翔:《新结构经济学框架下非洲工业化发展模式研究》,《暨南学报》2018 年第 6 期。

[2]　林毅夫:《新结构经济学:反思经济发展与政策的理论框架》,北京大学出版社 2012 年版,第 116 页。

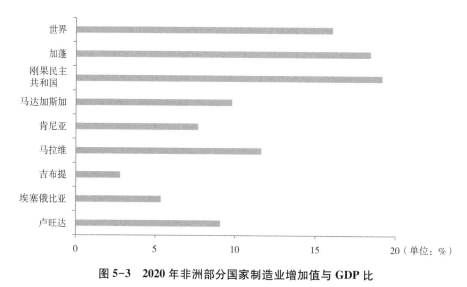

图 5-3 2020 年非洲部分国家制造业增加值与 GDP 比

资料来源:世界银行数据库,https://data.worldbank.org/indicator/NV.IND.MANF.ZS,2022-03-14。

个国家中只有 9 个国家经济弹性大于 1,出口产品种类较为集中的地区经济弹性多为负值。理论上说,集中出口的资源型商品存在"资源诅咒"效应。第一,非洲地区对资源的开发利用忽略了制造业的发展,降低了资源配置的效率,缩短了产业链,使非洲对附加值较低的大宗商品表现出较强的依赖性。第二,非洲法律建设不成熟、产权制度不清晰、市场发展不健全,对自然资源的依赖容易诱导投机行为,造成资源的流失和浪费。第三,对低附加值产品的过度生产使非洲地区忽略人力资本的培养,长期来看将使经济发展缺乏内生动力。因此当价格变动或供需变化对供应链初始端产生影响时,都会对薄弱的经济结构产生较大的影响。

（二）21 世纪以来大宗商品价格与非洲经济发展的走势

21 世纪新冠肺炎疫情发生之前,国际大宗商品价格共经历两次大型起伏,分别发生在 2008 年国际金融危机和 2011—2015 年经济衰退期。可以发现,非洲经济的发展一方面同大宗商品的价格紧密相关。另一方面国内需求量特别是私人消费业是影响非洲经济增长的重要因素。从两次危机对非洲各国经济的影响来看,大宗商品价格下降但需求量未受到

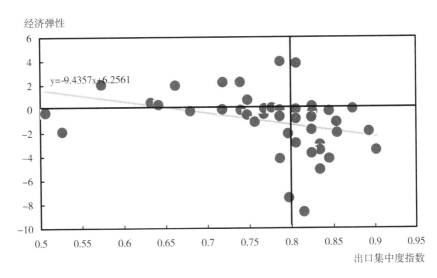

经济弹性

y=-9.4357x+6.2561

出口集中度指数

图5-4 2014—2015年非洲国家出口集中度和经济弹性关系

资料来源：African Development Bank Group, Organization for Economic Co-operation and Development, United Nations Development Programme, *African Economic Outlook*, 2017, p.32。

较大影响时,虽出口总额会受到影响,但是也会激发国内外需求,这种情况下非洲经济受到的冲击较小,增长缓慢但平稳;相反,当大宗商品下降的同时需求端也受到较大影响,就会对经济产生较大影响。

2008年美国发生次贷危机,从贸易和金融两方面影响非洲国家出口收入及国内外需求,对经济产生冲击。首先,贸易方面。危机导致出口量下降,原材料价格也被压低,对非洲国家收入带来极大影响。根据非洲发展银行社会经济数据库数据,2008年非洲商品出口额达5629亿美元,2009年约为3956亿美元,下降幅度约30%,GDP增幅下降约3%。其次,金融方面。发达国家的金融系统崩溃间接影响了非洲的金融体系。随着银行部门不良贷款增多,对信贷的影响逐渐加大,对企业运营产生影响。同时全球经济的不乐观导致资本流动缓慢,非洲各国无论是招商引资还是进口需求都大幅下降。2009年非洲各国资本流入较上年降低36.8%。

进入2011年,大宗商品的价格不断波动,2014年大宗商品价格再次整体下滑。能源工业品中,由于美国页岩油产量增加,国际市场石油行业竞争导致石油价格大幅下降并因此拉低了其他能源价格。石油等能源价格的跳水降低了相关下游产业的成本,如交通运输和电力部门等,促进区域内的消费和经济,但对于能源类的资源型国家来说收入则面临缩水:油价每下跌25%,石油出口收入占GDP总量74.1%的赤道几内亚经济增长就会下降1.5%;占比额58%的刚果经济增长下降2.6%;占比额58%的安哥拉经济增长下降2.7%。一些非能源类大宗商品的出口国尽管也受到了石油价格的影响,但由于农业和矿业的产量在不断增加,促进了相关产业,因而该类国家的经济增长依然表现较好。如棉花出口国布基纳法索和铜的出口国赞比亚。

二、疫情后国际大宗商品价格变动趋势

新冠肺炎疫情下,各国待业待产,居家隔离对消费链的供给和需求都产生不同程度的影响。供求关系作为影响国际大宗商品价格的核心在疫情影响下出现了失衡,使大宗商品价格出现大幅波动。如图5-5所示,在以2019年为基准的情况下,能源、金属和农产品的价格指数在2020年1月先后出现了不同幅度的下跌,其中能源工业品的下降幅度尤为突出。2020年4月前后,大宗商品的价格到达了谷底开始出现了反弹并且一路涨高。

（一）能源工业品

原油、天然气和煤炭等能源产品的价格指数从2019年12月的101.9直线下降到2020年4月的38.66。后期随着疫情得到控制,价格指数再次回到了100大关。据估计,由于疫情影响,2020年度能源需求量大约下降6%,能源需求倒退5年,影响远超于2008年国际金融危机。相较于2019年,2020年除可再生能源外,全球能源工业品的需求量都呈下降趋势。其中,原油和煤油较2019年分别下降9%和8%左右,主要是因为对动力能源需求的减少。

交通运输是原油的直接终端消费行业。据统计,截至2020年3月底,全球道路运输行业水平相当于2019年的50%左右,航空服务业也缩

（单位：%）

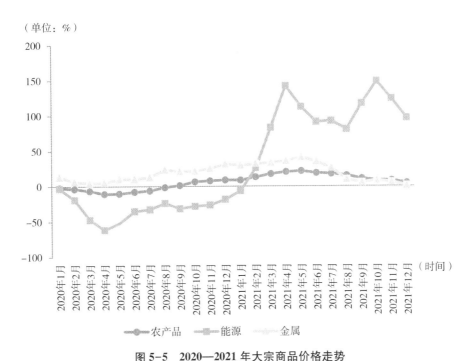

图 5-5　2020—2021 年大宗商品价格走势

资料来源：联合国贸易和发展会议数据库，https://unctadstat.unctad.org/wds/TableViewer/tableView.
　　　　 aspx？ReportId＝140864，2021-08-17。

减了约 60%；2 月的汽油需求量相比同期下降 33%，并且用于航天业的喷气煤油使用量也降低 28%。[①] 俄罗斯、沙特作为原油的集中供给者在该期间进行的一系列价格战使原油价格继续探底。2020 年 3 月俄罗斯拒绝欧佩克（OPEC）的减产提议后，沙特宣布 4 月增加其原油产量，同时下调 20% 的价格。即使 4 月 OPEC 与非 OPEC 之间达成了一致的减产协议，但由于库存有限和供大于求的影响，原油价格持续走低。由于全球50% 的煤炭供给和需求由中国提供，国际煤炭价格主要受中国供需影响。而受疫情影响，中国 2020 年第一季度的工业生产急剧下降，煤炭发电量同时下降了 9%。

　　原油的价格和需求萎缩使非洲石油出口国家的经济衰退。第一，整

---

　　① International Energy Association，*Global Energy Review* 2020，International Energy
Association，2020，p.18。

体收入随着市场需求的缩减而降低。安哥拉、尼日利亚等国家在疫情前就承担着沉重的债务负担，而国际资本市场在经济下行期间流动疲软，收入降低恶化了政府的财政赤字，医疗保障等公共支出面临较大压力。2020年，尼日利亚将增值税税率从5%调至7.5%，但收益仍然低于预期。第二，人民的生活压力日渐加剧。市场需求疲软使整个社会的经济活动水平下降。这对于经济结构单一的石油出口国来说会有较强的就业影响。除此之外，石油出口国的汇率以及外汇储备在疫情期间萎缩，国内遭遇严重的通货膨胀，人民的收入水平和收入能力都受到了不同程度的影响。据估计，安哥拉的贫困率在2020年受油价影响上升至40.6%。[1]

（二）金属

金属产品涵盖较广，包括金银等贵金属和铜铝锌等矿产品。铜的需求终端涵盖现代工业的各行各业，在2019年全球终端消耗统计中，包括建筑、交通电力等基础设施项目消耗80%左右的铜，受疫情冲击较大。有色金属等基本工业品自2016年开始进入21世纪的第三轮大周期。就周期本身来看，铜的价格走向在疫情前就呈现下降趋势，在疫情的影响下，加速了其下降进程。铜矿山产量主要来源于智利和秘鲁，分别占世界产量的28%和12%。在疫情的影响下，南美及非洲的多个国家关闭港口，减少开采活动，给需求端带来一定压力。由于叠加油价暴跌的负面影响，铜价逐渐贴近成本线导致企业的盈利能力下降，最终影响到市场上铜的供应量以此减负，对铜价的爬升起到积极作用。

同能源走势一样，金属等工业品的价格在2020年4月开始反弹。在价格发生反弹前，金属价格指数跌至83.66，跌幅约15%。与能源不同，金属价格的起伏相对平稳。主要是由于资金市场大多处于观望状态，通过贵金属进行避险保值从而实现了对整个金属类的拉升。2020年12月31日纽约商品交易所（COMEX）黄金期货价格降至1892.7美元/盎司，

---

[1] African Development Bank, *African Economic Outlook*, Abidjan: African Development Bank Group, 2021, pp.136-161.

较年中达到的 2058.3 美元/盎司相比有所回落,但与年初相比仍然上涨
23.9%。2021 年随着美元指数回升,黄金价格继续呈下降趋势。

金属等工业品较能源相比对非洲经济的影响较为有限。在金属铜方
面,作为高效导电金属,铜在光伏发电、汽车等新能源领域是不可或缺的
组件,市场需求加速上升。因此,尽管采矿业初期因停工停产而需求降
低,导致赞比亚等出口国经济萎缩,但其收缩率随后期的复工复产正在降
低,且经济表现随供给地位有所不同。2017 年,几内亚代替澳大利亚成
为中国金属铝的主要供应商。面对新冠肺炎疫情,几内亚 2020 年的 GDP
增长为 5.2%,仅略低于 2019 年(5.6%)。其富有弹性的经济表现主要是
由于中国复工复产对铝的强势需求,使几内亚的矿产活动从 8%增长至
18.4%,抵消了疫情对制造业、服务业等行业的冲击。[①]

(三)农产品

谷类、豆类和肉类等都属于农产品的涵盖范畴。从整体趋势来看,农
产品的波动幅度较小且有上涨的趋势。近年来全球粮食供应充足,但由
于疫情扩散引发的食品供应和安全恐慌,在一定程度上拉升了农产品的
价格。

2020 年 2 月 1 日至 4 月 1 日,农产品价格指数从 103.03 下降至
97.62。相较于能源和金属,农产品的价格波动较为平缓。初期从粮食的
整体供应来看,2019 年大米和小麦的期末库存分别在 37%和 38%的水平
位,玉米和小麦位于 26%和 29%,都在合理位置,全球的粮食供应较为充
足。而受到疫情影响,餐饮行业整体经营不善,并且交通运输受限,导致
库存积压和产品价格下跌。

在经历了短期的低迷期后,2020 年 3 月起包括印度在内的 18 个经
济体先后颁布了 41 项农产品的临时出口禁止令,带动了主要粮食的价格
上涨。5 月起,农产品的价格一路走高,2021 年 3 月达到了 123.69。其中

---

① African Development Bank, *African Economic Outlook*, Abidjan: African Development Bank
Group, 2021, p.156.

不仅是受到疫情缓解市场复苏的影响,还有外部冲击对供给的压力。极端天气和东非及中东等地区的国家的蝗灾,对农业生产带来破坏。疫情等不确定性因素,全球粮食的安全问题备受关注,影响国际农产品的价格走向。

非洲农产品贸易以进口居多,在全球市场上多处于被动地位。由于洪水、蝗虫等自然灾害,非洲东部面临局部粮食短缺的风险,而进口困难和走高的农产品价格使该地区的经济发展和粮食供应都面临困难。而在西非、科特迪瓦等地区,西红柿、洋葱等易腐农产品由于宵禁等措施使货物运输面临困难,导致产品损耗的提高。同时,对运输和人员流动的限制刺激了该地区的走私活动。据统计,2020 年 4 月西非贸易走廊沿线的宪兵、海关官员和警察的非法收款与前一年同期相比增加了近 50%。[1]

三、影响国际大宗商品价格的其他因素

在开放市场中,大宗商品的供求关系可以通过价格体现,而在大环境下,市场还受到多方面因素的干预,比如全球可持续发展战略计划。新冠肺炎疫情不但冲击全球经济,也对各国的社会稳定以及人民的生命安全产生了威胁。为抗击疫情,各国从政治、经济等多角度出发进行市场干预,对大宗商品的贸易往来产生了间接影响。

(一)碳中和

根据联合国政府间气候变化专门委员会(IPCC)报告,可以将"碳中和"解释为一个经济体的二氧化碳排放量在一年内达到平衡。目前已经有 100 多个国家和地区承诺在不久的将来实现碳中和。碳中和实现的关键在于能源替代,通过非化石能源代替化石能源从源头减少温室气体的排放。在这个过程中就会实现大宗商品的格局重塑。在新旧能源交替之

① Bouët, Antoine, Odjo, Sunday Pierre, and Zaki, Chahir, eds, *Africa Agriculture Trade Monitor*, Washington: International Food Policy Research Institute, 2020, pp.140-144.

际,新能源相关的大宗商品需求将得到改善,而高排碳产品的供给将逐渐受限。比如风能、光能和核能等清洁能源的大力发展势必影响铜、铝等大宗商品的地位,而相应的对原油、煤炭等相关化石能源产品的供给量将随各国政策导向而缩减。作为煤炭消费第一大国,中国在2021年宣布停止海外煤炭投资项目,释放出能源投资道路的改革信号。除此之外,各国早已开始新能源市场的扩张。中国2020年制定未来15年的新能源汽车产业发展规划,美国政府也在2021年制定1740亿美元的电动汽车市场计划。目前,能源类已成为欧美价格指数上涨的主要动力,表达了未来市场的信号。碳中和对于冶炼、矿产及电热水器等高碳行业的长期需求影响较大。长期来看,相关可再生能源与新能源种类的大宗商品市场要优于化石能源类和高碳类大宗商品。

近期来看,在新旧能源替代过程中天然气由于供应稳定将逐步取代煤炭等产品,市场潜力巨大。尼日利亚、阿尔及利亚和埃及等天然气大国正在完善基础设施建设,拓宽国际市场。其中,埃及由于身处欧洲、亚洲、非洲的交通要处且同欧洲拥有稳定的长期合作,正在利用地理优势计划成为欧洲、阿拉伯和非洲国家进行能源交流的区域枢纽。相比之下,石油、煤炭等传统能源需求将逐步削减。据估计,2050年全球煤炭和石油消费将降至50%以下,安哥拉、赤道几内亚等以石油为主要收入来源的国家将面临产业转型问题。[1] 另外,刚果、赞比亚等矿产国家富有铜等特定金属,在汽车等新能源相关产业能够利用资源优势进行产业建设。

(二)全球流动性增强

新冠肺炎疫情对世界经济产生巨大的冲击。不仅体现在经济增速负增长,还包括国际贸易萎缩、全球负债增长和失业率上涨等方面。疫情后各国都在用合理的财政和货币政策来刺激消费和投资为实体经济助力,刺激经济增长。2020年,全球共计推出约11.7万亿美元的财政支持,超

---

[1]　Nalley,Stephen, LaRosa, Angelina, *International Energy Outlook* 2021, Washington:U.S. Energy Information Administration,2021,p.9.

过全球 GDP 的 12%。

美元作为大宗商品的标价货币，其走势和大宗商品的价格走向高度相关。大多数大宗商品价格和美元价格指数的变化趋势呈相反方向。即美元贬值时，大宗商品价格便会上涨。在 2020 年，美国政府先后通过"家庭优先冠状病毒应对法案""财政支出法案""薪资保障计划和医疗强化法案"等救助措施，增加人民的各项补助，扩大失业保险，减免各项贷款，共计向社会注入约 29460 亿美元。大量的经济政策令美元走势下跌，拉动了国际大宗商品。但在另一方面扩张性的财政货币政策很容易引起通货膨胀，而大宗商品价格的回落将减缓通货膨胀，促进美国经济的恢复。因而二者在某一阶段能够相互反作用。

除美国之外，在 2020 年上半年德国、日本和法国等均推出巨额资金的经济刺激计划并提高各项应对危机的财政预算。全球范围内的刺激政策规模广，力度大，为金融市场提供巨额的流动性，为大宗商品带来了机遇。然而大宗商品的未来走势还要结合疫情的控制情况和各国进一步的政策来看。

（三）其他不确定因素

新冠肺炎疫情影响下，全球粮食供应链受到冲击，非洲地区的粮食安全危机进一步加剧。2020 年，非洲地区的粮食危机大幅扩大并在疫情的影响下持续加剧。

首先，冲突仍然是威胁粮食安全的主要因素。2020 年，伊斯兰组织在萨赫勒地区的武装袭击导致 170 万人流离失所，尼日利亚东北地区的交通基础设施遭到武装破坏，运输困难致使数百万人面临粮食安全问题。除此之外，刚果、喀麦隆的西南和西北地区、中非共和国以及埃塞俄比亚等地也有大量受冲突影响的人口。

其次，新冠肺炎疫情放大了非洲地区的粮食安全问题。第一，边境关闭等封锁措施使全球都面临着普遍的食物供应问题，运输时间的延长使食物的损耗大大增加。第二，收入水平下降使低收入人群面临较大压力。非洲的粮食安全评估忽略了城市群体，而疫情的影响下城市弱势群体面临的粮食安全问题得以放大。据统计,2020 年南非约 1180 万人所面临的粮食危机来源于城市人口。第三,非洲部分国家原有的经济风险在疫情期间持续上升。在津巴布韦、苏丹等地由于治理不力,内部面临恶性通货膨胀及货币贬值等经济问题,在收入减少的情况下,粮食供应面临更大的挑战。

再次,洪水、蝗虫等自然灾害使粮食产量缩减。2020 年,东非遭遇的蝗灾、南部地区发生的干旱以及苏丹和南苏丹经历的洪水使数百万人面临粮食危机。据统计,1/3 的耕地因自然灾害而减产,损毁了 110 吨的谷物以及 108000 头牲畜,周边地区也受到了或多或少的波及。

最后,紧张的国际形势影响非洲国家的收入能力。国际上中东形势依旧复杂,伊朗与以色列和沙特之间的关系持续紧张,不利于稳定原油的价格走势。俄罗斯与美国和欧洲之间的关系不曾得到改善,天然气的价格将产生巨大影响。总体来说,领土争端和民族矛盾问题层出不穷,南亚地区存在克什米尔争端,欧亚地区存在"纳卡冲突",大宗商品的价格走势将受国际形势等不稳定性因素的影响。对于以出口能源类及金属类大宗商品为主要经济来源的资源型国家来说,基本的粮食需求因收入的不确定性而面临巨大风险。

四、大宗商品的价格变化对
非洲经济的影响与启示

大宗商品的种类多且需求量大,相关影响因素的轻微变动能够引起大宗产品的链式反应,最直接的就是收入变化。非洲国家整体债务水平较高,社会福利制度不健全,在收入萎缩的情况下人民生活水平得不到保障,容易引起社会经济的动荡。为稳定经济发展,2016 年非洲开启第三个非洲工业发展十年计划,并得到了非洲联盟、联合国等多家国际组织的支持,有望通过工业变革实现创新和产品的多样化。除此之外,非洲地区也应建立完善财政、金融体系等宏观环境,通过保障投资稳定性助力实业发展。

（一）大宗商品的价格变化对非洲经济的影响

大宗商品的出口收入是非洲发展的重要动力之一。联合国贸发会议数据显示，较2019年相比，2020年非洲大宗商品出口额下降约22%。[①] 在消费端需求不景气和供应端贸易利润受压的双重影响下，政府财政收入大幅萎缩，市场低迷。同时为抗击新冠肺炎疫情和稳定经济环境，政府出台的刺激政策往往伴随大幅上涨的财政支出，对国家经济造成较大的负担。

1. 大宗商品市场持续跌宕探底，投资者商业信心受创，资本外逃

非洲贸易赤字的国家大多依赖于外国直接投资、官方发展援助、汇款以及外债等渠道填补资金缺口进行融资发展。这些投资在非洲涉及行业广泛，包括能源、航空业、制造业和旅游业等。因而大宗商品市场的持续跌宕探底，对于投资者而言风险较大。资源密集型国家，特别是石油出口国的经济结构单一，对外依赖性明显，在疫情期间所遭受的经济萎缩较其他国家相比需要更多的时间重塑。在新冠肺炎疫情影响下，供应链受损以及非洲当地健康医疗体系的落后等均导致市场态度消极，资本市场的变动与大宗商品价格变动趋于一致。从整体来看，2020年度2月至6月撒哈拉以南非洲地区资本流出约50亿美元，尽管下半年市场好转资金重新注入，依然无法抵消上半年的市场表现。汇款作为非洲最主要的资金来源，较2019年相比，2020年的流入金额降低约8.7%。[②]

2. 大宗商品出口下降，导致财政赤字严重，债务增加

首先，非洲政府的财政收支在2020年进一步恶化，债务风险上升。非洲地区的财政赤字由2019年的4.6%增加至2020年的8.4%。紧缩的收入和大额支出是政府财政赤字的主要原因。从收入角度看，2020年国际大

---

① 联合国贸易和发展数据库，https://unctadstat.unctad.org/wds/TableViewer/tableView. aspx？ReportId=99，2021-08-12。

② African Development Bank，*African Economic Outlook*，Abidjan：African Development Bank Group，2021，p.19.

宗商品价格的波动使非洲当年的进出口贸易同比缩减35%,无法满足非洲各国刺激政策所需的大量资金。从支出角度看,2020—2021年,非洲至少增加投资紧急医疗相关支出2300亿美元,改善社会贫困相关支出约123亿美元。[1] 除经济脆弱型国家之外,石油出产国以及资源禀赋型国家由于经济结构较为单一,在大宗商品跌宕期间经济受创更为严重。2020年撒哈拉以南非洲地区政府负债占GDP的比值增长至57.8%,高额的资金缺口导致的负债增加将进一步增加非洲各国的还债压力。[2]

另一方面,不断增加的利息支出对非洲的财务困境形成了压力。根据图5-6,非洲地区2010—2019年利息支出占当年收入的百分比从8%左右增长至19%左右。由于利息支出所占比重较大,对国家资产的流动性有较高要求,无法按期还款的国家可能通过向国际组织寻求帮助或负债融资等方式以避免违约。

（单位：%）

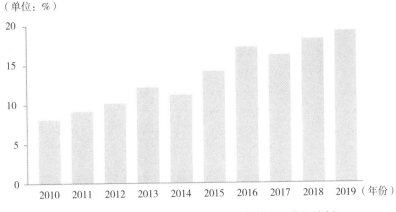

图5-6 2010—2019年非洲地区利息支出占收入比例

资料来源：African Development Bank, *African Economic Outlook*, Abidjan: African Development Bank Group, 2021, p.59。

3. 危机后的经济环境及经济政策,导致货币贬值,债务重估

自国际大宗商品市场震荡以来,绝大多数非洲国家货币大幅贬值。

---

① African Development Bank, *African Economic Outlook*, Abidjan: African Development Bank Group, 2021, p.2.

② International Monetary Fund, *Sub-Saharan Africa: Navigating a Long Pandemic*, Washington: International Monetary Fund, 2021, p.13.

除了大宗商品价格自身的变动对货币带来的直接影响外,其经济环境和政策措施对货币价值产生了负面影响。

首先,资本流出。2020年3月起资本的大幅流出使非洲货币在外汇市场的供应量远超需求量,是短期内非洲货币贬值的重要原因。

其次,外汇储备枯竭。外汇储备的枯竭给非洲各国的汇率形成进一步的压力。卢旺达、毛里求斯等非资源导向型国家在疫情后期的经济恢复效果较强,外汇储备反弹甚至形成新一轮增长,而石油出口国表现较差。为抗击新冠肺炎疫情,非洲国家使用外汇储备以支撑疫情期间相关费用的支出,弥补财政赤字的空缺,使货币面临未来进一步贬值的风险。如图5-7和图5-8所示。

（单位：%）

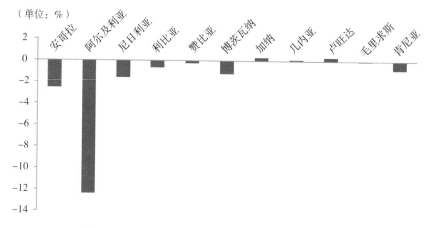

图5-7 2019—2020年非洲部分国家外汇储备变化

资料来源:世界银行数据库,https://data.worldbank.org/indicator/FI.RES.TOTL.CD,2022-03-16。

最后,国家宏观经济政策。一国财政与货币政策也是汇率走势的影响因素。2020年1月至当年10月,赞比亚累计降低利率500个基点,安哥拉向银行体系注入的流动性占GDP总量的0.5%。[1] 这些货币政策都对长期的非洲国家货币的汇率走势带来一定压力。以外汇计价的贷款及市场融资逐渐成为非洲债务的主要组成部分,非洲债务在汇率大幅下跌

---

[1] International Monetary Fund, *Sub-Saharan Africa：A Cautious Reopening*, Washington：International Monetary Fund, 2020, p.4.

2020年占GDP比值（单位：%）

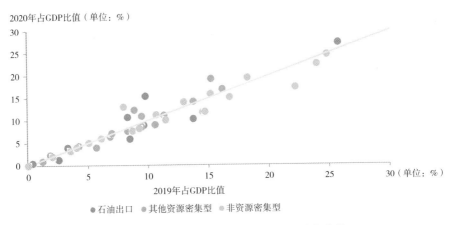

图 5-8　2019—2020 年非洲各国外汇储备变化

资料来源：African Development Bank，*African Economic Outlook*，Abidjan：African Development Bank Group，2021，p.23。

的环境下，总体债务以及临期的利息支出规模变大。

4. 大宗商品价格下降导致经济下滑，企业运营困难，失业率上升

从供给端来看，新冠肺炎疫情暴发后，世界各地疫情管控升级，对人员流动和运输都进行不同程度的限制，直接影响各行业供给端的产出，企业被迫减产。港口、机场等跨国运输的限制带来的库存积压不断降低企业的盈利利润。从需求端看，需求下降导致商品价格下跌，一些高成本企业面对低价的同时还要面临高库存，这对企业的现金流和偿付能力提出了考验。而低成本企业本身风险承受能力就较差。比如像埃塞俄比亚、马拉维等农业出口比重较大的国家，由于农业本身价值较低，在面临全球大宗商品价格下降的情况下，经济所受影响较大。从图 5-9 展现的 2020 年非洲部分国家企业营业额平均变化来看，企业营业规模下降区间分布在 34%—75% 之间。企业的利润率和销售额同时下降，对企业的现金流动带来压力。2020 年安哥拉和刚果银行的不良贷款率分别达到 33% 和 26%。[①]

---

①　African Development Bank，*African Economic Outlook*，Abidjan：African Development Bank Group，2021，p.18。

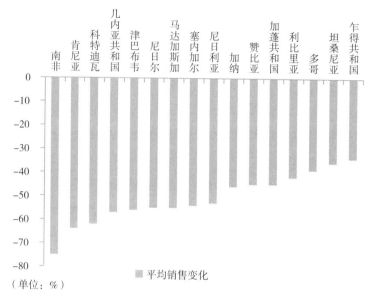

图 5-9　2020 年非洲部分国家企业营业额变化

资料来源：World Bank，*Africa's Pulse：An Analysis of Issues Shaping Africa's Economic Future*，Washington：World Bank Group，2021，p.73。

据估计，疫情期间约有 2500 万至 3000 万的人口失业。由于非洲产出多为初级产品，生产技能低，因此员工的可替代性较强，失业较为容易。除农业人口外，非洲 77% 的劳动人口都属于合同工式的非正式员工。2020 年埃塞俄比亚和马拉维的失业率分别上涨 2.2% 和 0.4%。①

整体来看，非洲的负债问题在 2020 年左右就较为严重，无论是财政赤字还是货币贬值，都进一步恶化了非洲的债务处境和还债能力。世界银行数据显示，2021 年撒哈拉以南非洲国家中高达 55% 的国家面临债务困境的压力，且安哥拉、赞比亚等 6 个国家负债率已超过 100%，整体的债务水平高于 2000 年前后，容易引起债务危机和经济的倒退。②

---

① African Development Bank，*African Economic Outlook*，Abidjan：African Development Bank Group，2021，p.26.

② World Bank，*Africa's Pulse：An Analysis of Issues Shaping Africa's Economic Future*，Washington：World Bank Group，2021，p.31.

（二）大宗商品价格变动对非洲经济的启示

1. 健全宏观经济政策，加强国际经济合作

（1）健全财政体系及金融体系，推动债务可持续性发展

非洲部分国家常年财政能力无法满足国内的基础投资，需要通过外部融资推动自身发展。为实现债务可持续，可以从两个角度采取措施：

首先，健全财政税收体系，提高公共收入。非洲国家的公共收入水平较低，归其原因为税收体系不健全。2010 年非洲中等收入国家税收收入占 GDP 的 23.8%，2020 年只有 15%。因此非洲应从提高公共收入水平着手，降低外部融资需求。在税收政策方面，一是应逐步减少公司所得税等各项税收优惠。优惠政策虽然可以减轻纳税人或纳税单位的纳税负担，但也容易因税收征管问题和其本身的扭曲作用带来大量的收入流失。二是增加增值税收入来源。非洲地区的增值税效率低于平均国家水平，可以逐步扩大计税基础，增加税收收入来源。三是高效利用资源税和环境税等小型税种，以扩大财政收入，促进经济的可持续发展。在改善税收制度的同时，税收征管体系也应尽快完善，从法律和征管手段等方面确保税收收入的应收尽收。

其次，健全本土金融体系，减少境外融资。非洲国家本土贷款利率高使国外借贷成本较国内更低，但外币结算的方式使非洲债务面临更大的汇率风险。因此，非洲国家应重视本土二级市场的发展。一方面要严格审核借贷准则，减少不良贷款的比例，加强资金的流动性和安全性。另一方面可以鼓励本土债券融资等多种融资方式，规避外汇风险带来的不必要成本。

（2）加快区域经济一体化进程

非洲内部市场碎片化且经济结构单一，区域内经济联系不紧密，在全球供应链受到冲击，大宗商品交易遭遇困境时，受到的冲击更大。当今全球贸易不确定性较大，各国更加重视资源的稳定性、安全性和可确定性，更加倚重区域性贸易。非洲内部区域性交易有利于各国进一步实现资源配置，加强各国之间的交流合作。促进非洲经济一体化将促进商品的流动性，为劳动力和

技术的发展创造条件，刺激消费，增强经济增长的内生动力。。

（3）促进与新兴经济体的交流与合作

非洲要发展需要内外联动。目前非洲受债务困扰和出口市场不景气，经济还处于恢复阶段，要发展还要依赖外部力量。尽管非洲经济增长十分迅猛，但是在工业化、基础设施和生活水平等方面的发展依旧与其他经济体之间存在较大的差距。非洲与新兴经济体之间的交流合作不仅可以借鉴发展经验，同时还可以获得共同发展的机遇。非洲的发展前景有很多优势。比如人口红利，非洲的人口结构呈现年轻化，且教育水平正在提高，为将来的劳动力市场提供优越的条件。非洲还有丰富的自然资源和内部不断增长的消费需求等，都是吸引外部资金的优势。非洲应该加强交流与合作，把握住每一个发展机遇。2020 年，中国投资非洲 29.6 亿元，涉及基础建设、能源和交通等行业。中国不仅将知识和技术带给非洲，促进产业的发展，还参与当地的基础建设。而非洲也在合作中逐渐拓展中国市场，将咖啡等本土产品实现对华出口。

2. 加快产业结构调整，提高经济竞争力

（1）根据本国资源禀赋，采取不同的经济结构转型之路

非洲未来的发展应该逐渐摆脱单一性的经济结构。根据不同的国家性质和社会文化背景，非洲国家应根据自身的优势探索适合本国的发展道路。

首先，发展优势行业的上下游。以矿产品为例，在投入使用前需要经历矿山的勘测、开采、运输等一系列过程。非洲的矿产国家可以将经验技术作为促进国家间交流合作的基础，发展产品上下游的服务业和制造业，如咨询服务和产品加工。利用自身的技术优势增加其他来源的收入为经济结构转型奠定坚实的资本基础。其次，深化优势行业的纵向发展。一方面非洲国家应提高对资源的利用，比如矿产国家对废弃金属的再利用，农业生产国对优质优量农作物的培育。另一方面通过国际合作中的资源置换使相关制造业得以发展，提高出口产品的完成度。

（2）加快完善产业链，提高出口多样性

非洲在国际贸易中的地位有待提升。目前，非洲在全球供应链上处

于原材料供应的地位,医疗、机械等关键领域需要依赖国外进口。非洲应当从产业链内向化和多样化两方面同时入手,推动非洲的工业化。

首先,产业链内向化。优势产业的发展是工业化的一部分,这需要非洲各国利用自身的资源优势,从产业链的最底端逐渐上移转向半成品加工商和制造商。除此之外,非洲国家同样要注重其他制造业的发展,尤其健康医疗等其他领域。其次,探索出一条摆脱资源优势的发展道路。水能载舟亦能覆舟。近十几年来大宗商品价格多次断崖式下跌令非洲经济的发展停滞甚至倒退。单一品类的出口结构是经济脆弱的主要原因。此外,全球可持续发展以及碳中和等概念深入发展,对石油、铁矿等不可再生资源类大宗商品的前景发出警示。对于依赖这类商品的国家,急需加快发展扶持农业等其他产业,做好产业转型的准备。

(3)把握数字化经济,增强经济驱动力

数字经济将线上与线下相结合,实体与虚拟相互作用,将贸易形成互联网式产业,强调每个环节之间的相互联系和协调,反应更加敏捷,有较强的适应能力。因此,非洲在促进一体化的同时,也要推进数字经济,为市场整合和地区发展创造更多的机会。

五、结　论

非洲的经济发展特点与历史发展文化和环境密切相关,其转型和变革需要漫长的时间去实现。要建立一个富有弹性的经济发展体系,非洲要积累大量的资金,拥有先进的技术和富有技术的人才,也要拥有一个支持产业化发展的政策环境。尽管非洲一体化正在落实推进,但是非洲的54个国家都有不同的发展特点与方式。因此,非洲要建立的不仅是共同发展的经济环境,也应该是多元化和包容性的发展环境。

第六章　非洲大陆自由贸易区的进展及其对非洲的机遇与挑战

在新冠肺炎疫情全球大流行背景下,非洲大陆自由贸易区(African Continental Free Trade Area,AfCFTA)逆势启航,这是非洲经济一体化进程中里程碑式的事件,将给未来非洲可持续发展带来良好预期。非洲大陆自由贸易区运行为"一带一路"倡议与非盟《2063年议程》的对接提供了一个深度交汇的平台,既有利于中非在工业、农业、数字经济和基础设施等重点领域形成建设合力,也为中非经贸合作高质量发展提供了契机。

非洲国家联合自强、逆势启动自由贸易区的努力已赢得国际社会的广泛关注。世界银行(WB)、国际货币基金组织(IMF)、联合国贸易和发展会议(UNCTAD)等纷纷发布报告对非洲大陆自由贸易区的作用给予正面评价。世界银行2020年发布的《非洲大陆自由贸易区:经济和分配效应》(The African Continental Free Trade Area:Economic and Distributional Effects)专题报告指出,非洲大陆自由贸易区为非洲各国提供了一个促进增长、减缓贫困和扩大经济包容性的重要机会,有助于缓解新冠肺炎疫情对非洲的负面影响。世界银行预测,如果非洲大陆自由贸易区全面实施,到2035年,非洲出口总额将较基期增长近29%①,非洲域内出口将增长81%,对非洲域外出口将增长19%。不仅如此,非洲大陆自由贸易区还将带动非洲各国收入大幅增长。至2035年,非洲地区收入将较基期增长4450亿美元,增幅将达7%。非洲大陆自由贸易区的实施有利于缓解贫

---

① 基期是指未实施自由贸易协定的情景。

困和失业问题,3000 万人将有望摆脱极端贫困,6800 万人将摆脱中等贫困。① 据国际货币基金组织 2020 年测算,非洲大陆自由贸易区通过取消成员间 90% 的关税,内部贸易增长率将超过 80%,出口将增加约 600 亿美元。② 联合国贸发会议 2021 估计,非洲大陆非关税壁垒的限制性至少是正常关税的 3 倍,通过渐进地消除这些壁垒,可为非洲国家带来 200 亿美元的新增国内生产总值。③ 综上所述,非洲大陆自由贸易区的实施,将促进产品和要素在非洲国家间自由流动,有助于激活工业尤其是制造业活力、增加就业、提高产品竞争力和助推经济发展。非洲大陆自由贸易区的建设也有助于加快整合非洲国家碎片化的市场,优化营商环境,改善外国直接投资的构成和方向,助力非洲更好地融入全球产业链和价值链。④

对非洲大陆自由贸易区的事前预估只是一个参考,关键还是看其实施效果。非洲大陆自由贸易区前期成功实施重点是关税减让和原产地规则,目前已经取得一定进展。非洲大陆自由贸易区的实施极大地提升了非洲作为一个整体在国际经济贸易中的地位,促进了区域内贸易往来,提升了非洲工业化水平。然而,要完全实现非洲大陆自由贸易区关于非洲大陆一体化和工业化的目标,还面临许多挑战,有遗留的历史政治问题,也有疫情带来的现实冲击,还有非洲大陆自由贸易区实施带来的各方冲突。只有对这些问题有了充分的了解,才能全面认识非洲大陆自由贸易区对非洲潜力的开发是一个长期逐个击破的过程。

---

① Maliszewska, Maryla, and Michele Ruta. *The African Continental Free Trade Area: Economic and Distributional Effects*, Washington, DC: World Bank Group, 2020, pp.16−31.

② Abrego, Mr Lisandro, et al. *The African Continental Free Trade Area: Potential Economic Impact and Challenges*. International Monetary Fund, 2020, p.21.

③ UNCTAD, " AfCFTA Support Programme to Eliminate Non-tariff Barriers, Increase Regulatory Transparency and Promote Industrial Diversification ", https://unctad. org/project/afcfta−support−programme−eliminate−non−tariff−barriers−increase−regulatory−transparency−and, 2022−03−21.

④ 姚桂梅:《非洲大陆自由贸易区与中非经贸合作:影响与对策》,《当代世界》2021 年第 3 期。

一、非洲大陆自由贸易区的发展概况

（一）非洲大陆自由贸易区成立背景与进展

非洲大陆自由贸易区的思想根植于泛非主义，其开端可以追溯到1963 年 5 月"非洲统一组织"成立并通过《非洲统一组织宪章》。2002年，在"非洲统一组织"的基础上"非洲联盟"成立。无论是"非洲统一组织"还是"非洲联盟"，始终以促进非洲和平、安全和稳定，加快非洲政治、社会和经济一体化进程作为重要目标，促进非洲各国的团结。特别是非盟成立后，非洲大陆自由贸易区即成为《2063 年议程》战略框架中最重要的项目之一，也是非盟实现《2063 年议程》所提出的"建立一个更为紧密、繁荣与和平的非洲"这一愿景的重要项目之一。为此，非盟成员从 2015年开始启动非洲大陆自由贸易区谈判，其成立的具体进程详见表 6-1。

表 6-1　非洲大陆自由贸易区成立的主要进程

时间	主要事件
1980 年 4 月	非洲统一组织通过《拉各斯行动计划》，其为纲领性文件，旨在促进经济联合，实现经济一体化，建立共同市场和非洲经济共同体，解决非洲各国独立后所面临的经济发展困难
1991 年 6 月	签署《建立非洲经济共同体条约》（以下简称《阿布贾条约》）
1994 年 5 月	《阿布贾条约》生效，落实《拉各斯行动计划》的具体路径，旨在建设非洲共同市场
2012 年 1 月	非盟首脑峰会上通过建立非洲大陆自由贸易区的决议
2015 年 6 月	非洲大陆自由贸易区开始谈判
2017 年 2 月	非洲大陆自由贸易区第一轮谈判
2018 年 3 月	非盟第十届首脑特别会议上，44 个非洲国家通过了非洲大陆自由贸易区协议
2018 年年末	非洲大陆自由贸易区第二轮谈判
2019 年 5 月	协议达到 22 个国家批准后，协议生效所需最低门槛达成，协议生效
2019 年 7 月	非洲大陆自由贸易区正式成立，秘书处设于加纳，会上宣布于 2020 年7 月正式实施
2020 年 2 月	南非人韦凯尔·梅内担任首任秘书长

续表

时间	主要事件
2021 年 1 月	非洲大陆自由贸易区线上启动,正式生效

资料来源:根据非洲发展银行(African Development Bank,AfDB)网站发布信息整理,https://www.afdb.org/en。

2021 年 1 月 1 日,非洲大陆自由贸易区线上启动,宣告一个覆盖 13 亿人口,区域内国内生产总值达 3.4 万亿美元的自由贸易区正式成立。截至 2022 年 3 月,非洲联盟 55 个成员中,54 个成员已签署非洲大陆自贸协定,41 个成员已完成本国相关法律程序,成为自由贸易区正式成员,见表 6-2。就非洲各地区参与自由贸易区建设的进度来看,南部非洲一体化程度最高,参与自由贸易区建设最为有效。西部非洲一体化进程较快但效果不佳,东部非洲大陆自由贸易区进展一波三折,而北部及中部地区则进展滞后。批准该协定的国家可以根据其关税、非关税减让和拟定的原产地原则进行贸易,目前,约 90% 的原产地规则已生效。

表 6-2 截至 2022 年 3 月非洲大陆自由贸易区签署情况

已签署通过并提交批准书的国家				仅签署国家		未签署国家
41 个				13 个		1 个
加纳	肯尼亚	卢旺达	尼日尔	马达加斯加	摩洛哥	厄立特里亚
乍得	埃斯瓦蒂尼	几内亚	科特迪瓦	贝宁	莫桑比克	
马里	纳米比亚	南非	刚果共和国	博茨瓦纳	利比亚	
吉布提	毛里塔尼亚	乌干达	塞内加尔	利比里亚	索马里	
多哥	埃及	埃塞俄比亚	冈比亚	几内亚比绍	南苏丹	
西撒哈拉	塞拉利昂	津巴布韦	布基纳法索	刚果(金)	苏丹	
圣多美和普林西比	赤道几内亚	加蓬	毛里求斯			
中非共和国	安哥拉	莱索托	突尼斯			
喀麦隆	尼日利亚	马拉维	赞比亚			
阿尔及利亚	布隆迪	塞舌尔	坦桑尼亚			
佛得角						

资料来源:Tralac,"Status of AfCFTA Ratificatio",https://www.tralac.org/resources/infographic/13795-status-of-afcfta-ratification.html,2022-03-22。

（二）非洲大陆自由贸易区协议的主要内容和实施阶段

《非洲大陆自由贸易区协定》是一个框架协议,其内容涵盖货物贸易、服务贸易、投资、知识产权、竞争政策和争端解决。每一个领域的内容既相互独立,又有一定关联,但主要以该领域的议定书为准。每一议定书又含有不同的附件或附录,都是自由贸易区框架协议的组成部分。例如,《货物贸易议定书》含有 10 个附件,分别是关税减让表、原产地规则、海关合作和相互行政协助、贸易便利化、非关税壁垒、贸易技术壁垒、卫生和植物卫生措施、过境以及贸易救济;《服务贸易议定书》含有 5 个附件,分别是特别承诺表、最惠国例外、航空运输服务、优先行业清单和监管合作框架文件;《争议解决程序和规则议定书》含有 3 个附件,分别是争议解决小组工作程序、专家审查、争议解决小组成员和仲裁员行为守则,见表 6-3。

表 6-3　当前非洲大陆自由贸易区协议已达成的主要内容

总体目标	●为加深非洲大陆经济一体化,符合《2063 年议程》所列的"一体化、繁荣与和平的非洲"泛非愿景,促进人员流动,建立一个单一的货物和服务市场 ●通过多轮谈判,建立一个自由的商品和服务市场、促进资本和自然人流动、为将来建立非洲大陆关税同盟打下基础 ●促进和实现缔约国可持续和包容性的社会经济发展、两性平等和结构转型;提高缔约国经济在非洲大陆和全球市场的竞争力 ●通过多样化和区域价值链发展、农业发展和食物安全促进工业化,解决区域内多组织重叠的挑战,加快区域和大陆一体化程		
具体目标	●逐步消除货物的关税和非关税壁垒 ●逐步开放服务贸易 ●在投资、知识产权和竞争政策方面进行合作 ●在所有与贸易相关的领域进行合作 ●就海关事务和实施贸易便利化措施进行合作 ●建立权利和义务争端解决机制 ●建立和维护非洲大陆自由贸易区实施与管理的体制框架		
议定书	相应附件		主要内容

货物贸易： 《货物贸易议定书》	（1）关税减让表 （2）原产地规则 （3）海关合作和相互行政协助 （4）贸易便利化 （5）非关税壁垒 （6）贸易技术壁垒 （7）卫生和植物卫生措施 （8）过境 （9）贸易救济	1. 非歧视方面：各成员应遵守最惠国待遇、国民待遇原则，同时可以向不同经济发展水平的地区提供特殊或差别的待遇 2. 贸易自由化方面：5 年内（最不发达国家是 10 年内）将 90% 的税目商品线性化降到零关税
服务贸易： 《服务贸易议定书》	（1）特别承诺表 （2）最惠国例外 （3）航空运输服务 （4）优先行业清单 （5）监管合作框架文件	1. 一般性义务与原则：最惠国待遇、透明度、信息披露、特别和差异性待遇、管制的权利、国内规章、相互承认、垄断和独家服务提供商、反竞争商业惯例、支付和转移、保障国际收支的限制、一般性例外、安全例外、补贴 2. 逐步自由化：交通、通信、金融服务。旅游和商业服务作为第一阶段自由化优先考虑的行业
争端解决： 《争议解决程序和规则议定书》	（1）争议解决小组工作程序 （2）专家审查 （3）争议解决小组成员和仲裁行为守则	1. 设立争端解决机构 2. 制定争端解决程序：磋商、调解调停、向争端解决机构要求成立专家组（专家组报告、专家组报告的采纳、上诉、补偿中止减让或任何其他义务）、仲裁

资料来源：African Union，*Agreement Estalishing the African Continental Free Trade Area*，2019，pp.4~76。

　　根据《非洲大陆自由贸易区协定》的安排，协议的实施分为三个阶段：第一阶段仅就货物贸易和服务贸易作出安排，第二阶段开展有关投资、竞争和知识产权议定书的谈判，第三阶段讨论电子商务和粮食安全问题。新冠肺炎疫情在非洲的蔓延客观上刺激了非洲数字经济的发展，2020 年 9 月非盟成员一致同意加快在非洲大陆自由贸易区框架内电子商务和数字经济的谈判进程，并将此项谈判由过去的第三阶段前置到第二阶段，并与投资、知识产权、竞争政策以及货物和服务贸易的遗留问题一并谈判。截至 2022 年 3 月，非洲大陆自由贸易区的原产地规则、支付系统、海关合作和最终协议仍在谈判中。

　　非洲大陆自由贸易区目标可以概括通过商品贸易和服务贸易自由

化,加快非洲大陆一体化进程,促进非洲工业发展,增加区域价值链,扩大贸易,提升非洲经济竞争力。非洲大陆自由贸易区目前已达成协定主要集中于商品贸易与服务贸易领域,伴随后续谈判的持续进行,非洲大陆自由贸易区将是一个逐步开放、渐进的自由化进程。

二、非洲大陆自由贸易区的重点解析及不同类别的国家实施进度

非洲大陆自由贸易区中涉及商品贸易、服务贸易以及争端解决的框架内容总体与世界贸易组织(WTO)中的货物贸易与争端解决机制以及服务贸易总协定(GATS)的内容相似。非洲大陆自由贸易区最值得注意的是货物贸易的关税减让进程、原产地规则和服务贸易的减让进程。

(一)非洲大陆自由贸易区的关税减让

1. 关税减让由渐进式迈向大幅度减让

非洲大陆自由贸易区的关税减让程度决定了非洲大陆自由贸易区商品贸易的自由化水平。非洲大陆自由贸易区签订前,非洲大陆,特别是撒哈拉以南非洲的平均关税高于全球平均水平,2017 年世界平均关税水平2.59%,撒哈拉以南非洲5.67%。[①] 以中间品和零部件为主的全球贸易,零关税是各区域促进区域内生产、贸易的主要手段,考虑到非洲各国经济发展水平的不一致,非洲大陆自由贸易区允许各成员可以根据食品安全、国家安全、财政收入、民生和工业化标准确定敏感产品和排除清单。到2022 年 1 月,44 个国家提交了关税减让提议。[②] 其中包括来自中部非洲经济和货币共同体、南部非洲关税同盟、东非共同体和西非国家经济共同

---

① 世界银行关税税率数据库:https://data.worldbank.org/indicator/TM.TAX.MRCH.WM.AR.ZS,2021-08-28。

② Tralac,"Should the AfCFTA Accept a Flexibility Modality to Launch Preferential Trade?",https://www.tralac.org/blog/article/15494-should-the-afcfta-accept-a-flexibility-modality-to-launch-preferential-trade.html。

体的关税同盟成员。但是,并非所有海关流程都已完全到位。只有少数国家,如喀麦隆、埃及、加纳和南非,已按照非洲大陆自由贸易区相关条款的要求制定了所需的海关程序。根据非洲联盟信息,非洲大陆自由贸易区协议第三部分,第 7、8、10、11 条,以及非洲大陆自由贸易区附件 1 的相关内容进行小结,非洲大陆自由贸易区关税逐步减让的过程如表 6-4 所示。

表 6-4 非洲大陆自由贸易区关税逐步减让的过程

项目	最不发达国家①	非最不发达国家	G6 国家②
全面自由化	10 年阶段性下降 90% 的关税细目商品	5 年阶段性下降 90% 的关税细目商品	10 年阶段性下降 85% 的关税细目商品 另 5% 的关税细目商品可以在第 11 年到第 15 年期内阶段性下降
敏感产品	13 年逐步下降 7% 的关税细目商品（目前关税可以在前 5 年保持不变,第 6 年开始逐步下降）	10 年逐步下降 7% 的关税细目商品（目前关税可以在前 5 年保持不变,第 6 年开始逐步下降）	尚未确定
排除清单	3% 的关税细目		尚未确定
	●排除清单中的进口最多只占基于 3 年参考期（2014—2016 年或 2015—2017 年）从其他非洲国家进口价值的 10% ●5 年后接受程序审查		

资料来源: African Union, AfCFTA Secretariat, "The Schedules of Tariff concessions", https://afcfta. au. int/en/schedules-tariff-concessions., 2022-03-11。

从表中可以发现协定虽然对最不发达国家允许执行较长时间的特殊待遇,但是非洲大陆自由贸易区的绝大部分成员 13 年内将只有 3% 的税目商品还保持关税,征收关税的商品价值占总进口商品价值不超过

---

① 非洲大陆自由贸易的 54 个成员包含 31 个最不发达国家分别为:安哥拉、贝宁、布基纳法索、布隆迪、中非、乍得、科摩罗、刚果（金）、吉布提、埃塞俄比亚、冈比亚、几内亚、几内亚比绍、莱索托、马达加斯加、马拉维、马里、毛里塔尼亚、莫桑比克、尼日尔、卢旺达、圣多美和普林西比、塞内加尔、塞拉利昂、索马里、南苏丹、苏丹、多哥、乌干达、坦桑尼亚、赞比亚。G6 国家:埃塞俄比亚、马达加斯加、马拉维、苏丹、赞比亚、津巴布韦。安哥拉、圣多美和普林西比分别将于 2021 年和 2024 年脱离最不发达国家的地位。

② G6 国家:埃塞俄比亚、马达加斯加、马拉维、苏丹、赞比亚、津巴布韦。

10%,即非洲大陆自由贸易区最终将至少97%的税目商品实现零关税且零关税的商品价值超过90%。

为了解非洲大陆自由贸易区的关税减让水平,可将其关税减让与发展中国家签订的自由贸易协定关税减让水平做对比。根据发展中国家向世界贸易组织发送的报告,在2007—2016年,发展中国家签署的各类自由贸易协定平均19.1%的税目商品保持关税征收,征收关税商品价值占总进口商品价值平均为18.7%。而最不发达国家为主的非洲大陆自由贸易区,区域内关税减让水平远高于发展中国家间签订的自由贸易协定。[1]

非洲大陆自由贸易区除了降低区域内关税水平外,还必须维持共同的对外关税。根据《2063年议程》,非洲大陆自由贸易区将于2023年建立非洲关税同盟[2],关税同盟中的发展中国家和最不发达国家必须采用相同的实施时间表,该部分的谈判仍在进一步地进行中。

2. 关税减让具备包容性

非洲先后建立了一些区域经济合作组织(Regional Trade Agreements,RECs),比较有影响的包括8个区域经济共同体,分别为西非国家经济共同体(Economic Community of West African States,ECOWAS)、南部非洲发展共同体(Southem African Development Community,SADC)、东部和南部非洲共同市场(Common Market for Eastern and Southern Africa,COMESA)、东非共同体(East Africom Community,EAC)、阿拉伯马格里布联盟(Union of the Arab Maghreb,UMA)、中部非洲国家经济共同体(Economic Community of Central African States,ECCAS)、萨赫勒—撒哈拉国家共同体(Community of Sahel-Saharan States,CEN−SAD)和东非政府间发展组织(Inter-Governmental Authority on Development,IGAD)。非洲大陆自由贸易区的实施不会影响非洲国家现有的贸易协定的关税减让幅度,具体如表6-5所示。

---

[1] Lunenborg,Peter,"'Phase 1B' of the African Continental Free Trade Area(AfCFTA)Negotiations",*South Centre*,*Policy Brief*,No.63,p.4.

[2] Continental Free Trade Agreement,"CFTA Facts",https://tariffnegotiations.au−afcfta.org/home,2021−08−28.

表6-5　在现有自由贸易协定与非洲大陆自由贸易区框架下执行的关税

成员间现有自由贸易协定税目自由化	非洲大陆自由贸易区下税目自由化	适用关税
是	是	按非洲大陆自由贸易区的规定,现有协议过渡期(否则将延迟实施非洲大陆自由贸易区已达成的关税减让)
是	否	根据现有协议执行,对于其他非洲国家适用最惠国关税
否	是	按非洲大陆自由贸易区规定
否	否	最惠国待遇关税

资料来源:非洲大陆自由贸易区框架协议第5部分第19条。

(二)非洲大陆自由贸易区原产地规则

非洲大陆自由贸易区原产地标准实质上是在一个部门的层面上进行谈判,从而产生特定产品的原产地规则(而不是平等适用于所有产品的通用原产地标准)。这样做的好处是,可以设计适当的标准,更好地考虑到每个部门的具体动态。然而,这个过程也意味着谈判更加复杂和耗时。截至2022年1月,87%的非洲大陆自由贸易区原产地规则条款达成一致。①

1. 认定较为严格,确保区域内最大增值

原产地原则可以理解为"非洲制造"的标准,将决定非洲大陆自由贸易区区域内优惠关税的适用性,同时当双方发生争端时对贸易救济的应用也十分重要。非洲大陆自由贸易区的原产地标准主要如下:完全获得、实质性转变(增值内容、材料含量、征税税目变更、具体流程、国别之间流转累积)。非洲大陆自由贸易区中农产品与自然资源,如可可豆、茶、咖啡、铜、珍珠等原产地中的完全获得即100%增值部分在自由贸易区内完成。其他类商品原产地的认定依据实质性转变,按HS的产品分类,除第86章、第87章的产品:铁路或有轨电车机车及其零件、铁路或电车轨道固定装置和配件及其零件、各种机械交通信号设备、车辆外(该章内部分

---

① Tralac, *Policy Brief on the African Continental Free Trade Area*, 2022, p.8.

产品非原产地材料最高可达 75%，即区域内增值或区域内材料含量只需达到 25%），其余商品非原产地材料的使用最高不超过 60%，即区域内增值或区域内材料含量至少 40%。[1] 非洲大陆自由贸易区绝大多数商品的原产地标准不仅高于三方自由贸易区原产地区域内增值至少为 30% 的标准，也高于区域内自由贸易区的标准，如南部非洲共同市场、中部非洲国家经济共同体的原产地认定标准为区域增值至少 35%，西非国家经济共同体的标准为区域增值至少 30%。[2] 非洲大陆自由贸易区按产品划分增值比例的原产地认定标准，以及总体较高增值的原产地认定标准，在促进与平衡区域内各产业发展的基础上，确保最大增值发生在非洲国家。

2. 具有历史传承性的同时也面临阻碍

非洲大陆自由贸易区承认现有的区域经济共同体区域经济合作组织，这些共同体继续存在并像以前一样发挥作用。换句话说，非洲大陆自由贸易区并没有废除或取代这些。对于这些经济共同体缔约国之间的任何贸易，原有的关税制度、原产地规则和相关优惠安排将继续适用。区域经济合作组织作为实现非洲经济共同体的支柱，在非洲一体化进程中扮演着重要角色，但非洲许多区域经济组织间缺乏有效统筹和整合，成员身份重叠现象导致制度的重合与冲突[3]，这也是非洲大陆自由贸易区推进过程中必须应对的阻碍之一。未建立区域经济合作组织关系的国家之间的贸易，根据非洲大陆自由贸易区原产地规则和关税谈判结果实施。无法证明符合原产地规则的产品只能按照标准的最惠国条款进行交易，这往往意味着更高的关税。这也说明了自由贸易区内关税和原产地规则之间的相互关系，关税优势仅适用于源自自由贸易区内的产品，原产地规则衡量了这些产品。

非洲大陆自由贸易区除原产地规则确保来自非洲大陆的市场交易产

---

[1]　African Union, *AfCFTA: APPENDIX IV To Annex 2 On Rules Of Origin*, 2021, pp.11–15.

[2]　UNCTAD, *Economic Development in AFICA Report* 2019, United States of America New York: United Nations Publications, 2019, pp.149–150.

[3]　朱伟东、王婷：《非洲区域经济组织成员身份重叠现象与消解路径》,《西亚非洲》2020 年第 1 期。

品享受区域关税优惠外,还有其他 4 个工具支持非洲大陆自由贸易区的运作:一是关税谈判在线门户(网址:https://tariffnegotiations. au‐afcfta. org/home),促进国家、关税同盟和区域集团之间关于关税自由化的讨论;二是监测、报告和消除非关税壁垒的在线机制(网址:https://tradebarriers.africa/);三是泛非支付和结算系统,使非洲公司可以用当地货币清算和结算非洲内部的贸易交易;四是非洲贸易观察站(网址:https://ato.africa/en),为利益相关者提供最新和可靠的贸易数据,以及有关各国出口商和进口商的信息。

(三)非洲大陆自由贸易区的投资政策仍处于初期阶段

随着非洲大陆自由贸易区的实施,非洲已成为各国争相投资的热土,因此亟须一套完整、规范的投资协议鼓励外国投资,同时帮助东道国实现社会发展目标。到 2022 年 2 月,非洲大陆自由贸易区谈判的第二阶段已经开始,其中包括关于竞争政策、投资保护和知识产权的讨论,以及决定数字平台贸易管理规则。不过非洲各区域组织为吸引外资已纷纷出台了许多投资促进和投资便利化措施。

从非洲大陆自由贸易区投资协议的谈判情况来看,非洲大陆自由贸易区投资协议旨在促进非洲大陆一体化方式吸引和规范 FDI。然而,以缔约国为驱动的模式可能意味着非洲大陆自由贸易区协议将仅提供投资框架安排。这将允许缔约国同意在投资事项上相互合作的一般承诺,同时保留国家和区域政策空间以实施国家投资政策和优先事项。如果谈判未能解决长期存在的非洲大陆自由贸易区其他关键投资问题和挑战,非洲将失去一个机会,其中包括亟待完善相关治理和投资便利化方面的维度。①

尽管非洲大陆自由贸易区尚在谈判过程中,但根据现有的谈判情况以及无法落实推进的环节,可以大致推断未来的谈判走向。如非盟始终

---

① Gerhard Erasmus, *An Investment Protocol for the AfCFTA*, tralac Working Paper, 2021, pp.22‐23.

将实施非洲大陆自由贸易区作为迈向更深层次一体化的优先目标。作为一种共同的贸易政策工具，非洲自由贸易协定为与第三方建立新的或更深层次的自由贸易区，并确保与非洲大陆自由贸易区相兼容设定了标杆和基准。此外，为了确保非洲自贸协定的自由化水平，各国与第三方合作伙伴签订的所有自由贸易协定、投资协定和双边投保协定都要充分考虑非洲一体化的演变进程，从而为建成非洲单一市场创造必要的政策空间。《非洲大陆自由贸易区协定》第十九条对此作出了明确规定，如果存在与地区性协议冲突或不一致的地方，应以《非洲大陆自由贸易区协定》的规定为准，除非该协议另有规定。

三、非洲大陆自由贸易区面临的机遇与挑战

非洲大陆自由贸易区的贸易自由化的相关措施更多集中于货物贸易，自由贸易区是否能进一步开放依赖于非洲各国抓住贸易自由化的过程的机遇，妥善解决贸易自由化的过程中所面临的挑战。以下分析的非洲大陆自由贸易区的机遇与挑战涵盖基础设施、制造业、专业服务、本地人才因素，并结合国际环境、各国间的历史、政治、自由贸易区自身等因素进行分析。

（一）非洲大陆自由贸易区面临的机遇

1. 可以改善非洲各国面临的国际贸易环境

首先，新冠肺炎疫情的快速蔓延，原来各国之间正常的经济往来、人员流动都被疫情按下暂停键，各国价值链和产业链存在"脱钩"的风险。非盟多次强调各成员要用"一个声音说话"，以便可以被国际社会听到。非洲大陆自由贸易区可以凝聚非洲共识，加强非洲各国内部团结，加快各项协议落实的步伐，以更高效的抵御疫情带来的"脱钩"风险，促进非洲内部团结。其次，2018 年美国通过《建造法案》（Better Utilization of Investment Leading Development Act，"BUILD Act"）旨抵消"中国在非经贸领域"的影响，意味着中、美两国在非加强竞争将成为常态。上述两方面

都增强了非洲在国际贸易中的议价能力,促进和改善非洲各国所面临的国际贸易环境。

2. 能够提升非洲大陆自由贸易区成员间的内部贸易

在贸易的产品结构方面,矿物燃料、矿物油及其蒸馏产品、沥青物质和矿物蜡,非盟对外出口和非盟成员间的出口占比分别为 39.2% 和 19.5%,首先,天然珍珠、宝石、贵金属,非盟对外出口和非盟成员间的出口占比分别达 10.7% 和 11.8%。矿物燃料、矿物油及其蒸馏产品、沥青物质和矿物蜡,非盟对外进口和非盟成员间的进口分别占比 15.3% 和 28.7%。其次,为核反应堆、锅炉、机械和机械设备,非盟对外进口和非盟成员间的进口占比为 12% 和 4.8%,体现了相较于当前以零部件、中间品贸易为主的全球商品贸易,非盟的贸易结构以未深加工的自然资源和初级制造业的产品为主。另外,非盟成员间各大类商品出口比重小于对外出口比重,说明非盟的内部成员间贸易产品出口的多样性高于其对外出口产品的多样性。这既是区域自由贸易区构建的前提,区域自由贸易区的构建也有利于进一步促进区域内产品贸易的多样性,两者互为因果。

非洲大陆自由贸易区的建立可以大大减少非洲内部资源、要素等中间产品流动障碍,促使非洲大陆可以充分利用人口红利、巨大的市场潜力,促进非洲大陆内部分工、贸易,提升贸易产品的互补性,使区域内的贸易成为连接各国供应链的纽带,促成各国形成相应具备各自比较优势的产业集群,提升成员间贸易产品附加值。

3. 有利于提升非洲大陆工业化水平

除了创建自由贸易区外,非洲大陆自由贸易区还有望"通过多元化和区域价值链(RVC)发展促进工业发展"。[1] 这是将经济模式从出口初级产品转变为创造就业机会和提高"自给自足"的更广泛战略的一部分。这也是非洲大陆一直以来的发展目标,1980 年的拉各斯行动计划提到"迫切需要实施非洲集体工业化计划",呼吁制定促进区域工业园区,并建立区域支持机构。1991 年《建立非洲经济共同体的阿布贾条约》还呼

---

[1]　African Union,*Agreement Establishing the African Continental Free Trade Area*,2019,p.4.

吁非洲国家协调产业政策,规定联合区域工业发展项目和建立跨境产业。2008 年,非盟加速非洲工业发展(Action Plan for the Accelerated Industrial Development of Africa,AIDA)的形式和通过区域工业化政策得到呼应,通常明确认识到工业化战略需要伴随贸易自由化进程。[1]

非洲大陆自由贸易区不是取代或简化现有的区域贸易制度,而是建立在非洲大陆现有的区域自由贸易协定和关税同盟之上。也就是说,非洲大陆自由贸易区没有完全整合分散的市场,而是留下了一个由更好的连接和不同的贸易制度组成的网络。非洲大陆自由贸易区的逻辑是,通过降低现有区域贸易制度之间的关税和非关税壁垒,促使企业从非洲大陆以外的地区采购投入,将产出售给非洲大陆的买家。虽然区域一体化主要侧重于消除贸易壁垒,但如果没有采取措施发展生产能力以增加贸易,这可能意义不大。除了最终有助于跨境贸易和投资的贸易促进计划外,关键的基础设施投资也有助于实现非洲大陆自由贸易区的工业化战略。

(二)非洲大陆自由贸易区面临的挑战

1. 各国面临疫情、历史、政治等问题的挑战

(1)新冠肺炎疫情激化各国国内矛盾,延缓非洲大陆自由贸易区谈判进度

截至 2022 年 2 月,只有 13% 的非洲人完全接种了疫苗。18 个国家接种率低于 10%,甚至有 3 个国家接种率不到 1%。[2] 截至 2022 年 3 月,非洲确诊人数超过 1000 万人,死亡病例数超过 25 万。根据联合国发布的《2020 年世界经济形势与展望报告中期报告》[3],疫情大流行很可能导致非洲 1920 万人在 2020 年跌入"极端贫困",占全球"极端贫困"人口的

---

① Bruce Byiers, Philomena Apiko and Poorva Karkare, "The AfCFTA and Industrialisation: From Policy to Practice", https://ecdpm.org/publications/afcfta-industrialisation-policy-practice/, 2022-03-21.

② World Health Organization, "Africa on Track to Control COVID-19 Pandemic in 2022", https://www.afro.who.int/news/africa-track-control-covid-19-pandemic-2022, 2022-03-21.

③ United Nations, World Economic Situation and Prospects as of mid-2020", United States of America New York: United Nations Publications, 2020, p.20.

56%。非洲大陆贫困人口增加,失业率上升,导致各国国内社会矛盾被放大,几内亚、科特迪瓦、尼日利亚等国都出现了社会动荡,限制了非洲各国政府对自由贸易区的建设投入。刚成立的自由贸易区秘书处工作陷入停滞状态,使既定的谈判计划,如原定于2020年12月第二阶段有关竞争、投资和知识产权政策的谈判未如期完成。

(2)各国存在历史、政治等遗留问题,阻碍合作的发展

非洲内部的族群冲突、政治博弈,成为将来非盟各成员合作的不稳定因素。

一是国内族群政治。非盟成员都有被西方列强殖民的历史,历史上殖民统治者采用"分而治之"的政策,但伴随民族独立,主权意识觉醒,各国国内出现了超越主权国家的群体力量,寻求跨境民族认同的族群政治。族群政治拥有一定的社会基础,容易被动员和组织,引起的应激反应通常表现为社会对抗、冲突、政变甚至内战。这使非洲各国独立后长期面临着"防内战还是防政变"的困境。即使是被视为经济发展与和平领域取得成功的"非洲狮"埃塞俄比亚在2020年也爆发了提格雷地区冲突。

二是国家间的政治博弈。非洲各国间也存在政治博弈,如2020年埃塞俄比亚的复兴大坝的注水,引发下游国家苏丹和埃及的政治紧张。

2. 关税收入下降和国内产业冲击降低政府参与积极性

从关税收入角度,据经济合作发展组织(OECD)的统计数据[1],非盟成员中有21个国家的征税以商品和服务税为主,如多哥商品和服务税占总税收收入的76.3%,尼日尔、乌干达、毛里求斯占比达65%以上。以商品和服务税为主的税收体系,区域内关税水平的下降,势必在短期内影响政府的税收收入。据非盟的研究报告估计[2],中非、乍得、摩洛哥和刚果(金)的政府收入中非洲内部贸易的关税占比5%,且非洲大陆自由贸易区成员中24个国家因自由贸易区减少关税收入造成的财政净损失将在2025年达到峰值,这将降低政府参与自由贸易区以及对自由贸易区提供

---

[1]　OECD, *Revenue Statistics in Africa* 2021, 2021, p.188.

[2]　African Union Development Agency, *Conditions for Success in the Implementation of the African Continental Free Trade Agreement*, 2021, p.16.

服务的积极性；除关税收入外，非洲各国对加入自由贸易区还存在担忧产业受到冲击等其他顾虑，以尼日利亚为例，尼日利亚是非洲的经济与人口大国，其人口与 GDP 分别占非洲大陆比重达 16% 与 8.6%，但尼日利亚是非洲大陆自由贸易区成员中倒数第二个加入的国家，因为在该国国内对是否加入自由贸易区一直存在争议，该国国内部分人士担心尼日利亚加入自由贸易区，会使其成为外国商品的倾销地，会损害尼日利亚的国内产业，对当地就业产生不利影响。持有这样观点的非洲国家，即使其加入自由贸易区，其对相关产业开放的积极性也将受到国内舆论环境的考验。

3. 各国面临的经济与国内政策效率的制约

（1）非洲大陆自由贸易区的发展面临贸易便利化条件的制约

贸易便利化措施包括基础设施质量、海关效率与企业日常经营面临的管理政策等。

①各成员基础设施落后，且投资缺口大

完善的交通基础设施、通信网络，有助于实现非洲大陆自由贸易区区域内和区域间的资源有效分配，促进区域内贸易发展。根据世界经济论坛发布的《全球竞争力报告 2019》[①]的基础设施竞争力（涵盖道路、班轮连接程度、道路质量、电力供应等）以及信息通信技术（ICT）采用（涵盖移动电话、网络使用者占比等）指标，非洲大陆自由贸易区主要成员仅北非国家埃及、突尼斯、摩洛哥和撒哈拉以南非洲南非、毛里求斯基础设施情况较好，多数撒哈拉以南非洲大陆自由贸易区成员交通基础设施和通信网络发展并不充分，该地区整体分值在全球 141 个国家中排名 115，处于全球落后水平。同时多数自由贸易区成员通信网络排名较交通基础设施更为落后，具体如表6-6所示：

---

① World Economic Forum, *The Global Competitiveness Report* 2019, 2019, pp.46-606.

表6-6 2019年非洲各主要地区基础设施分值与排名

国家	交通基础设施		信息通信技术的采用	
	分值	排名	分值	排名
撒哈拉以南非洲	45	115	34.3	118
埃及	77.31	52	40.6	106
突尼斯	63	85	51	83
摩洛哥	73	53	46	97
南非	68	69	50	89
毛里求斯	88.3	58	68.3	43

资料来源：World Economic Forum, *The Global Competitiveness Report* 2019, 2019, pp.46-606。

根据非洲开发银行估计,非洲的基础设施年度赤字在680亿至1080亿美元[1],预计到2040年,其年度货运需求量将提高至36亿吨,电力需求增加至300万吉瓦时,同时,非洲的适龄工作人口超过10亿,进而导致信息通信技术基础设施和运输网络需求剧增,基础设施赤字将增至1.59万亿美元[2]。由于非洲基础设施建设存在巨大的资金缺口,短期内非洲大陆自由贸易区基础设施大幅度改善还存在较大困难。

②非洲各国商品通关效率与经营效率较低

根据世界银行发布的衡量商品清关时间和成本的跨境贸易指标,2020年非洲大陆自由贸易区成员,除斯威士兰、莱索托、博茨瓦纳、摩洛哥、毛里求斯、卢旺达6个成员外,其余48个成员在188个国家中排在90名之后[3]。为了更进一步了解非洲自贸易成员的通关效率与日常经营面临的政策,通过表6-7的跨境贸易细化指标与表6-8合同执行和破产解决细化指标,可发现以非洲大陆自由贸易区成员集中的撒哈拉以南非洲与其他发展中国家集聚的东亚及太平洋地区、中东和北非相比,其进出口、合同执行、破产解决所需要的时间与成本均高于全球其他区域,这将

---

① African Development Bank, *African Economic Outlook* 2018, 2018, p.63.
② 亚当斯非洲咨询：《非洲大陆自由贸易协定区域发展的机会》,2021年版,第4页。
③ 世界银行营商环境数据库—历史营商环境得分数据：https://www.worldbank.org/en/programs/business-enabling-environment/doing-business-legacy, 2022-03-22.

增加非洲大陆自由贸易区成员内部贸易过程中的经营成本,对自由贸易区的顺利开展形成障碍。

表6-7　2020年撒哈拉以南非洲跨境贸易所需时间(与其他地区对比)

进出口时间成本	撒哈拉以南非洲	中东和北非	东亚及太平洋地区
出口时间:边境合规(小时)	97.1	52.5	57.5
出口成本:边境合规(美元)	603.1	441.8	381.1
出口时间:单据合规(小时)	71.9	66.4	55.6
出口成本:单据合规(美元)	172.5	240.7	109.4
进口时间:边境合规(小时)	126.2	94.2	68.4
进口成本:边境合规(美元)	690.6	512.5	422.8
进口时间:单据合规(小时)	96.1	72.5	53.7
进口成本:单据合规(美元)	287.2	262.6	108.4

资料来源:世界银行营商环境数据库—历史营商环境得分数据:https://www.worldbank.org/en/programs/business-enabling-environment/doing-business-legacy,2022-03-22。

表6-8　2020年撒哈拉以南非洲合同执行、破产解决与其他地区对比

地区	合同执行			破产解决		
	执行时间(天)	成本(占索赔价值的%)	司法程序质量指数(0—18)	回收率%	时间(年)	成本(占资产%)
撒哈拉以南非洲	654.9	41.6	6.9	20.5	2.9	22.8
中东和北非	622	24.7	6.6	27.3	2.7	14
东亚及太平洋地区	581.1	47.2	8.1	35.5	2.6	20.6

资料来源:世界银行营商环境数据库—历史营商环境得分数据:https://www.worldbank.org/en/programs/business-enabling-environment/doing-business-legacy,2022-03-22。

(2)金融体系发展滞后,不利于企业融资

①成员金融体系整体发展滞后于世界平均水平

非洲大陆自由贸易区成员内的金融体系发展程度差异较大,仅南非、毛里求斯拥有较好金融体系,其余成员金融体系发展程度较低。根据世界经济论坛发布的《全球竞争力报告2019》,一国金融体系的竞争力衡量

指标包括金融市场发展深度①与稳定性②两方面。2019年南非、毛里求斯金融体系竞争力指标分值83和77.2,在全球141个国家中排名19和27,即使经济较为发达的北非国家,如埃及、摩洛哥、突尼斯,该指标的分值也仅分别为56、67、55.7,排名92、49、94,自由贸易区成员多数属于撒哈拉以南非洲国家,得分在世界各区域中最低,仅50.8分,该分值按国别排名位于100名之后,远低于世界平均水平。③

②成员银行业渗透率与普及率低,信贷缺口大

根据《银行家》发布的报告,2020年全球1000大银行中,非盟国家入榜的仅28家,集中于南非、尼日利亚、埃及、摩洛哥这四个国家,说明非盟成员的银行业渗透率与普及率都较低。根据世界经济论坛发布的《全球竞争力报告2019》,非洲大陆自由贸易区多数成员的风险资本可获得性与信贷缺口排名落后于其金融体系竞争力的排名,如赞比亚与津巴布韦金融体系竞争力排名分别为121名、120名,而风险资本可获得性分别排139、130,信贷缺口排名并列倒数第1。这说明非洲各国国内资金缺口特别巨大,企业主要信赖于银行直接融资,中小型企业势必面临融资困难的问题,长远来看不利于区域内贸易自由化的发展。

③成员证券市场发展不平衡,工业部门融资水平低

当前非洲各国证券市场发展历史与发展水平程度存在较大的差距,北非国家的证券市场相对较发达,撒哈拉以南非洲国家(除南非外)证券市场发展落后。非洲各国中最早的证券市场为始于1887年的南非证券市场。非洲目前已有32个国家开通证券市场,但仍有许多非盟国家,如刚果(金)、刚果(布)、科摩罗、赤道几内亚、乍得、吉布提、毛里塔尼亚等仍未建立证券市场。在2010—2019年,非洲证券市场首发上市公司(IPO)融资累计超过亿美元的市场从大到小依次为:南非、埃及、突尼斯、阿尔及利亚、尼日利亚、西非经济货币联盟地区证券交易市场(BRVM)、

---

①　对私人信贷占国内GDP的比重、小企业融资、风险资本可获得性、资本市场占GDP的比重。

②　保险费用占GDP比重、银行的健康程度、不良贷款占比等。

③　World Economic Forum,*The Global Competitiveness Report* 2019,2019,pp.46–606.

加纳、毛里求斯、博茨瓦纳、坦桑尼亚、肯尼亚、卢旺达和乌干达。南非是当前非洲最大的证券市场。在证券市场行业融资结构中,非洲各国工业部门融资占比非常低,以2019年为例,非盟成员工业部门IPO融资占比为0,工业部门定增(FOs)融资占比为10%。融资占比最高的是电信部门,占比55%,其次是消费服务业,占比18%。[1]

(3)各国经济落后,工业化水平低,产业结构较单一

非洲大陆自由贸易区各成员总体经济发展水平比较落后。根据世界银行统计[2],2020年非洲大陆自由贸易区的54个成员GDP总量仅占全球比重的2.65%,53国平均人均GDP(不含摩洛哥)仅为2234.8美元,尚不足全球平均水平的1/4。在自由贸易区成员的产业结构中,农业占比过大,工业规模小,是全球工业化程度最低的地区。以2019年的数据为例,自由贸易区成员除吉布提、南非、博茨瓦纳等7国农业增值占GDP比重低于世界平均水平3.5%以外,其余47个国家的占比平均高达22%,落后于国际上衡量一国工业化进程的指标——农业增加值比重占GDP比重小于15%。而在工业结构中,成员中仅加蓬、斯威兰士、阿尔及利亚等11国制造业占其国内GDP比重超过全球平均水平14.46%,其余43国的占比平均仅为7.94%。工业化程度低、制造业占比小,意味着非洲大陆自由贸易区区域内的产业结构缺乏多样性与互补性,就供给端而言,不利于各成员开展分工协作构建完整产业链。

(4)各国专业人才缺乏

非洲大陆自由贸易区成员即使在经济相对发达的埃及、南非和加蓬,也缺乏足够的优质教育成果,同时根据联合国《人类发展报告2020》的相关数据[3],绝大多数的非盟成员位于低人类发展水平阶段。人类发展水平排名全球倒数前10的国家都是非洲大陆自由贸易区成员。如乍得、马里、尼日尔、布基纳法索等国25岁以上人口的平均受教育年限不超过3

---

① PWC, *Africa Capital Markets Watch* 2019, 2020, pp.16-20.

② 世界银行数据库—全球发展指数:https://databank. worldbank. org/reports. aspx? source = 2&type = metadata&series = NY.GNP.PCAP.CD, 2022-08-18。

③ 联合国开发计划署:《2020年人类发展报告》,2020年版,第343—346页。

年,这意味着非盟成员的市场难以提供足够多紧缺能够促进当地经济发展的熟练技术人员、法律和管理人员以及信息通信技术专家。

基于上述分析,非洲大陆自由贸易区的全面建成,除了依赖于非洲各国领导人需拥有政治智慧加强合作,妥善解决各国因疫情、政治、历史等问题可能产生的国际关系冲突,打消各国的顾虑,为非洲大陆自由贸易区创造良好、稳定的外部环境之外,更依赖于非洲各国之间经济条件的改善,如完善国内基础设施、产业结构的调整及产业链升级、构建全面的价值链,实现工业化。这也与非洲经济转型中心(The African Center for Economic Transformation,ACET)所提出的非洲大陆自由贸易区成功的关键在于非洲是否可以实现工业化相一致。①

结　　论

通过以上分析不难看出非洲大陆自由贸易区的实施,对于非洲大陆一体化和工业化来说既是一个机遇也是一个挑战。目前来看,非洲大陆自由贸易区在成员关税减让和原产地规则方面已经取得初步的协议型胜利,未来这两项焦点与投资保护、服务贸易、知识产权等方面协议的协同,以及与区域经济合作组织和国家层面的经济贸易政策的协同是非洲大陆自由贸易区成功实施的关键前提。与此同时,针对非洲大陆本身面临的基础设施建设不足和政府效率低下等问题的解决也是非洲大陆自由贸易区成功实施的关键影响因素。整体来看,非洲大陆自由贸易区的实施有利于实现非洲大陆的一体化与工业化的战略目标。

---

① African Centre for Economic Transformation,"Why Industrialisation is Vital for the African Continental Free Trade Agreement to succeed ",https://acetforafrica.org/highlights/why - industrialisation-is-vital-for-the-african-continental-free-trade-agreement-to-succeed/,2021-08-19。

第七章　新冠肺炎疫情、非洲大陆自由贸易区与中非贸易

　　2020 年年初,突如其来的新冠肺炎疫情打断了世界贸易逐步复苏的进程,给全球经济蒙上又一层阴霾。非洲大陆国家众多,受限于历史原因,大多数国家经济不振,基础设施落后,卫生条件不达标。根据世界卫生组织(WHO)的统计显示,截至 2022 年 3 月,非洲新冠肺炎确诊人数超过 1000 万人,死亡病例数超过 25 万。虽然数量上要少于其他大洲,但是考虑到非洲匮乏的医疗和检测手段,真实人数可能远高于此。面对凶猛的疫情,不少非洲国家都采取了相应的措施。在新冠肺炎疫情全球大流行背景下,2021 年非洲大陆自由贸易区逆势启航,这是非洲经济一体化进程中里程碑式的事件,将给未来非洲可持续发展带来良好预期。非洲是中国的重要贸易伙伴,双方贸易前景巨大,疫情因素势必会对中非贸易产生一定的影响。新时代中国对外交往秉持共商共建共享的全球治理观,中非关系发展更多取决于双方的长远利益,以疫情为契机加深双边合作和互信,将困难转化为机遇,是呼应百年未有之大变局背景的正确选择。

　　中国与非洲各国经过数十载的经济、外交乃至政治领域合作,逐渐勾勒出以围绕"中非合作论坛"为主、建立建设自由贸易区合作伙伴为补充的中非贸易合作新格局。近 20 年中非双边贸易得到不断发展,从 2000 年的中非合作论坛揭开中非合作序幕,当年达成 106 亿美元的双边进出口额,到 2018 年通过"中非合作论坛北京行动"计划,当年完成的 2042 亿美元双边贸易额,增长了 18 倍之多。同样有所进步的还有双方的地位。中国自从 2009 年以 910.7 亿美元的贸易额成为非洲第一大贸易伙伴至

今,已经保持这一地位多年,非洲也是中国重要的进口来源地,蓬勃发展的贸易往来促使双方各层次合作顺利推行。据中国海关总署发布的数据,2021 年中非双边贸易总额达 2543 亿美元,同比增长 35.3%,其中非洲地区对华出口 1059 亿美元,同比增长 43.7%。

一、疫情对中非贸易略有打击

相较于中国的其他贸易伙伴,中非贸易无论从结构还是质量来看都有发展空间,历史上双边贸易额也经常发生较大波动,新冠肺炎疫情更是对双方的极大考验。

(一)中国与非洲十大贸易伙伴贸易情况

2019 年,中国与前十大贸易伙伴贸易总额为 1419.3 亿美元,占中非贸易总额的 67.9%。南非、安哥拉、尼日利亚和埃及长期保持中国前四大贸易伙伴地位,其中南非持续保持中国在非洲最大贸易伙伴、进口来源国和出口市场国地位。如表 7-1 所示,2019 年,中国与南非双边贸易额为 424.9 亿美元,占中非贸易总额的 20.3%。其中,中国对南非出口 165.4 亿美元,自南非进口额 259.5 亿美元,中国对南非的贸易逆差为 94.1 亿美元。中国与尼日利亚双边贸易额达到 192.8 亿美元,比上年增长 26.4%;尼日利亚对华出口额大幅增加,同比增长 43.4%。

表 7-1　2019 年中国与非洲前十大贸易伙伴进出口情况

(单位:亿美元,%)

国家	进出口	出口	进口	进出口同比	出口同比	进口同比
南非	424.9	165.4	259.5	-2.4	1.8	-4.9
安哥拉	258.9	20.6	238.4	-7.8	-8.8	-7.7
尼日利亚	192.8	166.2	26.6	26.4	24.0	43.4
埃及	132.0	122.0	10.0	-4.5	1.8	-45.7
阿尔及利亚	80.8	69.4	11.4	-11.2	-12.4	-3.1
加纳	74.8	49.0	25.8	3.1	1.9	5.5

续表

国家	进出口	出口	进口	进出口同比	出口同比	进口同比
利比亚	72.7	24.5	48.2	17.1	71.7	0.8
刚果（布）	65.4	4.4	61.0	−9.9	−2.4	−10.4
刚果（金）	65.1	20.8	44.3	−12.4	17.1	21.7
肯尼亚	51.9	50.1	1.8	−3.4	−3.6	3.0

资料来源：中国海关统计。

　　面对新冠肺炎疫情的严峻挑战，2020 年中非贸易额有所收窄。2020 年，南非、尼日利亚、安哥拉、埃及、刚果（金）位列中国在非前五大贸易伙伴，见表 7-2。摩洛哥和坦桑尼亚进入前十位，而利比亚和刚果（布）则跌出前十。其中坦桑尼亚是主要贸易伙伴中唯一保持进出口同时增长的国家。

表 7-2　2020 年中国与非洲前十大贸易伙伴进出口情况

（单位：亿美元，%）

国家	进出口	出口	进口	进出口同比	出口同比	进口同比
南非	358.4	152.4	205.9	−15.7	−7.9	−20.6
尼日利亚	192.3	167.8	24.5	−0.3	0.9	−7.6
安哥拉	162.6	17.5	145.1	−37.2	−15.0	−31.9
埃及	145.3	136.2	9.1	10.1	11.7	−9.5
刚果（金）	90.4	20.1	70.3	39.0	−3.1	58.7
加纳	85.0	67.6	17.4	13.6	37.8	−32.4
阿尔及利亚	65.9	56.0	10.0	−18.4	−19.4	−12.7
肯尼亚	55.6	54.1	1.5	7.2	8.0	−15.6
摩洛哥	47.6	41.7	5.9	2.1	3.4	−6.7
坦桑尼亚	45.8	41.8	4.1	9.9	9.5	13.7

资料来源：中国海关统计。

（二）货物贸易有所下降，对非影响较大

　　从贸易总额来看，2001—2020 年中国对非出口货物总额呈不断上升趋势，但是疫情的发生使贸易进展不再顺利，体现在数额上便是由正转负

的增长率。非洲出口中国的货物贸易总额同样不容乐观,与前者相比,后者的数额原本便有下滑趋势,疫情的发生更使其雪上加霜。从图 7-1 来看,近 20 年间中非之间的贸易虽然时有波动,但双边贸易额增长率下降为 0,甚至以下。如果从下降程度上来看,疫情导致的贸易额下降程度远不及 2008 年国际金融危机的冲击,绝对数量也仅是略有下滑,主要受冲击的是非洲输华产品,非洲进口中国的金额反而上升。

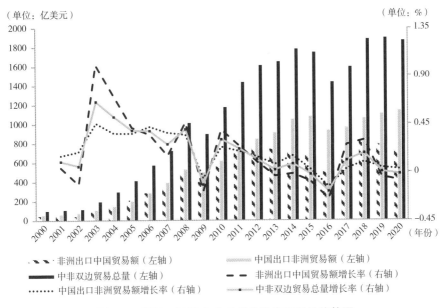

图 7-1　2000—2020 年中非货物进出口贸易趋势图

资料来源:联合国商品贸易统计数据库(UNCOMMTRADE)。

从贸易结构来看,从图 7-2 可以看出,加工制造业的双边贸易额在疫情期间的降幅要远小于初级产品,凸显出制造业在国民经济和国际贸易中的基础性地位。中国出口非洲的工业品持续正增长也体现了中国制造业实力和生产秩序恢复的迅速。初级产品的双边贸易额则迎来了连年增长后的首次下降,受影响最大的是非洲出口中国的初级产品,体现出双边贸易结构的不平衡,中国出口非洲的工业品总额要远远高于非洲向中国出口的同类产品,初级产品的出口脆弱程度要远大于工业品,这更加不利于非洲羸弱的出口经济发展。

（单位：百万美元）

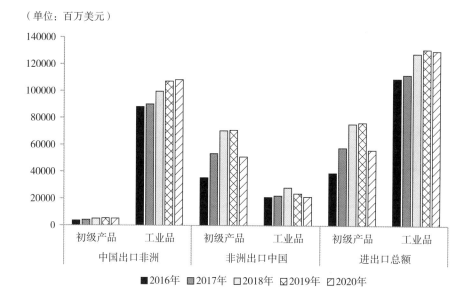

图 7-2　2016—2020 年中非分类别货物进出口总额贸易趋势图

资料来源：联合国商品贸易统计数据库（UNCOMMTRADE）。

近年来，中国对非洲出口的主要产品仍然集中在机电产品、日常生活用品、纺织品原料及制品和贱金属及其制品等，在总额上基本保持稳中有升，见表 7-3。2019 年，以上四类产品在中国对非出口总额中的占比分别为 36.7%、17.8%、17.5% 和 12.4%；2020 年占比分别为 35.9%、18.0%、17.1% 和 12.8%。

表 7-3　2018—2020 年中国对非洲主要出口商品　（单位：亿美元）

主要商品	2018 年	2019 年	2020 年
机电产品	381.4	415.1	409.4
日常生活用品	186.8	201.7	205.1
纺织品原料及制品	182.2	198.1	195.1
贱金属及其制品	134.0	140.0	146.4
化工产品	59.1	59.9	64.7
农产品	33.0	35.6	32.7
矿产品	14.7	16.3	16.1

资料来源：全球贸易观察（Global Trade Flow）数据库。

中国自非洲进口的主要产品是矿产品、贱金属及其制品以及农产品，见表7-4。2019年，中国进口矿产品655亿美元，占中国自非洲进口总额的68.4%；2020年进口额降至449.8亿美元，同比下降31.3%，占比61.9%。近三年来，中国自非洲进口农产品额年均增长14%，从2018年的28.6亿美元增至2020年的37.8亿美元，中国成为非洲第二大农产品进口国。非洲农产品以纯天然、无公害的绿色品质日益受到中国消费者欢迎。

表7-4　2018—2020年中国自非洲主要进口商品　（单位：亿美元）

主要商品	2018年	2019年	2020年
矿产品	647.4	655.0	449.8
贱金属及其制品	110.4	93.0	116.0
农产品	28.6	34.3	37.8
化工产品	6.8	6.8	8.2
纺织品原料及制品	9.5	9.5	7.9
机电产品	4.7	4.9	4.1

资料来源：全球贸易观察（Global Trade Flow）数据库。

（三）中非服务贸易领域集中

2019年，中国与非洲的服务贸易总额为108.2亿美元，其中中国出口66.1亿美元，进口42.0亿美元。受到新冠肺炎疫情冲击，2020年中非服务贸易总额为86.6亿美元，同比降幅接近20%，其中中国出口52.2亿美元、进口34.4亿美元。2019年和2020年，中国与非洲前十大服务贸易伙伴进出口总额分别为65.4亿美元和51.4亿美元，具体数额见图7-3，分别占中非服务贸易总额的60.6%和59.3%。中非服务贸易与中非货物贸易的主要伙伴有较高的重合度。南非、埃及、安哥拉、尼日利亚和肯尼亚等国既是中国在非洲的主要货物贸易伙伴，也是重要的服务贸易伙伴。

中非服务贸易的主要传统领域是建筑、运输和旅行服务，如图7-4

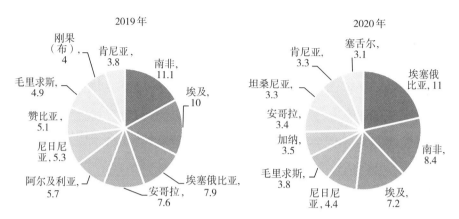

图7-3 2019年、2020年中国与非洲前十大服务贸易伙伴 （单位：亿美元）

资料来源：中国商务部。

所示，2020年这三大领域服务贸易占中非服务贸易进出口总额达67%。与此同时，政府服务，电信、计算机和信息服务，保险服务和金融服务等其他形式的服务贸易开始呈现较大的合作潜力。①

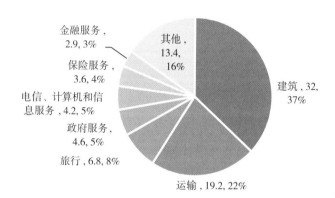

图7-4 2020年中非服务贸易主要领域

资料来源：中国商务部。

---

① 刘牧茜、毛小菁、陈诚、韩珠萍、刘凌课：《新形势下中非经贸合作砥砺前行》，《国际经济合作》2021年第6期。

（四）不同国家受到疫情影响的程度不尽相同

表7-5将新冠肺炎疫情发生初年中国与非洲各国双边贸易额度变化按照增减方向和幅度进行了归纳。不难看出,中国在出口额增加方向上的国家数量明显多于非洲国家出口中国增加额为正的国家数,侧面证实了中国出口韧性的强度。在总贸易额上保持增长的国家数量大于减少,这可能更多地得益于中国出口能力的稳定。从幅度来看,中国出口非洲的货物额增长多保持在较小区间（0—10%）,而减少幅度则较为平均;非洲出口中国表现出更强的下降趋势,不仅出现下降现象的国家数量多于上升国家数量,下降国家的下降幅度更是集中在较大区间（大于20%）,这说明双边贸易的波动来源于非洲国家出口能力的减弱,需要重点关注。几内亚比绍、利比亚、贝宁、莱索托和冈比亚是出口中国下降幅度最大的五个非洲国家,相较于 2019 年,2020 年的贸易额分别下降100%、83%、62%、61%以及58%,其中几内亚比绍和贝宁以出口腰果和棉花为主,莱索托、利比亚和冈比亚分别是贵重金属、石油和铁矿生产国,以农产品和资源产品为主,抗风险能力较差。

表 7-5　非洲各国对华贸易额受疫情影响

方向	幅度	国家数量（个）		
		中国出口非洲	非洲出口中国	双边总额
增长	>20%	10	10	6
	≥10%且≤20%	9	1	5
	>0 且小于 10%	16	8	20
减少	>0 且小于 10%	4	8	5
	≥10%且≤20%	7	5	7
	>20%	6	20	9
总和	总和	52	52	52

资料来源:联合国商品贸易统计数据库（UNCOMMTRADE）。

总体来看,疫情确实对中非双边贸易造成了一定的冲击,但是这种冲击只是暂时性的。相较于中非贸易之间长期存在的结构性问题，以及亟待提升的非洲国家生产能力来说问题并不突出，关键之点在于找出原因并进行优化。

二、中非贸易因何受限

联合国贸发会议的一项报告指出，新冠肺炎疫情带来的全球贸易下滑甚至可以与国际金融危机相比。[①] 不仅是非洲国家，全球各国的生产和贸易水平都在疫情中受到一定的打击。疫情大流行背景下的中非贸易走势趋弱可以归结为贸易对象经济水平下滑、生产国生产能力不足、国际贸易通道受阻以及信息互通不畅等原因，这些因素并非突然出现或是孤立存在，而是在特殊情况下原本存在弊病的放大凸显。因此解决这些问题有利于中非贸易乃至中非经济政治合作的长足健康发展，坚定中非合作的决心。

（一）非洲各国及中国经济均有所下滑

世界银行公布的数据显示，非洲各国的经济水平受疫情影响都有不同程度的下滑。中非和西非的 2020 年生产总值较 2019 年收缩 1.1%，东非地区和南部非洲地区则下降高达 3 个百分点，北非地区同样下滑 3%。[②] 从国家层面来看，一些以旅游业为主的非洲国家旅游业收入可以占到当年国内生产总值的 10% 左右，疫情导致的人员流动限制对此类国家的经济打击极大，进而造成消费能力的断崖式下跌。另外，中国也因各项对抗疫情的措施经济增长不及预期，国内需求不振导致贸易减少，特别是以往对非洲资源型国家南苏丹、安哥拉的原油有强烈需求，进口量分别

---

① 联合国贸发会议：《新冠疫情造成的国际贸易收缩比金融危机时期更严重》，https://news.un.org/zh/story/2020/06/1059512，2022-03-22。

② 世界银行：《面对经济衰退，撒哈拉以南非洲地区已为经济复苏做好准备》，https://www.shihang.org/zh/news/press - release/2021/03/31/amid - recession - sub - saharan - africa - poised-for-recovery，2022-03-22。

占到上述两国出口量的 95% 和 61%,疫情打击下中国企业的暂时性停产降低对这些矿产资源的需求。此外,各类农产品和肉制品也是中国进口非洲产货物的重要类别,也因经济停滞需求不及往期。

(二)贸易各国生产受限

非洲发展银行出版的《非洲经济展望 2021》指出,非洲各国针对疫情防控采取的封锁措施带来了较为严重的后果。非洲国家多数以私营个体经济为主,无论是手工作坊还是经营摊贩都对便利的交通有着很高的要求,再加上生产所需的零部件无法满足供给需要,导致基本的加工制造业产品无法生产,这也从一方面解释为何疫情期间非洲国家出口中国的制造业产品大幅下滑。此外,以矿产为主要出口产业的国家也因采取"封国"措施损失严重,大批矿产品无法生产运输,政府因税源受限又将主要征税对象转向采矿企业,严重打击了相关企业的生产积极性。疫情导致非洲支付能力下降,抗疫所需大量的资金致使本就高举的债务问题更加危急。不少非洲国家已经提交债务延期申请,这一操作也即意味着众多中国在非工程项目更加难以获得资金支持,后续施工和相关项目将难以为继。商品供给需求均受疫情影响。另一方面,中国方面虽然恢复生产迅速,但在疫情初期也同样遭遇一段时间的困境,非洲大陆对外界机械装备、制造装备以及运输装备的需求占到其总需求的 50% 以上。而其位列前三的供应商分别为欧洲、中国以及亚洲除中国以外其他地区,各种因素叠加导致非洲贸易推进的青黄不接,从而造成所谓的"供给需求双冲击"。

(三)国际贸易通道受阻

国际航运既包括空运、海运等运输方式,也涉及空港、海港等基础设施,任何一点的牵制都会致使国际贸易无法完成。这也是非洲国家对外贸易最为脆弱的地方。航运限制问题在 2020 年前后的表现形式并不相同。在 2020 年以前,据麦肯锡全球战略研究院(MGI)的估计,在一些以农业为经济支柱的非洲国家,欧美等发达国家的禁航可能会导致其产生高达 48 亿美元的出口损失,如南非的蔬菜水果、东非的鲜花以及咖啡,并产生相应的失业后果。疫情后,除了外部限制以外,一些非洲国家主动采取相似限制手段。南非对上述国际交运措施全部禁运,导致运往中国的铁锰矿产品无法按时交付,造成违约。其他几大非洲矿产国如刚果(金)、赞比亚以及博茨瓦纳等国也面临同样的局面,刚果(金)出口钴矿的 45% 运往中国,断航造成的贸易减少以及附带的经济损失难以估量。即使航路通畅,不少港口和航线也面临运力被医疗产品挤占的问题,埃塞俄比亚航空在疫情中因大量运输医疗物资而闻名,但是取而代之的是运送其他货物的减少。而 2020 年后,随着全球各主要国家需求和生产能力逐步恢复,外加疫情前期大量中国船舶公司将业务转向欧美,致使中非国际海运价格上涨成为限制中非双边贸易的一部分原因。最后,疫情引发各国对全球供应链的不信任,进而导致各国生产消费内部化取向也是十分值得注意的趋向。

(四)信息沟通不畅,人员往来减少

传统的贸易模式依赖人员的往来交流,中非之间的贸易也不例外。但疫情的发生使这一渠道不再畅通。各国的出入境限制使各类会议、合约以及旅行不得不推迟,这对贸易展开十分不利。中国进出口商品交易会(以下简称广交会)是中国与非洲国家之间交换商品信息的主要窗口。随着疫情的到来,2020 年广交会不得不转移至线上,原有通往非洲年运客量达到 65 万人次的 6 条航线或者直接断航,或者将客运业务改为货运,信息交换的通途瞬间被封堵,一定程度上也是中非贸易受损的原因。近些年非洲逐渐成为中国游客的旅行目的地,随着非洲多国放开中国落地签证,旅行原本会发展成助力中非贸易发展的一大载体,但是随着疫情的到来,年均 140 万人次的双边人流戛然而止。江西铜矿原计划与加拿大在非铜矿企业 First Quantum 的收购谈判便由于无法会面而推迟,近期加公司又因铜价上涨而放弃谈判,对中国企业造成巨大损失,也抑制了部分中国企业的铜矿需求。

三、应对：后疫情时期的中非贸易

综上可以看出，新冠肺炎疫情后中非贸易额的下滑只是暂时性疫情限制。但世界卫生组织（WHO）指出，新冠肺炎疫情可能并不会在较短时间内结束流行。因此，长期来说疫情防控措施仍然要坚持。疫情肆虐下中非贸易的开展面临双方有效需求不足、产品产出困难、国际航运受限以及信息交换不畅等诸多问题。新形势下，中非双方急需调整合作思路，加紧互帮互助，尽快将双方贸易恢复到正常水平。

（一）加大对非援助，积极参与减债免债国际行动

截止到 2021 年 12 月，非洲新冠肺炎疫情确诊人数总计超过 900 万人，第四轮新冠肺炎疫情正在非洲大陆蔓延，严重打击非洲人民的生产生活信心，不利于经济水平的恢复乃至增长。非洲公共卫生条件差，严重缺少医护人员、医疗装备以及医疗物资，每万人中仅拥有两名医生。呼吸机等医疗设备数量更是捉襟见肘，全非拥有呼吸机最多的国家分别是埃及、尼日利亚以及突尼斯，分别拥有 600 台、500 台以及 200 台呼吸机，自身抗疫条件极差。

首先，外界的医疗援助势在必行。据中国外交部信息，2020 年中国已向 16 个非洲国家共派出 8 支医疗援助小组参与帮助非洲国家抗击疫情，与多达 46 家非洲医院建立合作，一对一帮助非洲国家抗疫活动，无差别为非洲国家提供抗疫所需的物资，并推动建立非洲抗疫总部优化非洲国家抗疫水平。2021 年，中国继续向疫情严重的非洲国家派出更高水平的专家组，并在国产疫苗上市的第一时间向 47 个非洲国家提供援助疫苗，加派班机向贫困非洲国家输送医疗物资。

其次，鉴于疫情形势下非洲各国资金流动性降低，还贷能力减弱，为避免更大的金融风险，应当适当放宽非洲国家还债窗口，并加强资金援助力度。中国已经迈出第一步，率先达成"二十国集团暂缓最贫困国家债务偿付倡议"的决定，免除数十个非洲国家近期需偿付的无息贷款，向世

界作出表率。

　　无论是医疗援助还是资金援助，都是中国在非洲的长期付出，并非一时之举。对于中国和非洲来说，疫情的来临既是挑战也是机遇，是一种对双边关系的高难度考验。两地应当审时度势，把握机遇，增强双边关系的抗风险能力，把援助变为合作，建立中非长效合作机制，从根本上完善非洲经济和卫生医疗水平，增强非洲经济可持续发展能力，扩大市场范围，助力双边贸易层次提升。

（二）传递中国疫情常态化生产经验，帮助非洲国家复工复产

　　非洲国家疫情初期面临的停工停产，在于劳动力、供应链和资金链的突然切断，与其他国家并无不同。中国在这一方面有着自己的优势，从疫情中期开始中国迅速复工复产，自此一直走在全球国家前列。总的来说，中国的疫情常态化复工经验对非洲有一定的适用性。在工业复产方面，中方可积极调动当地中国在非设厂以及建设人员，通过当地政府以及工会组织，传递复工经验。首先，要帮助非方工厂组织对员工进行抗疫培训，使其深入了解疫情传播原理，减少恐惧心理；其次，协助组建病毒消杀团队，保障环境安全；再次，减少人员流动，做好疫情常态化防控时期的人员轮班安排；最后，将生产与物流分离，实现无接触隔离生产物流体系。国际化媒体也是经验的传播良好载体。2020 年 6 月，中国国际电视台（CGTN）组织了一场疫情特别节目，邀请各界专家讨论疫情期间复工的相关经验，讨论中国经验在非的落实问题；也可以学习中国驻巴拿马大使组织召开防疫复产交流会的方式，推广中国经验。农业复产是非洲国家面临较为严峻的问题。现阶段，非洲国家农业生产技术落后，农民生产积极性不高，在疫情的打击下问题更加突出。一方面，中方可传播中国抗疫经验；另一方面，要长远谋划，不把眼光局限在恢复农业生产上，对非农业合作要与援非农业发展大计联系起来，综合统筹复产与农业援助工作。

（三）协调非洲国家，建立疫情时期特殊贸易通道

疫情是摆在中非人民面前的一道天堑，唯有齐心协力才能化为通途。短期内，双方面临封锁停航运输停滞和市场运力结构性失调两大矛盾，而长期则又面临贸易优惠政策落地不及时的问题。第一，协调非洲各国放行中国货运船只和飞机，建立双边互信机制，保证短期内货物不因过关问题发生滞留。联合国已经启动帮助最不发达国家增强疫情期间运输能力、保证边界畅通的行动，意图通过推行非接触式方案、海关自动化以及多国港口合作等方式改善航运停滞局面。第二，组织国内航运企业对全球航运失衡现状进行研判，对现有运力进行重新布局，科学谋划。中国航运企业提供全世界约30%的海洋运力，能够影响中非海运的价格变动。第三，要呼吁广大非洲国家落实减免关税的措施，减少其他人为贸易壁垒。截止到2018年8月底，中国已经依照《中国对非洲政策文件》落实对33个较为贫困的非洲国家的减税措施，实现97%的输华贸易免关税。2021年1月生效的非洲大陆自由贸易区也会为中非贸易带来正向的溢出效应。

（四）加速推进非洲数字化进程，稳定长期沟通渠道

有关调查显示，撒哈拉以南非洲地区企业的数字化技术渗透率已经超过20%，但是相关企业仍然缺乏活力，急需建立成熟的数字化运转和对外联络体系。我国在疫情尚未发生时就已经逐步尝试援助非洲数字化技术，疫情的到来更会加速非洲全产业数字化发展，但这离不开外界的帮助。

第一，要以信息技术建设为基础，完善数字化基本条件。疫情期间大量国家采取的封锁措施阻隔了人员和信息的流动，促使此类活动向线上转移，是对通信基础设施的巨大考验。目前非洲各国基础设施建设尚不完善，即使是设施最为完备的南非在疫情期间因为网络用户暴增不得不增加运营商频谱，影响生产生活。因此我国政府应该加大力度鼓励中资通信企业出海入非，帮助非洲国家建立更加完善、广泛和廉价的通信基础设施。

第二,以产业数字化为依托,带动非洲国家由"能产"向"需产"过渡。发达国家的产业数字化历程已经过半,其形式不一而足。综合考虑非洲的实际工业化水平和疫情冲击下的迫切需求,电子商务能够为非洲带来解围之道。一些中非合作的电子商务项目已经体现了它们的能力。如中国与卢旺达共建的非洲首个世界电子贸易平台（Electronic World Trade Platform,EWTP）一经上线就取得了"瞬间卖空"的好成绩,为中国消费者带来非洲的高质量农产品,非洲不同农户也有了更精准的生产定位。

第三,以供应链数字化为手段,助力非洲融入中国乃至世界新型数字贸易体系。由此提升中非双方产品需求匹配度,实现供应链的内部化,使更多贸易价值留存于贸易双方。过去非洲国家因为种种原因错失提升自身在全球价值链位置的机会。如盛产腰果的非洲热带地区国家提供全球近9成的原料,由于上下游对接不精确,85%以上的低附加值产品全部流向中间商越南和印度,最后进入世界各地（包括中国）的工厂。而建立数字化产业链借助于生产需求数据流将两端整合,打造无缝衔接的全球化生产模式,有助于降低双方成本。可以借助中非大规模共建经贸合作区的有利时机,加速推广数字化产业园,逐渐向全产业链数字化靠拢。

以上措施,有助于恢复因疫情冲击影响的中非贸易失序,但是从长远来看,中非贸易的可持续增长仍需双方共同努力。一方面,加快双方经济发展打牢双边合作根基;另一方面,持续优化对接水平,减少因产需不匹配造成的损失,逐渐朝着深入融合的贸易新格局发展。

四、中非合作论坛、非洲大陆 自由贸易区与中非贸易

2021年1月1日,非洲大陆自由贸易区（African Continental Free Trade Area,AfCFTA）正式启动,2021年召开的中非合作论坛表示全方位多措施支持非洲大陆一体化战略的实施。全面实施的非洲大陆自由贸易区将形成一个庞大统一的极具吸引力的消费市场,为中非贸易带来制度成本下降等新贸易机制机遇。

（一）中非合作论坛助力中非经贸合作

2021 年 11 月底达成的《中非合作论坛—达喀尔行动计划（2022—2024）》指出对非洲大陆自由贸易区实施的大力支持，中国将承接 10 个非洲互联互通项目，与非洲大陆自由贸易区秘书处组成经济合作专家组。互联互通项目支持中国企业利用先进的装备、技术、标准、服务等帮助非洲改善和发展基础设施条件，促进互联互通，创新融资模式，为中非加强并优化贸易结构提供坚实的基础，也为非洲大陆区域内贸易一体化的加速推进提供保障。中国和非洲大陆自由贸易区成立的经济合作专家组达成共识，在知识产权、海关程序、数字贸易、竞争政策和交流政策等领域展开经验分享等合作。这一举措在促进非洲大陆自由贸易区更有效更完善建立的同时，中国也将更好地掌握非洲大陆自由贸易区的实施进展，为未来与一体化的非洲大陆的贸易策略布局。

在贸易促进方面，达喀尔行动计划主要从以下七个方面展开：第一，通过线上线下多种形式的进出口经贸博览会推介非洲产品；第二，中国提供 100 亿美元贸易融资额度，用于支持非洲出口；第三，提升非洲农产品竞争力，协助小型农商快速进入正规化加工、市场和配送网络；第四，建立电商等合作机制，积极推动贸易便利化，共同推进跨境贸易无纸化，推动非洲农产品通过电商渠道快速、便捷进入中国，促进贸易畅通；第五，进一步扩大同中国建交的最不发达国家输华零关税待遇的产品范围，力争未来 3 年从非洲进口总额达到 3000 亿美元；第六，鼓励启动关于增加非洲地理标志认定的进程，以提高非洲加工和制造的产品在中国的价值；第七，支持发展"蓉欧非"等铁海多式联运，打造中非国际陆海物流和贸易新通道，提升双向经贸和物流合作水平。

考虑到疫情带来的人员货物流动性限制，中国也对非洲国家资金短缺方面给予了支援。此外，考虑到中非贸易在农产品等行业的互补性，也制定了针对性支持政策。最后，增加非洲地理标志认定是对非洲大陆自由贸易区实施的响应。不难看出，中国支持非洲大陆各国的发展意愿，以及为实现双方合作共赢的实际行动。

（二）非洲大陆自由贸易区为中非经贸合作带来新的机会

虽然 2020 年年初的新冠肺炎疫情拖慢了非洲大陆自由贸易区设立的进度,2021 年年初,非洲大陆自由贸易区协议仍不负众望启动生效。中国外交部就此评价,非洲大陆自由贸易区的启动将为中非经贸合作带来新的机会。世界银行 2020 年发布的《非洲大陆自由贸易区:经济和分配效应》(The African Continental Free Trade Area: Economic and Distributional Effects)专题报告指出,非洲大陆自由贸易区为非洲各国提供了一个促进增长、减缓贫困和扩大经济包容性的重要机会,有助于缓解新冠肺炎疫情对非洲的负面影响。[1] 同时,非洲大陆自由贸易区的实施有助于加快整合非洲国家碎片化的市场,优化营商环境,改善外国直接投资的构成和方向,助力非洲更好地融入全球产业链和价值链。[2] 世界银行预测,如果自由贸易区协议全面实施,到 2035 年,非洲出口总额将较基期增长近 29%[3],非洲域内出口将增长 81%,对非洲域外出口将增长 19%。

1. 统一贸易投资规则

非洲大陆自由贸易区的发展已经超出了传统自由贸易区的范围,旨在为非洲大陆关税联盟、非洲共同市场、非洲货币经济联盟的建立以及未来非洲经济共同体的建立铺平道路。[4] 非洲大陆自由贸易区的实施意味着中国企业可以在非洲各国按照同一套贸易和投资规则来开展业务,有利于节约制度成本。在贸易方面,在非洲大陆自由贸易区建设中,货物贸易的目标是提高海关手续效率,促进区域和大陆价值链提升,加速非洲大陆的社会经济多样化发展、工业化进程。随着非洲一体化的演变,也必将

---

① Maliszewska,Maryla,and Michele Ruta,*The African continental Free Trade Area: Economic and Distributional Effects*,Washington,D.C.:World Bank Group,2020,pp.27–31.

② 姚桂梅:《非洲大陆自由贸易区与中非经贸合作:影响与对策》,《当代世界》2021 年第 3 期。

③ 基期是指未实施自由贸易协定的情景。

④ Guimei,Yao,"African Continental Free Trade Area and China-Africa Economic Cooperation:Impact and Strategy",*Contemporary World*,2021.

迎来非洲产品基本规格的统一,有利于中国对非进口产品的统一管理。2021 年中非论坛提出中国将为非洲农产品对华出口开辟"绿色通道",加快检验检疫程序,同时进一步扩大对与中国建交的最不发达国家(Least Development Countries,LDCs)享受零关税待遇的产品范围,争取未来三年从非洲进口总额达到 3000 亿美元,并且中国提供 100 亿美元贸易融资支持非洲出口。

2. 中非境外经贸合作区和中非经贸深度合作先行区

中非境外经贸合作区是中非经贸合作在非的重要内容,经过近三十年的建设,境外经贸合作区已成为中非合作的重要领域。1993 年开始建设的赞比亚中垦非洲农业产业园,很大程度上被视作首个中非境外经贸合作区,至今仍相当活跃。根据商务部的数据,截至 2018 年 12 月底,中国在非洲建设了 25 家境外经贸合作区。[①] 如图 7-5 所示,除了官方报备数据外,还存在大量的中非经贸合作区,截至 2018 年的中非境外经贸合作区整体数据统计有 45 个。[②] 在非洲大陆自由贸易区原产地规则和关税减免政策的逐步推进下,中非工业园区是中国企业通过产品价值构成规则转换产品身份的一个途径。原产地规则中的累积规则允许区域贸易协定的成员使用来自其他成员或另一区域贸易协定成员的非原产原材料而最终产品并不丧失其原产地资格,从而可以享受优惠关税。例如,某中国企业在非洲某国设厂生产汽车,就可以利用非洲大陆自由贸易区的规定在本地采购原材料和配件,包括来自博茨瓦纳的座椅皮革和来自莱索托的面料等,这样既可以享受优惠关税,也可以降低生产成本。

2020 年 9 月,以中国湖南为基地的中非经贸深度合作先行区正式获批。打造中非经贸深度合作先行区是湖南省自贸试验区建设的重要任务之一,也是办好中国—非洲经贸博览会、推动形成对非经贸合作长效机制

---

①　张春、赵娅萍:《经济利润 VS 经验分享:中非境外经贸合作区的内生动力》,《区域与全球发展》2022 年第 1 期。

②　李祐梅、邹明权、牛铮等,Information Dataset of China's Overseas Industrial Parks from 1992 to 2018,Science Data Bank,2019.http://www.scidb.cn/cstr/31253. 11. sciencedb.797. CSTR:31253. 11. sciencedb.797。

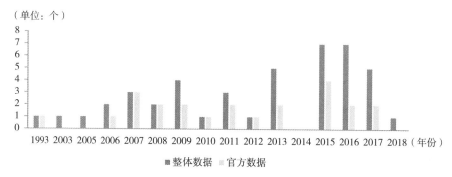

图7-5 1993—2018年中非境外经贸合作区建设情况年度分布

注：其中中华锦矿业经贸园区建设启示年份没有统计数据，因此图中整体数据之和是44个而不是45个。

资料来源：张春、赵娅萍：《经济利润VS经验分享：中非境外经贸合作区的内生动力》，《区域与全球发展》2022年第1期；李祜梅、邬明权、牛铮等，Information Dataset of China's Overseas Industrial Parks from 1992 to 2018［DS/OL］. Science Data Bank, 2019. http://www. scidb. cn/cstr/31253. 11. sciencedb.797. CSTR：31253. 11. sciencedb.797。

的延续与升华。中非经贸深度合作先行区建设方案提出"建设非洲在华非资源性产品集散和交易中心""积极探索开展中非易货贸易"等多项改革事宜，旨在破解中非经贸机制的深层次问题，是在"南南合作"框架下结合世情国情省情的创新之举。中非经贸深度合作先行区建设是一项复杂的系统工程，涉及经贸、外资、外经等多个领域，非洲50多个国家和我国各省级行政区域，通关、物流、交易、结算等不同环节，信息、金融、保险等不同服务。

（三）重新规划中国与非洲国家自由贸易区谈判进程与路径

非洲大陆自由贸易区将非洲整合为一个巨大的市场，中国企业可以克服市场分散的挑战，调整区位分布，实现规模效应。由于非洲大陆自由贸易区的建立，非洲的中产阶级人数将上升至6亿，非洲的市场需求将得到巨大提升。这对于中国企业而言，存在巨大的市场机会。中国在"十四五"时期实施自由贸易区提升战略，以更好助力经济复苏和高质量发展，势必与更多非洲国家开展自由贸易区协议谈判。2021年1月1日，中国与非洲国家的第一个自由贸易区协议——《中华人民共和国政府和毛里求斯共和国政府自由贸易协定》生效,既为深化中毛经贸关系提供了有力的制度保障,也为中国与其他非洲国家签署自由贸易区协议积累了经验。非洲大陆自由贸易区协议实施后,大多数非洲国家倾向于依托非洲联盟与中国进行自由贸易区谈判,联合起来的非洲有可能抬高价码,各国复杂多样的需求可能使集体谈判旷日持久。未来,考虑北部非洲国家区域经济组织稀缺,约束力相对薄弱,且突尼斯、摩洛哥等国已与欧盟或美国签署了自由贸易区协议,或可成为中国与非洲单个国家自贸谈判的突破口。[1]

　　除了国家层面,中国也可借鉴与东盟的自由贸易区建设经验考虑未来与非盟整体层面建立自由贸易区。非洲大陆自由贸易区距离全面建成任重道远,难以在短期内实现。非盟目前也尚未表示出与非洲域外贸易伙伴商谈自贸协定的意愿。因此,何时能够以非洲大陆自由贸易区为基础开展中非自由贸易区建设仍是未知数。已有研究表明,无论是双边还是多边自贸协定,中国都能从中获益,只是多边自贸协定对贸易的促进程度更高一些。因此,中方应利用这段时间继续稳步推进与非洲国家和非洲区域经济共同体的双边、多边自贸协定谈判。需要注意的是,许多非洲国家同时是多个区域经济组织的成员,存在成员身份重叠现象,导致多重义务负担沉重、区域司法机构管辖权冲突、区域经贸制度间法律适用冲突等问题。[2] 在推进相关双边、多边自贸协定谈判时,要留意多边框架之间的交叉重合,加强与区域经济组织沟通,争取更多理解和支持,避免不必要的争端。[3]

　　综合来看,虽然中非贸易在后疫情时代面临诸多挑战,主要表现为:非洲对华出口规模相较中国对非出口下滑较大,但后者虽为正增长但增

---

　　[1]　姚桂梅:《非洲大陆自由贸易区与中非经贸合作:影响与对策》,《当代世界》2021 年第 3 期。

　　[2]　Abrego, Mr Lisandro, et al., *The African Continental Free Trade Area: Potential Economic Impact and Challenges*, International Monetary Fund, 2020, p.12.

　　[3]　金晓彤、金建恺:《非洲大陆自由贸易区成立背景下推进中非自由贸易区建设的建议》,《经济纵横》2021 年第 11 期。

长率不及预期；从构成来看，非洲输华产品受打击较大的主要是初级产品，而工业产品受影响较小也仅仅得益于贸易规模较小；在疫情的打击下，非洲对中国进口贸易额呈现正增长的国家数量多于负增长，非洲对中国出口贸易额则正好相反，表现出中国生产力的强大韧性。但疫情只是使这些问题爆发的一个契机，而准确把握中非产业结构、非洲各国经济发展和中非信息交通物流等实质性问题才是关键。短期来看，影响中非贸易的主要因素在于双边经济下滑和生产效率下降造成的"供给需求双冲击"以及货运价格上涨和双边信息沟通不畅造成的贸易错位。前者可通过加强援助力度，传递复产经验予以改善，后者则应借由双边和多边机制予以协调以及借助数字化弥补缺失。在长期中，中非两地贸易互补程度大，非洲工农业发展潜力巨大，十分有利两地贸易发展。中非双方都应借助非洲大陆自由贸易区实施的机遇，通过中非合作论坛和"一带一路"等合作机制，在疫情防控常态化的全球背景下，积极探索利用数字化贸易等工具促进中非贸易增长的同时实现长远共赢。

第八章　非洲大陆自由贸易区背景下的中非投资合作

自 2000 年举行第一届中非合作论坛以来,中非的经济往来愈加频繁,中国对非的直接投资逐渐增加。从存量角度看,2000 年中国在非投资存量仅 2.1 亿美元,2003 年增至 4.91 亿美元,2008 年为 44.62 亿美元,2019 年达到 443.9 亿美元,十年间增长了 10 倍之多。中国在非直接投资存量规模一直呈显著上升趋势(见图 8-1)。而从流量角度看,从 2003 年到 2008 年国际金融危机发生前,中国对非直接投资流量规模每年几乎都是翻一番,而 2008 年因为中国工商银行收购了南非最大的商业银行——标准银行(Standard Bank)20%的股份,中国对非直接投资流量激增到近十五年的最大值 54.91 亿美元。此后因国际金融危机中国经济受损严重,中国大部分企业选择相对减少对外直接投资,随着 2012 年中非合作论坛部长级会议的推进,中对非直接投资流量才逐渐回升,在 2013 年又因世界经济大环境低迷的影响,投资规模减小,到 2016 年继续增长,2018 年中国对非直接投资流量增长到 53.9 亿美元,但 2019 年中国对非投资下降了 49.9%到 27.1 亿美元,占当年对外直接投资流量的 2%。

随着非洲经济持续增长、营商环境不断改善,非洲成为中国对外投资的新兴目的地。近年来,中国对非投资额基本保持在 20 亿—40 亿美元,中国成为非洲第四大投资来源国。2020 年,中国对非投资逆势增长,展示了强劲的韧性。

实现工业化是非洲大陆自由贸易区得以全面落实的经济基础。为实现工业化非盟成员必须解决基础设施差、工业化水平低和融资困难等问题。非洲是中国"一带一路"倡议的主要方向与重点区域,是中国重要的

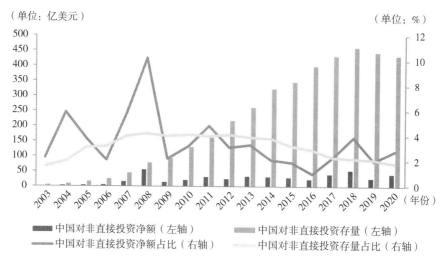

（单位：亿美元）　　　　　　　　　　　　　　　　　　　　　（单位：%）

图 8-1　2003—2020 年中国对非洲直接投资情况

资料来源：国家统计局、历年《中国对外直接投资统计公报》。

资源型产品进口地和国际产能合作区域。中国可以借鉴自己经济发展过程中的工业化经验，利用与非洲各国"一带一路"合作以及非洲大陆自由贸易区全面推进的契机，通过参与非盟成员基础设施建设与全产业链构建，促进非洲实现工业化，加速非洲大陆自由贸易区全面合作，实现互利共赢。本书将立足于非洲大陆区域贸易的自由化，从提高非洲自身工业化生产能力以及工业化所需要素两方面提出中国对非洲投资政策建议。

一、中国对非直接投资现状和特点

（一）中国对非投资规模逐年扩张

2018 年，中国对非投资达到 53.9 亿美元，直接投资存量达到 461 亿美元。2019 年，受到中国对外直接投资略有收缩的整体态势影响，对非直接投资额相对于前两年有明显的减少，为 27 亿美元，占非洲吸收外资总额的 6%；直接投资存量小幅下滑至 443.9 亿美元，约占中国对外投资存量的 2%，中国超过美国，成为非洲第四大投资来源国。2020 年，尽管全球新冠肺炎疫情蔓延,国际贸易与投资陷入低谷,但是中国对外投资逆势增长,对非投资流量达 42.3 亿美元,同比大幅增长 56.1%,充分体现了中非合作的韧性和互补性。①

(二)主要投资国别较为集中

2020 年,中国对非直接投资流量超过 1 亿美元的国家分别是:肯尼亚、刚果(金)、南非、埃塞俄比亚、尼日利亚、刚果(布)、尼日尔、赞比亚、塞内加尔、马达加斯加、摩洛哥、安哥拉和坦桑尼亚,合计 36.7 亿美元,合计占中国对非总投资流量的 86.8%。如图 8-2 所示,从投资存量看,截至 2020 年年底中国对非直接投资存量最多的十个国家分别是南非、刚果(金)、赞比亚、埃塞俄比亚、安哥拉、尼日利亚、肯尼亚、津巴布韦、阿尔及利亚和加纳,合计占中国对非投资存量的 63.12%。

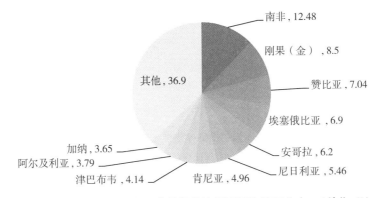

图 8-2　2020 年中国对非洲直接投资流量国别和地区分布　(单位:%)

资料来源:刘牧茜、毛小菁、陈诚、韩珠萍、刘凌课:《新形势下中非经贸合作砥砺前行》,《国际经济合作》2021 年第 6 期。

(三)投资主要集中第二产业,形式更多元

从行业分布看,中国对非洲直接投资产业分布日益多元化。尽管建

---

① 刘牧茜、毛小菁、陈诚、韩珠萍、刘凌课:《新形势下中非经贸合作砥砺前行》,《国际经济合作》2021 年第 6 期。

筑业、采矿业和制造业仍然是中国对非洲直接投资存量最高的行业，但是其他服务业投资吸引力已有显著提高。2020年，中国企业对非洲的科研和技术服务业，交通运输、仓储和邮政业，居民服务、修理和其他服务业，卫生和社会工作业投资流量增幅均超过100%，特别是对科研和技术服务业的投资近年来持续提升。截至2020年年底，中国对非洲直接投资存量排名前五位的行业分别是建筑业、采矿业、制造业、金融业及租赁和商务服务业（见图8-3）。其中，中国对非洲建筑业投资存量为151.5亿美元，比2019年增长了11%；对采矿业投资存量为89.4亿美元，同比减少了18.9%；对制造业投资存量为61.3亿美元，同比增加9.6%。

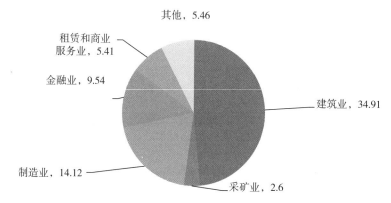

图8-3　2020年中国对非洲直接投资存量排名前五位的行业　（单位:%）

资料来源:刘牧茜、毛小菁、陈诚、韩珠萍、刘凌课:《新形势下中非经贸合作砥砺前行》,《国际经济合作》2021年第6期。

二、非洲大陆自由贸易区实施
对外来投资提出高要求

非洲大陆自由贸易区（African Continental Free Trade Area, AfCFTA）2021年1月1日的正式启动是非洲大陆一体化进程中最重要的里程碑之一，非洲发展内部贸易有助于提高非洲国家之间相互分工和专业化水平，各国通过经济多样化逐步发展区域生产增值链，可以提高生产效率，优化和整合生产设施，并创造就业机会。这个过程释放出的区域价值链,将帮助非洲更有意义地融入全球经济。然而这一切都建立在有完善的交通物流、全面的工业化基础设施以及发达的金融服务业的基础之上。

(一)基础设施建设是非洲大陆自由贸易区成功实施的核心

基础设施问题是非洲大陆自由贸易区建立面临的最大阻碍之一,由于非洲落后的基础设施严重制约了非洲的贸易,随着非洲大陆自由贸易区的推进,非洲在基础设施等方面的建设力度将迅速加大。

1. 跨境贸易对物流基础设施的需求

非洲的基础设施水平和贸易效率低于大多数世界其他地区,严重妨碍了非洲内部贸易的发展。如表8-1所示,非洲的人均集装箱港口交通量和人均航空运输量要远低于发达经济体、中东和北非、南美洲和中美洲等地区,基础设施建设存在明显不足。非洲港口基础设施的质量接近于世界大多数国家水平,但与发达经济体仍然存在较大差距。在班轮运输联通性指数上,非洲与世界大多数其他地区差距较大,运输网络相对不完善。在基础设施效率得分、海关效率评分、国际货运效率评分、及时性效率得分和总体物流效率得分上,非洲低于所有世界其他地区,且与发达经济体的差距较大,效率亟待提升。在贸易成本层面,非洲与世界其他地区的差距较为明显。在海关手续负担上,非洲与世界其他地区的差距较小,但明显低于发达经济体。在出口时间和进口时间上,非洲高于大部分世界其他地区,是发达经济体所耗时间的3倍左右,进出口程序有待优化。在出口成本和进口成本上,非洲明显高于世界其他地区,运输成本较高。可见,贸易物流质量低下是非洲大陆区域内贸易的重要障碍。国际货币基金组织在《区域经济展望2019》中估计,倘若非洲贸易物流质量提高到全球水平,可以显著降低跨境货物运输成本,并使区域内贸易增长12%以上。

表 8-1 2012—2016 年非洲基础设施差距和与贸易有关的交易费用

变量	非洲	发达经济体	中东和北非	南美洲	中美洲	南亚
基础设施水平						
人均集装箱港口交通量	0.09	0.75	0.31	0.12	0.38	0.09
人均航空运输量	0.23	2.60	1.36	1.43	0.93	0.10
港口基础设施的质量（1—7）	3.64	5.35	4.34	3.65	4.15	3.51
班轮运输联通性指数（1—100）	14.38	50.64	24.68	24.16	16.36	27.27
基础设施效率得分（1—5）	2.32	3.75	2.59	2.56	2.43	2.45
海关效率评分（1—5）	2.35	3.58	2.44	2.52	2.50	2.42
国际货运效率评分（1—5）	2.52	3.56	2.81	2.76	2.81	2.68
及时性效率得分（1—5）	2.87	4.09	3.12	3.21	3.10	3.03
总体物流效率得分（1—5）	2.49	3.74	2.71	2.77	2.69	2.62
贸易成本						
海关手续负担（1—7）	3.6	5.0	4.0	3.5	3.7	3.8
出口时间（天）	29.3	10.2	21.0	19.8	15.4	30.0
进口时间（天）	36.4	9.3	25.6	24.3	15.3	31.5
出口成本（每个集装箱花费美元）	2149	1054	1340	1809	1181	1696
进口成本（每个集装箱花费美元）	2819	1102	1600	2020	1329	1877

注：单位：人均集装箱港口交通量：20 英尺（TEV）集装箱年流量除以人口。人均航空运输量：年载运的航空运输旅客人数除以总人口。港口基础设施的质量（1—7）：衡量企业高管对其国家与全球航运网络的连接程度，2004 年最大值为 100。基础设施效率得分（1—5）：贸易和运输相关基础设施的质量排名从 1（质量最低）到 5。国际货运效率评分（1—5）：海关过程的效率排名从 1（效率最低）到 5 分。总体物流效率得分（1—5）：以前物流绩效指数（Logistics Performance Index，LPI）指标的综合指数，从 1 到 5。海关手续负担（1—7）：衡量企业高管对其国家的海关程序效率的看法，排名从 1（效率较低）到 7。

资料来源：Abrego, Mr Lisandro, et al., *The African Continental Free Trade Agreement：Welfare Gains Estimates from a General Equilibrium Model*, International Monetary Fund, 2019, p.11。

据麦肯锡发布的一份报告声称,中国已经成为非洲最大的建筑融资来源国。作为中非合作的重点领域之一,基础设施一直备受关注。非洲大陆自由贸易区的建设对非洲大陆国家之间以及外界的商业贸易互通十分重要,中非两地应当在基础设施特别是自由贸易区相关的基础设施建设领域深化合作。

2. 工业化发展对产业园区的需求

非洲许多国家都制定了产业园区发展规划,也出台了相应的法规和政策。随着中国对非投资合作规模日益扩大,产业园区正成为中国投资的重要载体和平台,更成为支持非洲工业化最直接的合作方式。中国各类产业园区、经济开发区的发展模式,对非洲大陆工业化发展十分具有借鉴意义。对于非洲来说,中国基建企业在非洲不同国家相对集中的区域通电、通水、通路、建设厂房,有利于吸引跨国企业特别是中国制造业企业在非投资。这不仅可以较少的成本,破解非洲基础设施落后难题,更方便上下游企业在园区内就近合作,提高工业化水平。对于初入非洲市场的中国企业特别是中小企业来说,其投资经验、谈判能力、国际化水平相对薄弱,入驻非洲国家与中国共建的产业园区,能够享受到更好的环境、服务和优惠政策,减少初来乍到的阻力和困难,对于企业自身的发展十分有利。

中国商务部数据显示,截至 2020 年年底,经商务部备案的中国企业在非经贸合作区共有 25 个,入区企业达到 623 家,累计投资 73 亿美元,雇佣当地职工 4.2 万人,表 8-2 是一些年份中国在非经贸合作区的综合数据。在埃及,中埃苏伊士经贸合作区已经形成了石油装备、高低压电器、纺织服装、新型建材和机械制造五大产业布局,同时也带动了上下游产业的入驻,形成了产业集聚效应。在埃塞俄比亚,东方工业园引入了中国产业园区开发和运营的理念,提供清关物流和"一站式"服务,入驻企业涉及纺织、建材、汽车、食品加工和医疗等。在尼日利亚,莱基自由贸易区以商贸物流为先导,以加工制造为基础,以金融、休闲旅游等城市服务业为配套,形成了可持续发展的产业体系。[①]

---

① 田士达:《中非经贸合作提质升级》,《经济日报》2021 年 11 月 29 日。

表8-2　部分年份中国在非境外经贸合作区综合数据

年份	经合区数量（个）	入驻企业数（家）	累计投资额（亿美元）	总产值（亿美元）	上缴东道国税费（亿美元）	当地就业人数（万人）
2011	12	149	3.68	45.20	1.43	1.17+
2015	19	360+	47.00	130.00	5.60	2.60
2018	23	400+	50.00	130.00	—	—
2019	25	430+	66.00+	—	10.00	4.00
2020	25	623	73.00	—	—	4.20

资料来源：高连和：《中国在非境外经贸合作区升级的困境应对及风险防范》，《国际贸易》2021年第3期；张春、赵娅萍：《经济利润VS经验分享：中非境外经贸合作区的内生动力》，《区域与全球发展》2022年第1期。

（二）工业化发展与非洲大陆自由贸易区的实施相互促进

非洲大陆自由贸易区生效后，在工业部门非洲内部贸易增加最为明显，这可能成为非洲大陆通过贸易促进实现工业化的重要契机。其中，制造业和金融服务业又将成为非洲工业化的重要"抓手"。

1. 促进制造业的发展

制造业是经济发展的源泉，贸易不竭的动力，但非洲国家制造业总体表现不佳。2000—2015年，非洲的制造业增加值每年增长2.5%，虽然大致与全球平均水平持平，但远远落后于亚洲的7.4%。2014年，非洲仅贡献了1.4%的全球制造业出口增加值，其份额一直保持在1%左右的较小区间内，虽然相比2000年的数据来说增长了1.5%，但相对于中国在全球出口中的份额从2000年的4.5%增长到2014年的15%的增幅来说仍然无法比较。2015年，非洲的制造业总产值虽然达到0.5万亿美元，但是其中绝大部分集中在埃及、摩洛哥、尼日利亚、南非和突尼斯这五个国家，且多于2/3的产量用于供给国内需求，不参与包括非洲大陆内部贸易在内的国际贸易；剩下的大约10%的产能用来参与非洲内部的贸易，仅有不到20%的份额出口到非洲以外的其他国家。近些年，随着非洲经济的增长和技术水平的提升，制造业产出稳步提高，特别是埃塞俄比亚和坦桑尼亚两国制造业增长迅速,逐步参与到国际市场中。麦肯锡全球战略研究院(MGI)估计,非洲国家的制造业总体产值将在 2025 年达到 2015 年的两倍,从 5000 亿美元增长至 9300 亿美元。[①] 非洲国家将在国内产值、生产力提升等方面享受工业化加速带来的好处,同时也可以在未来十年创造 600 万到 1400 万个稳定的工作岗位,比 2015 年增加 5% 到 11%,为未来的中国产品进入非洲提供更广大的市场。世界银行预测,到 2035 年,非洲大陆自由贸易区将使非洲国家对自由贸易区外部的制造业产品出口增长 46%,增长幅度巨大。

2. 经济是肌体,金融是血脉

非洲大陆自由贸易区的实施必然从跨境支付、中小企业资金管理以及项目融资等多方面对非洲金融服务业的发展提出迫切的要求。2021 年 3 月召开的非洲金融业峰会指出,跨境支付将成为非洲大陆自由贸易区成功实施的关键影响因素,应该建立泛非支付系统。然而受长期殖民主义掠夺的影响,非洲自主的金融体系起步较晚。虽然以银行为首的官方金融机构以及一些小型借贷公司等非官方机构在非洲逐渐发展和壮大,但由于先天经济基础的不足以及储备资金的薄弱,影响了非洲金融市场的活跃程度,许多金融业务仍处于空缺或不完善的阶段。非洲金融机构的投资理念也较为保守,非洲银行的资金更倾向于投资政府债券等有官方保证的项目,对于更需要融资支持的私人企业项目则采取紧缩政策。除此之外,非洲银行对各行业发放的贷款也存在不平衡的特点。贷款多集中于商贸、基建业和制造业,用于农业贷款比重较少。当然,这与国家发展政策和信用风险评估相关。又如运输业在国家现代化经济建设中发挥着重要作用,并且往往有足够的货物可以作为抵押,信用风险相较于农业更具保障。可非洲的实际情况是运输业与农业一样,银行愿意发放的

---

① McKinsey, "Africa's Economic Fundamentals Remain Strong, but Governments and Companies Will Need to Work even Harder to Keep the Region's Economies Moving forward", https://www.mckinsey.com/featured - insights/middle - east - and - africa/lions - on - the - move - realizing-the-potential-of-africas-economies,2021-08-20.

贷款较少,这会严重阻碍非洲大陆自由贸易区在 2035 年全面实施的目标。[1]

三、中国对非投资战略布局的需求

联合国工业发展组织指出非洲实现第三阶段(2016—2025 年)工业化的关键要素除监管与倡导政策以外,还需要基础设施、创新和技术转让、工业融资、工业知识和技能等要素的提升[2]。过去几十年,中国对非洲投资不断增长,主要是因为中国和非洲具有很强的互补性。中国和非洲处于不同的工业化阶段。几十年来,中国已发展到工业化后期,技术成熟,工业体系较为完备,积累了充足的熟练劳动力和资本。为了支持中国的进一步工业化,对原材料和其他材料的需求仍然很大。另外,非洲处于工业化的初级阶段,对技术、熟练劳动力和投资的需求旺盛,以支持其工业化和经济发展。因此中非工业化过程并不冲突,甚至可以实现相互促进。

（一）农产品及资源需求

1. 农产品

非洲大陆贸易的一大潜力来源是其拥有全世界 60% 的未开发土地,全部利用预计将会创造相较目前产量两至三倍的谷物类、花卉类以及牲畜类农产品。根据联合国粮农组织 2018 年的统计数据,非洲粮食作物以玉米、稻谷和小麦等为主,占世界产量的 6.84%;棉花生产主要集中在西非地区,占全球总产量的 6.32%,柑橘类和坚果类占比较高,各达 12% 以上,主要产品包括柑橘、芒果、香蕉、核桃和腰果等,见表 8-3。[3]

---

[1] 洪流:《投资非洲金融业需防控信用风险》,《中国投资(中英文)》2021 年第 Z4 期。

[2] United Nations Industrial Development Organization,"Third Industrial Development Decade for Africa",https://www.unido.org/who-we-are/idda3,2022-03-22.

[3] 张悦、李众、曲春红:《非洲农业现代化发展:现状、挑战与机遇》,《中国食物与营养》2021 年第 6 期。

表8-3　2018年非洲主要农作物生产情况

作物	非洲总产量（万吨）	占世界总产量比重（%）	主要种植国家	主要农产品
谷物	20260.32	6.84	尼日利亚、埃塞俄比亚、埃及、南非、摩洛哥	玉米、稻谷、高粱、小麦、小米
棉花	449.20	6.32	布基纳法索、马里、贝宁、科特迪瓦、埃及、尼日利亚	—
油料作物	6252.95	5.69	尼日利亚、喀麦隆、加纳、科特迪瓦、坦桑尼亚	油棕果、花生、棉籽、橄榄、芝麻
蔬菜	8146.64	7.48	尼日利亚、埃及、阿尔及利亚、摩洛哥、苏丹	番茄、洋葱、辣椒、卷心菜、黄秋葵
柑橘类	11061.06	12.75	埃及、尼日利亚、南非、阿尔及利亚、摩洛哥	芭蕉、香蕉、橘子、芒果、山竹、西瓜
坚果	234.32	12.73	科特迪瓦、坦桑尼亚、贝宁、马里、几内亚比绍、摩洛哥	核桃、开心果、榛子、巴西果、腰果

资料来源:联合国粮食及农业组织(FAOSTAT)。

　　相比之下,中国却是常年存在粮食缺口的国家。国家创新与发展战略研究会的数据显示,2015年以来我国每年进口粮食数量均在1亿吨以上,主要类别是大豆。2010—2017年,我国大豆进口量占世界大豆总进口量的比例从56.0%上升为61.4%,全球近2/3的出口大豆都流入了中国市场。2018—2019年受中美经贸摩擦的影响,我国大豆进口量有所下降,但我国大豆净进口量依然位于世界首位。2010—2020年我国大豆进口来源国一直集中在美国、巴西和阿根廷3个国家。我国从这3个来源国进口的大豆数量占总进口量的平均比例高达95.55%。[1] 如表8-4所示,我国大豆进口比例基本只在巴西、美国和阿根廷三国之间变换,没有从根本上实现进口路径的多元化。目前非洲国家大豆种植尚未形成规模,但是发展速度十分可观。国际粮农组织(FAO)与经合组织(OECD)

---

① 刘梅芳、樊琦:《中国大豆消费、生产和进口现状及存在的问题》,《粮食科技与经济》2021年第6期。

在《OECD-FAO 2016—2025 农业展望》①中披露,非洲国家大部分新播种面积都贡献给了谷物类农产品,但是仍然有赞比亚等非洲国家传出大豆产量创新高的消息,埃塞俄比亚等国也已与中国签署了大豆供应协议。

表 8-4　2010—2020 年中国主要大豆进口来源国市场占有率（单位:%）

年份	巴西	美国	阿根廷	加拿大	其他
2010	33.92	43.06	20.42	0.14	2.46
2011	39.32	42.37	14.84	0.74	2.73
2012	40.92	44.48	10.10	1.08	3.42
2013	50.19	35.09	9.66	1.32	3.74
2014	44.82	42.06	8.41	1.21	3.50
2015	49.06	34.78	11.55	1.31	3.30
2016	45.53	40.72	9.55	1.74	2.46
2017	53.31	34.39	6.89	2.14	3.27
2018	75.07	18.90	1.66	2.04	2.33
2019	65.11	19.21	9.92	2.56	3.20
2020	64.07	25.80	7.43	0.24	2.46

资料来源:魏艳骄、张慧艳、朱晶:《新发展格局下中国大豆进口依赖性风险及市场布局优化分析》,《中国农村经济》2021 年第 12 期。

2. 资源产品

非洲拥有占世界 10%的石油储量、40%的黄金和 80%的铂金,2019年高盛集团的一份经济研究报告指出,从 2000 年开始计算,大宗商品对整个非洲产值增长的贡献度仅占 30%左右,与其占全球 30%石油矿产储量的禀赋并不匹配,开拓前景巨大。② 表 8-5 是非洲自然资源发展中心统计的 2000 年和 2010 年两个年度中,非洲资源型产品占全球产量的情况,以及拥有特定资源的国家数量。不难发现非洲自然资源占比在全球

---

① OECD/FAO,"OECD-FAO Agricultural Outlook 2016-2025",https://doi.org/10.1787/agr_outlook-2016-en,2022-03-21.

② World Economic Forum,"This Region Will Be Worth $5.6 Trillion Within 5 Years—But Only If It Accelerates Its Policy Reforms Colin Coleman",https://www.weforum.org/agenda/2020/02/africa-global-growth-economics-worldwide-gdp/,2022-03-21.

都非常的高,与此同时,随着勘探采掘技术的进步,这一优势整体会更突出。

表 8-5　2000 年和 2010 年非洲自然资源概况

年份	2000		2010	
资源	非洲占全球产量份额(%)	国家数量	非洲占全球产量份额(%)	国家数量
铂族金属	55	1	74	4
钴	43	6	62	8
钻石	45	16	54	17
锰	32	4	30	8
磷酸盐	28	10	26	10
金	24	36	19	39
铀	17	3	19	4
铜	3	11	8	12
镍	5	5	5	5
铁矿	5	10	4	9
油	10	18	11	19
汽	5	14	7	18
煤炭	6	15	4	13

资料来源:African Natural Resources Center,"Catalyzing Growth and Development through Effective Natural Resourses Management", https://www. afdb. org/fileadmin/uploads/afdb/Documents/ Publications/anrc/AfDB_ANRC_BROCHURE_en.pdf.,p.6。

与此相反的是,中国则在不断尝试拓宽原油和矿产品的来源渠道。中国自然资源保护协会估计,中国将在 2025 年迎来石油使用高峰期,届时会推动国内炼油企业将"采集—生产—运输"链条向"一带一路"沿线国家转移,增大非洲向国内的原油以及成品油贸易数量。① 中国矿产企

① 李越、杨舟、田智宇:《中国石油消费达峰与总量控制》,《中国能源》2019 年第 5 期。

业也在加快在非洲投资的步伐。2000 年,中国在非建设和运营的矿山项目仅有 1 个,到 2010 年增加到 5 个,最终到 2018 年拥有非洲 20 座矿山的运营权,速度不断加快。全球勘探活动年度调查(Metals Economics Group)给出的数据显示,2010 年在非最活跃的两家中国公司:中汇和中国有色金属,二者在赞比亚共耗资 1800 万美元进行铜矿勘探,相当于赞比亚当年总勘探投资的 17%。到 2014 年,金川集团、中国有色金属集团和五矿集团(MMG)三家中资企业在赞比亚的勘探投资增长到 2500 万美元,占比达到 21%。[1]

(二)国际产能合作

中非产能合作可以理解为中国制造业优势富余产能通过对外直接投资方式向非洲国家产业转移[2],对非洲国家直接投资在很大程度上可以体现出中非产能合作程度。国际产能合作是我国在《国务院关于推进国际产能和装备制造合作的指导意见》中明确提出的推动新一轮高水平对外开放和增强国际竞争优势的重要内容,也是我国从国际视角提出的化解国内工业富余产能的新方案。中非产能合作是国际产能合作的重要组成部分,对于化解国内优势富余产能和促进国际产能合作发展具有特殊意义。一方面,我国与非洲国家在产业结构方面的互补性强,开展中非产能合作能够产生双赢效果。我国已进入工业化中后期阶段,而大多数非洲国家仍处于工业化起步阶段,通过中非产能合作将我国在工业化过程中积累的丰富经验和优势富余产能转移到非洲国家,符合国际产业转移的一般规律,有助于在满足非洲国家工业化和经济一体化需求的同时化解国内富余产能。另一方面,我国与非洲国家长期保持着相对良好的政治和经贸合作关系,促使中非之间较早地开始了产能合作方面的探索并取得了一些进展。

---

[1] Ericsson, Magnus, Olof Löf, and Anton Löf, " Chinese Control over African and Global Mining—Past, Present and Future", *Mineral Economics*, Vol.35, No.1, pp.153-181.

[2] 阎虹戎、严兵:《中非产能合作效应研究——基于产能利用率的视角》,《国际贸易问题》2021 年第 3 期。

近年来,随着中国劳动力成本的上升,中国民营企业将部分劳动密集型生产环节转移到非洲,并逐渐带动相关产业链的发展,培育了当地一大批上下游企业。中非民间商会调查显示,约50%的中国民营企业向非洲市场投入了新产品和服务,超过1/3投入了新技术。这些投资对于东道国具有明显的技术溢出效应,尤其是制造业企业向当地市场进行的技术转移,对东道国工业化起到了积极作用。同时也为非洲带来了大量的就业机会。中国企业在非洲用工属地化率高达89%,2005年以来中国企业在非洲创造的就业岗位是美国的3倍多。在拉动就业的同时,中国企业在非洲投资还显著提高了当地的收入水平。①

中国对非承包工程是中非基础设施互联互通建设的主要实现途径,也是中非产能合作的重要基础条件。中国对非承包工程倾向于制度较好、自然资源较为丰富的非洲国家。2019年,中国对非洲承包工程新签合同额559.3亿美元,完成营业额460.1亿美元,分别占当年在全球市场新签合同额和完成营业额的21.5%和26.6%。按照2019年新签合同额排序,前五大国别市场依次为:尼日利亚(125.6亿美元)、加纳(42.9亿美元)、阿尔及利亚(37.3亿美元)、刚果(金)(35.6亿美元)、科特迪瓦(34.9亿美元),新签合同额合计为276.3亿美元,占当年非洲市场的49.4%。按完成营业额排序,前五大国别市场包括阿尔及利亚(63.4亿美元)、尼日利亚(46.0亿美元)、肯尼亚(41.7亿美元)、埃及(31.9亿美元)、安哥拉(28.7亿美元),完成营业额合计211.5亿美元,占当年非洲市场的46.0%。2019年中国企业在非洲承包工程新签合同额中,交通运输建设项目占37.9%,一般建筑项目占19.8%,电力工程建设项目占13.6%,水利建设项目占6.4%。承包工程业务完成营业额中,交通运输建设项目占33.6%,一般建筑项目占23.4%,电力工程建设项目占12.6%,通信工程建设项目占6.9%。②

---

① 田士达:《中非经贸合作提质升级》,《经济日报》2021年11月29日。
② 中华人民共和国商务部:《中国对外投资合作发展报告2020》,2020年版,第71—76页。

四、展望:非洲大陆自由贸易区背景下
中非未来投资合作的建议

虽然中非投资合作有很强的互补性,但是双方在投资方面的合作深度有待提升。受全球疫情防控常态化的影响,中非投资合作一方面应当加快中国企业在非的本地化发展,加速融入非洲国家经济生态圈。另一方面可以通过非洲大陆自由贸易区的实施将非洲大陆各国嵌入全球产业链,打造"本地化+全球贸易"的主流非洲企业模式。

（一）加强基础设施合作及金融合作,完善非洲工业化要素

非洲大陆自由贸易区涵盖商品贸易、服务贸易、投资、知识产权、竞争政策及至电子商务。随着自由贸易区建设深入,多领域、多行业联动发展有望逐步实现。在非洲大陆自由贸易区协议中的《服务贸易议定书》(第一阶段优先自由化的生产性服务贸易行业:交通、通信、金融服务)和后续谈判中知识产权保护相关措施的保障下,中国一方面可借鉴自己基础设施建设的成功经验,与非盟成员进行基础设施建设合作,降低自由贸易区内运输费用、促进区域内商品流动。另一方面中国可利用自身资本市场建设和发展以及加强知识产权保护的经验与非盟国家进行经验交流,帮助非洲建立较完善的资本市场,促进非洲工业融资,加强人才培养合作,增加知识产权保护力度,促进技术创新与技术转移,具体措施如下:

1. 充分利用非洲大陆自贸区相关政策,积极参与非洲基础设施建设,为非洲大陆工业化奠定基础

目前,为降低区域内运输成本,许多非洲国家将铁路、电力、网络互联、物流、码头和机场等基础设施等作为工业化的先行领域。这为中国相关企业带来新机遇,中国企业可以利用国内富余产能,积极参与非洲大陆基础设施建设,为非洲建立灵活、便捷的运输网络和高效的通信网络,确保非洲工业化提升顺利进行。

中国对非基础设施投资是非洲基础设施建设重要的资金来源，占非洲基础设施资金来源的第三位，仅次于非洲政府、非洲基础设施联合会（The Infrastructure Consortium for Afirca，ICA）。根据中国对外直接投资统计年鉴，截至 2020 年，中国对非洲交通的投资虽已涉及 41 个国家，但投资区域集中。以对非铁路投资为例，2007—2019 年中国在非投资铁路完成或在建的主要的铁路项目 32 个，涵盖非洲 17 个国家，线路总长超过 8000 千米，主要集中于尼日利亚、苏丹、安哥拉、肯尼亚和埃塞俄比亚等国，即东非、西非与北非地区。①

随着与非洲"一带一路"国家的合作深入，充分利用非洲大陆自由贸易区中铁路等交通设备增值比重要求较低的原产地认定标准，提升中国对非基础设施投资的深度与广度，既可充分利用国内的成熟产能能力，又能享受非洲内部的优惠关税政策，形成产业发展与基础设施建设并重，促进非洲大陆内部交通的贯通。

2. 非洲大陆自由贸易区达成区域内金融服务贸易协议后，鼓励中资银行在非有序扩张，促进非洲工业融资

中非金融合作也是中非"十大合作计划"之一。中国的金融机构进入非洲市场，可以提供中国的金融技术和经验，帮助非洲国家建设和完善本地的金融体系。更为重要的是，为非洲的发展和建设提供急需的融资支持。由前文可知，非洲各国银行普遍发展较落后、信贷缺口大。截至 2020 年部分非盟国家如：埃塞俄比亚、吉布提等目前尚未开放外资银行且存在严格的外汇管制。假如非洲大陆自由贸易区后续达成关于区域内金融服务贸易开放的协议，中资银行可以利用非洲区域内金融服务业的开放机遇，从金融监管体系较为成熟且中国银行已与当地开展业务的国家（南非、埃及、加纳、肯尼亚）着手，将这些国家视为中资银行布局非洲、辐射非洲的起点。在满足当地监管的条件下，以合资或并购的方式入股（当前开放银行业的非盟国家的普遍要求），服务当地。在服务的行业

① 肖建华等：《2007—2019 年中国海外铁路项目信息数据集》，《中国科学数据（中英文网络版）》2019 年第 4 期。

上,目前中资银行在非洲的金融服务以参与承包非洲大型项目的融资为主。随着非洲工业化水平的提升,中资银行的服务可以逐渐从项目服务转向企业、个人服务,中资银行可凭借自身的竞争优势,全面考虑非洲各国经济增长前景、双边贸易情况,重点关注经贸合作园区以及园区内企业,合理评估园区内企业融资可行性,支持非洲工业融资。

3. 分享中国证券市场建设和创新平台建设经验,促进创新与技术转让

由于创新型企业无形资产的价值难以得到真正、有效的评估,创新型项目的前景也难以预见,因此,这类企业往往难以获得银行等金融机构的融资。健康、有效的证券市场,能对创新型企业的发展起到良好的扶持与促进作用。而根据前文分析,非洲证券市场发展总体滞后,且工业部门融资占比低。中国证券市场经过三十年来年的发展,经历了从无到逐渐壮大的过程,2019年中国证券市场已经是全球市值第二大市场。中国证券市场的建设经验或许可以为非盟国家所借鉴,具体如下:一是建立注册制与退市制度,以确保上市公司质量;二是以企业年金和个人商业保险基金作为资本市场长期投资的基础,引导长期资本对工业企业进行投资;三是加强证券公司资本中介的功能;四是加强上市公司运行中的机制性规范性制度建设;五是推进非洲证券市场的一体化,建立重要性股票监测制度并以其为成分股。为了彰显工业部门企业的融资后的经营效果,建立设立"非洲工业成分股指数"。[1]

目前非洲大陆自由贸易区成员间关于知识产权保护的协定尚未达成,但各成员内都有相关法律保护工业知识产权。不过现实的情况是仅依赖工业知识产权的保护并不能保障工业创新与技术转移成果的真正实现。创新要变成真实的生产力,必须经历成果转化为产品开发的必要阶段。中国政府近些年反复倡导的大众创业、万众创新,各地都在打造创新平台,推进各类孵化器和小微企业的发展,目的就是形成创新产品的生产过程。非盟国家可以借鉴中国创新平台建设经验,对创新型工业项目进

---

① 黄奇帆:《分析与思考——黄奇帆的复旦经济课》,《理财周刊》2021年第2期。

行甄别孵化、培训创新创业者、由孵化器提供专业设备或专业设施、引导多层次资本投入创新型项目,并且引导创新收入在科研机构、科研人员和生产转化企业间合理分配,调动三方参与创新与技术转让的积极性。[1]

中国利用非洲大陆自由贸易区的关税减让与原产地认定标准,通过对非工业产能以及工业化所需要素的全面合作可以提升非洲工业生产能力与工业化能力,提升非洲产业集群程度,共建较高附加值的价值链,确立中国企业在价值链中的枢纽地位;同时可以促进非洲大陆内部的互联互通,降低运输成本、生产成本、提升非洲各国获得工业化所需的资本、人才、技术的能力,加快各类资源、中间产品、产成品和人员的流动促进非洲工业化,为非洲大陆自由贸易区的全面落实打造经济基础。

(二)利用原产地规则推动中非产能合作

非洲大陆自由贸易区目标明确定提到符合《2063 年议程》所列的"一体化、繁荣与和平的非洲"泛非愿景。《2063 年议程》明确提出未来几十年非洲工业化发展战略,总目标是通过工业化尤其是制造业的发展促进非洲经济转型,扩大非洲制造业在全球价值链的份额。但当前非洲工业基础薄弱,产业链的附加值低,阻碍了非洲工业化进程。中国可以基于自身优势,结合非洲的自然资源丰富的特点,帮助非洲发展现代化农业、开展中非经贸合作区和工业园区的建设、转移低端制造业,在非洲大陆自由贸易区区域内关税减让与原产地原则的保障下,优化资源配置,提升资源使用效率,促进非洲工业化,实现更高层次的共赢,具体措施如下:

1. 推动非洲农业产业化,保障非洲粮食安全,促进非洲对内对外粮食贸易

非洲发展农产品加工产业需求巨大。据统计,2019 年非洲农业占GDP 比重为 17.23%,农业部门就业人数占总就业人数的 38.5%,是非洲吸纳就业人数最多的部门。但非洲农业现代化水平低,发展资金严重短

---

① 黄奇帆:《结构性改革:中国经济的问题与对策》,《山东干部函授大学学报(理论学习)》2021 年第 1 期。

缺。非洲农民的平均产量比世界其他任何地方都要低 50%—80%。受仓储、加工、物流条件限制，非洲的粮食产后损失近 50%。2019 年，非洲进口粮食金额高达 900 亿美元。非洲大陆自由贸易区的实施为非洲农业综合企业发展和促进农业竞争创造了机会。非洲拥有丰富的农业资源和广阔市场前景，随着非洲大陆自由贸易区的实施，中国可以加大与非洲农业合作，在粮食生产、仓储、运输等领域加大对非投资。尽管非洲内部贸易在过去十年中有所增长，但内部贸易仅占非洲农产品出口总额的 27%，占农产品进口总额的 17%。非洲大陆自由贸易区的启动将给农产品加工业带来机遇，非洲丰富的原材料将使农产品转化为加工产品。例如，非洲大陆自由贸易区将通过上移可可、咖啡和茶等非洲传统出口产品的价值链，增加其附加值，实现农产品加工业转型升级。共同市场还为非洲园艺等非传统农产品的出口创造了可能。

2. 充分利用非洲自然资源优势与区域内关税减让，对非制造业进行投资，参与非洲区域价值链建设

非洲大陆自由贸易区成立后，制造业产出和贸易会大幅提升。中国应抓住自由贸易区的发展机会，利用区域内关税大幅减让的契机，加大对非洲制造业投资，发挥产业集群功效。将非洲的资源优势、劳动力优势与中国的资金、技术和管理优势相结合，利用非洲各国要素价格相对较低的比较优势，将国内处于比较劣势的行业顺梯队转移到非洲国家生产。在国家层面，中国可以将产能转移至非洲自身条件不错，且具有较大增长潜力的 3—5 个国家，如埃及、南非、尼日利亚和科特迪瓦等，利用区域内关税减免政策，建立辐射性强的区域制造业中心，从中间产品到最终产品，构建较完整的产业链。在具体产业层面，早期集中在一般制造业部门、纺织、纸木制品和产品加工等增长迅速且在中国已处于生命周期靠后的行业。之后，逐渐拓展到与中国基础设施投资所需配套的机械、电子设备的中间产品与最终产品，确定制造业企业产业链标准，确保中国企业在价值链中的枢纽位置。

3. 在非洲各国因地制宜建设经贸产业园区,确保商品的增值比重,在园区争取构建较完整产业链

2006 年以来,中国政府支持企业在非洲建立经贸合作区及产业园区,为中国企业对非投资搭建平台,促进集群式投资。截至 2018 年,中国在非洲 14 个国家,设立了 25 个经贸园区,主要为劳动密集型与资源密集型园区,如中国埃及·曼凯纺织产业园、埃塞俄比亚东方工业园、赞比亚中国经贸合作区、环维多利亚湖资源综合利用产业园等。园区投资运营时,既有考虑该国特点,因地制宜且配套服务较齐全的园区,如中国埃及·曼凯纺织产业园。埃及的交通地理位置优越,产业园企业涵盖纺织服务产业链的所有门类,园区提供政策法律服务为企业提供优惠政策、法律咨询服务、运营服务为企业和采购商之间搭建交流平台、金融服务为园区企业提供金融、保险支持和人才用工服务。部分经贸合作区项目重点不够突出,项目间关联度不高,如埃塞—湖南工业园引资的企业,涵盖装备制造、轻工纺织、建材建工、家具家电、农产品加工等,几乎涉及制造业的主要行业,园区提供服务主要为厂房租赁、厂房购买、商务咨询、投资咨询、海外投资全程代办,服务配套水平还存在上升空间。中方应在现有产业园区建设的经验上,进一步加大对非洲工业园区的投资,支持中国企业包括民营企业和中小企业对非洲产业投资,充分利用当地的劳动力、自然资源,帮助非洲中资企业降低生产成本,扩大产能,确保工业产品增值部分达到非洲原产地标准,以享受优惠关税,提高产品竞争力,促进商品在非洲大陆内流通销售。

结　　论

虽然受新冠肺炎疫情的严重冲击,但中国与非洲国家间的投资往来依然取得较好成绩。中国对非投资逆势上扬,可见疫情并没有改变中非深化合作的内在动力,反而凸显了中非经贸合作具有足够韧性。非洲大陆自身的发展诉求,尤其是非洲大陆自由贸易区实施对非洲一体化和工业化的要求,进一步增加了中非双方的互补性。未来中非投资合作应结合非洲大陆一体化推进目标和中国对非投资的需求以及比较优势出发，投资领域除了基本的基础设施建设以外，还应关注金融服务业和非洲丰富的自然资源和农业。特别值得强调的是，中非未来投资合作应达成促进非洲工业化发展的共同目标，通过产能合作等方式促进非洲制造业的发展，在转移中国富余的产能同时能促进非洲的技术进步，实现互利共赢。

第九章　非洲经济特区、中非合作及非洲的工业化

整体而言,非洲经济特区起步晚但探索历程丰富。相较于世界其他地区的经济特区,非洲经济特区由于战略规划不符合实际情况或者管理政策过于严苛等方面的原因,致使其表现低于预期水平。随着非洲区域经济一体化目标的推进,其经济特区面临着挑战与机遇并存的局面。主要挑战来源于国家、区域贸易协定、非洲大陆自由贸易区和世贸组织四个层面管理规则的不协调。这将对经济特区融入非洲区域价值链产生重要影响。在非洲大陆自由贸易区的推进下,非洲大陆区域价值链的构建和区域内部贸易的增长必然会促进相关政策的调整,为非洲经济特区的发展创造一定的利好条件。中国可以结合自身成功的特区经验以及比较优势参与到非洲大陆自由贸易区及非洲经济特区的建设中,在经济特色的治理机制建设、经济特区基础设施建设以及中非产能合作三个方面推进中非经济特区合作,提升非洲在全球价值链中的地位及非洲的工业化,实现互利共赢。

一、非洲经济特区现状

20 世纪 90 年代以来,非洲各国也开始尝试在国内建立经济特区吸引外资的进入。总体来说,非洲各国建立的经济特区受限于本地政治经济发展的不充分,起步较晚,种类较多,各国的经济特区治理目标有一定的差异。在不同的历史背景下采用了不同的主导模式,大部分非洲国家以获取外国投资、促进出口和就业等直接经济效益为主要目标来运营经

济特区,但也不乏如肯尼亚、加纳这类国家将经济特区发展融入一国发展战略来运营。各国在经济特区普遍为投资者提供了投资保护措施,但同时也对投资者制定了更为严格的投资和经营标准。从实际运行效果来看,非洲大陆的经济特区的绩效低于预期水平。

（一）非洲经济特区起步晚、治理目标差异化、政策严格化

从发展历程看,大多数非洲国家实施经济特区相对较晚。许多国家出口加工区仅在20世纪90年代末或21世纪初才开始,主要是为了响应《美国非洲增长和机会法案》(the US Africa Growth and Opportunities Act, AGOA)和《多种纤维协议》(the Multi-Fiber Arrangement, MFA)。2000—2004年,非洲经济特区经历了快速增长,2005年《多种纤维协议》到期后,非洲经济特区增长呈现放缓甚至下降趋势。21世纪后,受亚洲和中美洲一些经济特区成功实施的推动,非洲经济特区数量又开始稳步增长。但与全球经济特区发展相比,非洲的经济特区所占比例仍较少。截至2019年,非洲依法建立的经济特区约有237个,约占全世界经济特区总数的4%,见图9-1。[①] 其中有56个经济特区仍在建设中,已经建成的经济特区也处于发展初期阶段,全面运作的经济特区估计只占总数的一半。

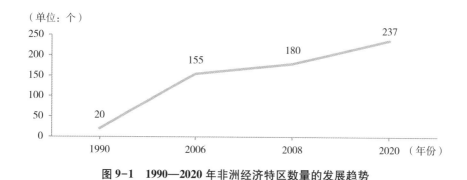

图9-1 1990—2020年非洲经济特区数量的发展趋势

资料来源:United Nations Conference on Trade and Development, *Handbook on Special Economic Zones in Africa Towards Economic Diversification across the Continent*, 2021, p.37。

---

① 考虑的是所有依法建立的经济特区。

政策制定者建立经济特区,目的是吸引外国直接投资,实现更高的出口并创造就业机会。经济特区的间接经济利益包括提升当地工业基础,并成为创新、知识和技术溢出的孵化中心。发展地方工业生态系统以提高总体生产能力,也是经济特区政策的目标之一。[1] 非洲一些国家或多或少地将经济特区政策纳入了更广泛的国家发展战略。尤其是在经济特区数量多且方案相对成熟的国家,经济特区政策外文是对国家和区域工业发展计划的补充。例如,在肯尼亚,经济特区已经被纳入肯尼亚2030年愿景,计划通过经济特区来推动该国制造业、工业化和技术发展。在加纳,自由区的目标就是实现西非门户计划,将加纳打造为西非地区的投资目的地。另外在某些国家,如马拉维和苏丹,经济特区方案更多的是一项独立的政策,基本没有纳入国家工业计划。

企业层面,非洲经济特区的政策是首先是建立投资保护机制,以减轻治理和监管体系薄弱带来的挑战。40%的非洲经济特区为投资者提供了投资保护措施,高于世界其他地区33%的比例,这说明非洲投资者面临的政治和监管风险高于世界其他地区。其次,是企业管理政策。与世界其他地区的管理政策相比,非洲经济特区对企业的管理政策普遍更加严格。全世界只有大约40%的经济特区规定特区内企业必须达到一定标准才能在特区内投资和经营,而在非洲这一比例几乎翻了一番,接近80%。[2] 这种标准设立的主要目的通常是为了保护国内企业不受外国投资者的影响,但非洲经济区主要采用的最低投资额、出口比例、技术转让和本地就业率等业绩标准,可能会恶化投资环境,从而削弱对外国直接投资流动的吸引力。

(二)非洲经济特区类别复杂、多部门化

联合国贸发会将经济特区定义为"政府通过财政和监管激励措施以

---

① 保罗·科利尔、迈克尔·布莱克、特沃德罗斯·加布雷沃尔德、普里亚·曼纳林、徐嘉勃:《超越关税和基础设施:营商便利度对促进非洲经济特区成功的重要性》,《国际城市规划》2018年第2期。

② Unctad, " World Investment Report 2019: Special Economic Zones ", *United Nations Conference on Trade and Development*. Geneva, Switzerland: United Nations, 2019, pp.83-98.

及基础设施支持促进工业活动的地理划定区域"。① 各国经济特区的运营目标不同,即使同一国家同一"特区"在不同历史阶段也会有不同的命名方式,从而导致了经济特区的"术语无政府状态"。② 根据各国法律规定可将非洲各国经济特区分为出口加工区、自由区、经济特区、工业园、工业区和自由港六类,如图9-2所示。

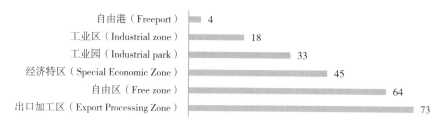

图 9-2　非洲经济特区的类型和数量（总计 = 237）

资料来源:Unctad,"World Investment Report 2019:Special Economic Zones",*United Nations Conference on Trade and Development.*Geneva,Switzerland:United Nations,2019,p.38。

　　出口加工区是一种最为广泛采用的模式,共有73个,占总数的30%,最初是为了响应《多种纤维协议》和《美国非洲增长和机会法案》优惠贸易安排的一种方式,《美国非洲增长和机会法案》贸易协定为符合条件的撒哈拉以南非洲国家提供免税进入美国的机会。然而,随着经济特区的企业试图与当地经济建立更多的联系,以及非洲大陆自由贸易协定的启动,出口加工区的问题日益严重。近年来,出现出口加工区向经济特区模式转移的趋势。例如,南非已开始将其出口加工区与经济特区模式联系起来,以促进经济区附近地区的间接经济收益。直接以经济特区命名的特区在非洲呈现增长趋势,总数达到45个,约占总数的20%。不同于其他五类经济特区或是以园区产业类型分类或是以园区地理特征分类,其类别名称就是经济特区。这一类经济特区多是综合产业园区,没有明显的产业类别。

---

　　① Unctad,"World Investment Report 2019:Special Economic Zones",*United Nations Conference on Trade and Development.*Geneva,Switzerland:United Nations,2019,p.128.

　　② Bost,François,"Special Economic Zones:Methodological Issues and Definition",*Transnational Corporations Journal*,Vol.26,No.2,2019.

　　自由区是经济特区的早期形式,其特点是该区域的企业不受东道国正常制度约束,尤其是在海关税收方面。埃及、加纳和摩洛哥等国广泛采用了自由区的形式,部署了围绕自然禀赋上下游产业展开的自由区。

　　工业园和工业区形式的经济特区仅占14%和7%,这一类经济特区的特征是占地面积相对较大,有代表性行业。

　　自由港更多适用于赤道几内亚和毛里求斯等面积较小且地理位置优越的国家,这些经济特区往往是物流中心,通常提供商业、仓储和物流服务,靠近海港和机场进行转运和再出口。

　　除此之外,非洲还有很多经济特区并未或不满足法律规定,不在以上讨论类型中,自由点(Free points)即单一企业区就是典型代表。但是在毛里求斯,自由点形式的经济特区克服了岛国在大型经济特区可用土地方面的限制,发挥了至关重要的作用。

　　经济特区的另一个显著特点是部门专业化水平。绝大多数非洲经济特区是多部门区,即不专注于特定部门,如图9-3所示。喀麦隆的所有9个经济特区都是多部门的,加纳和肯尼亚的旗舰经济特区也是多部门的。尽管大多数经济特区都是多部门区,但也存在代表性行业,如食品加工行业或自然资源密集型行业。只有10%的非洲经济特区是专业化的,专注于特定行业,如摩洛哥的汽车城、乌季达科技城和卡萨布兰卡的航空经济特区。专业化更可能发生在附加值较低的行业,例如服装纺织或石油天然气。截至2021年,埃塞俄比亚已经建立了13个以行业为重点的经济特区,其中10个针对纺织和服装行业,2个针对建筑业,1个专注于制药业。其余1%的非洲经济特区是物流枢纽,通常靠近海港和机场,用于转运和再出口。例如,在毛里求斯建立的自由港和赤道几内亚的卢巴自由港。

（三）非洲经济特区表现低于预期

　　除了少数例外,非洲经济特区迄今的绩效表现一直低于预期。大多数非洲经济特区的发展轨迹与东亚和一些拉丁美洲国家的经济特区发展经历形成了鲜明对比。研究和实证证据表明,即使只考虑经济特区通常

图9-3 按目标部门分列的非洲经济特区份额（总数 = 237）（单位:%）

资料来源:Unctad,"World Investment Report 2019:Special Economic Zones", *United Nations Conference on Trade and Development*.Geneva,Switzerland:United Nations,2019,p.45。

预期的最直接的经济收益,如增加外国直接投资(FDI)、出口和就业,大多数非洲经济特区远未实现其目标。[①] 当然,毛里求斯、摩洛哥和南非等一些国家的经济特区相对成熟,已成功实现其投资组合的多样化。但非洲相当大比例的经济特区仍处于发展不足状态,未得到充分利用。2020年,联合国贸发会对非洲大陆39个经济特区进行的一项调查显示,超过40%的非洲国家经济特区土地中企业占用的面积不到25%,一半以上的经济特区的土地利用率不到50%。只有15%的经济特区满负荷运行,见图9-4。[②]

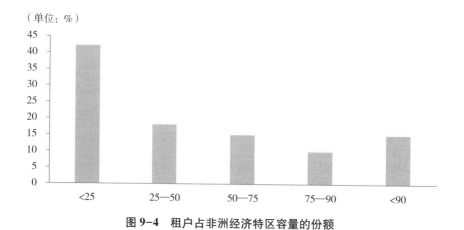

图9-4 租户占非洲经济特区容量的份额

资料来源:Unctad,"World Investment Report 2019:Special Economic Zones", *United Nations Conference on Trade and Development*.Geneva,Switzerland:United Nations,2019,p.27。

---

① Farole T., Special Economic Zones in Africa:Comparing Performance and Learning from Global Experiences,*World Bank Publications*,2011,pp.69-86.

② Unctad,"World Investment Report 2019:Special Economic Zones", *United Nations Conference on Trade and Development*.Geneva,Switzerland:United Nations,2019,pp.26-27.

同时,联合国贸发会一项对 12 个非洲国家经济特区的抽样调查显示,与世界其他经济特区相比,除了位于世界主要贸易路线之一且人口不到 100 万的吉布提以及劳动密集型国家埃塞俄比亚、埃及的经济特区就业贡献率相对较高,非洲其他国家的经济特区就业贡献率均不足,见表9-1。

表 9-1　非洲经济特区的就业贡献

国家	经济特区直接就业,2019 年或最近估计(人)	2019 年经济特区就业人数占全国工业就业人数的比例(%)
非洲国家		
安哥拉	5000	1
吉布提	27000	48
埃及	400000	5
埃塞俄比亚	200000	4
加纳	30000	1
肯尼亚	60000	4
摩洛哥	150000	5
卢旺达	13000	2
塞内加尔	4500	1
南非	110000	2
坦桑尼亚	45000	3
多哥	15000	3
其他国家		
柬埔寨	90000	3
中国	30000000	14
多米尼加	160000	36
洪都拉斯	125000	30
马来西亚	1000000	23
菲律宾	1400000	16
越南	3000000	19

资料来源:Unctad,"World Investment Report 2019:Special Economic Zones", *United Nations Conference on Trade and Development*.Geneva,Switzerland;United Nations,2019,p.45。

　　只有建立经济特区所带来的经济回报明显高于为其提供极其有利的监管和贸易条件的成本的情况下，经济特区才有可能在政治上和经济上有说服力。非洲大陆的某些"瓶颈"往往决定了其经济特区难以发挥预期的作用。基础设施、熟练劳动力、财政税收等激励措施以及一个国家的经济和体制都是经济特区成功运营的关键决定因素。中国和东亚地区的经济特区之所以特别成功，最重要的因素之一就是它们以改革为导向，克服了法律和政策方面的商业环境约束以及低效的政府服务和协调不力等制度约束。① 非洲的许多经济特区由于不恰当的方案设计、执行以及管理政策等导致许多经济特区成为"孤立的飞地"，未能改善周围的工业环境。在非洲经济特区历史绩效相对较差的背景下，非洲各国仍然在条件不太适合的地区建设新的经济特区，进一步增加了绩效不佳的经济特区数量。

　　虽然与全球其他国家经济特区取得的成果相比，非洲经济特区的发展成果低于预期。但从非洲内部来看，经济特区仍然创造了许多经济效应。由于经济特区内的基础设施条件往往优于当地平均水平，一般会提供财政、税收、外汇等相关优惠条件，入驻经济特区成为很多企业投资非洲的首选项。企业的集聚为当地创造了大量的就业岗位，以出口为导向的企业也大幅扩大了当地的出口规模。此外，通过加强外资企业与本地供应商的联系，还能提升当地的技术、经验和人力资本水平。② 根据非洲经济特区组织发布的《经济特区展望2019》，很多非洲国家的外商直接投资（Foreign Direct Investment，FDI）主要集中在经济特区，以流向经济特区的外商直接投资占国家总体 FDI 流入的比例计算，埃及达到 80%，尼日利亚约为 60%，南非和肯尼亚分别为 21% 和 10%。就业方面，2015—2019年，非洲经济特区累计创造超过 6000 万个就业岗位，并且吸纳就业的水平显著高于国家整体水平。以摩洛哥和尼日利亚为例，两国分别有 22 个和 10 个经济特区，累计创造就业岗位分别为 50 万个和 30 万个，但两国

---

① Zeng, Douglas Zhihua, and Douglas Zhihua Zeng, *How Do Special Economic Zones and Industrial Clusters Drive China's Rapid Development?*, Washington, D.C.: World Bank, 2011, pp.34-35.
② 尹博、王健：《中非经济特区合作进展及政策建议》，《商展经济》2021 年第 21 期。

整体的就业趋势在 2010—2019 年一直为负增长或者持平状态。[1]

（四）中非境外经贸合作区

经济特区和经贸合作区都是吸引外资的重要载体。中非经贸合作区在促进中国对非洲大陆投资的同时，也是中国企业高质量走出去的重要平台。[2] 经过近三十年的建设，境外经贸合作区已成为中非合作的重要领域。1993 年开始建设的赞比亚中垦非洲农业产业园，很大程度上被视作首个中非境外经贸合作区，至今仍相当活跃。根据商务部的数据，截至 2018 年 12 月底，中国在非洲建设了 25 家境外经贸合作区[3]，入驻企业 430 多家，投资额累计超 66 亿美元，上缴东道国税费近 10 亿美元，吸纳当地劳动力 4 万人。[4] 除了官方报备数据外，还存在大量的中非经贸合作区，截至 2018 年的中非境外经贸合作区整体数据统计有 45 个，见图 9–5。[5]

鉴于中非境外经贸合作区的两个发展高潮是在 2006 年的中非合作论坛和"一带一路"倡议后，可以推断中非境外经贸合作区的出发点不完全是为了追求经济利益，同时其起源于政府顶层设计，中方主导企业也是以国企央企为主。中非境外经贸合作区阶段特征如下：20 世纪 90 年代初期至 2005 年，早期产业园区雏形逐步演化成为单一功能型的产业园区；2006—2015 年，单一功能型的产业园区转向机制化运行的产业集聚园区；自 2016 年以来，产业集聚园区又转向产业链整体规模化发展的多

---

①　African Economic Zones Organization, *African Economic Zones Outlook* 2019, 2019, p.3.

②　刘洪愧：《"一带一路"境外经贸合作区赋能新发展格局的逻辑与思路》，《改革》2022 年第 2 期。

③　张春、赵娅萍：《经济利润 VS 经验分享：中非境外经贸合作区的内生动力》，《区域与全球发展》2022 年第 1 期。

④　高连和：《中国在非境外经贸合作区升级的困境应对及风险防范》，《国际贸易》2021 年第 3 期。

⑤　李祜梅、邹明权、牛铮等, Information Dataset of China's Overseas Industrial Parks from 1992 to 2018, Science Data Bank, 2019, http://www.scidb.cn/cstr/31253.11.sciencedb.797. CSTR：31253.11.sciencedb.797。

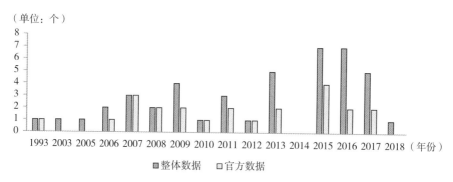

图 9-5　1993—2018 年中非境外经贸合作区建设情况年度分布

注：其中华锦矿业经贸园区建设启示年份没有统计数据，因此图中整体数据之和是 44 个而不是45 个。

资料来源：张春、赵娅萍：《经济利润 VS 经验分享：中非境外经贸合作区的内生动力》，《区域与全球发展》2022 年第 1 期；李祜梅、邬明权、牛铮等，Information Dataset of China's Overseas Industrial Parks from 1992 to 2018 ［DS/OL］. Science Data Bank, 2019. http://www. scidb. cn/cstr/31253. 11. sciencedb. 797. CSTR：31253. 11. sciencedb. 797。

功能经贸合作区。①

　　尽管中非境外经贸合作区在促进中国企业开拓海外市场、降低海外投资风险等方面表现出突出优势，并开创了中国对非洲投资合作的新模式，但其在建设过程中因建设方式、东道国环境变化、企业经营管理等带来的风险与挑战仍不容忽视。② 而且，几乎所有中非境外经贸合作区都未达到预期投资目标，入驻企业明显不足，中资企业占绝对优势且与当地社会联系较弱。③ 事实上，从 1993 年至今，中非境外经贸合作区的建设就一直面临巨大的挑战，如东道国的政策、法律、商业及基础设施等环境严重不利，中国企业投资经验、人才储备、语言能力欠缺，相关政策支持、资金扶持力度不够等。④

---

① 黄玉沛：《中非经贸合作区建设：挑战与深化路径》，《国际问题研究》2018 年第 4 期。

② 乔慧娟：《中非经贸合作区：对非投资合作新模式》，《海外投资与出口信贷》2015 年第 5 期。

③ 沈陈：《中非经贸合作区的十年建设：成就与反思》，《海外投资与出口信贷》2017 年第 1 期。

④ 王洪一：《中非共建产业园：历程、问题与解决思路》，《国际问题研究》2019 年第 1 期。

二、非洲经济特区在一体化下面临的挑战

非洲经济特区之所以运行不甚理想,除了上文提到的基础设施、投资环境等因素,另一个重要的挑战来自各国经济特区政策与非洲各区域贸易协定、非洲大陆自由贸易协定和世界贸易组织相关规定对经济特区管理政策之间的冲突以及区域贸易协定下成员的重叠等因素,非洲大陆自由贸易协定的原产地规则和对经济特区管理政策走向的不确定性也使经济特区的前景更为扑朔。管理政策的不对称不仅会对经济特区的效益产生影响,也会给非洲大陆区域价值链的形成带来挑战,进而影响到非洲区域一体化目标的实现。

(一)区域贸易协定(RTAs)与国家层面的经济特区管理政策的冲突

非洲区域经济组织作为实现非洲经济共同体的支柱,在非洲一体化进程中扮演着重要角色,但非洲许多区域经济组织间缺乏有效统筹和整合,成员身份重叠现象导致制度的重合与冲突。[①] 非洲区域性经济合作组织中管理经济特区的政策,对经济特区融入非洲市场也有着重要影响。

首先,原产地要求。大多数非洲区域贸易协定(Regional Trade Agreements,RTA)将来自经济特区的货物视为原产货物,前提是它们满足区域内贸易协定原产地规则的要求。但是,非洲区域贸易协定的原产地规则或多或少存在差异。例如,东南非共同市场的原产地规则相对宽松,允许在该地区国内市场交易的商品含有高达 60% 的外国投入。其他区域贸易协定,例如南部非洲发展共同体,尽管没有特别规定如何管理经济特区制造的产品,但对于纺织品和成衣等特定产品有严格的原产地规则,需要其产出的商品有更高比例的本地投入成分。其次,出口比例要

---

① 朱伟东、王婷:《非洲区域经济组织成员身份重叠现象与消解路径》,《西亚非洲》2020年第 1 期。

求。一些区域贸易协定既以当地含量要求的形式对经济特区商品提供严格的原产地规则，也对出口到关税区的产品数量设定上限。例如，东非共同体为有资格成为原产地产品的商品设定了不同的本地含量百分比，从化学品的 30% 到烟草产品的 70% 以上不等。此外，东非共同体规定出口到关税区的经济特区货物不得超过相关公司年总产量的 20%。这些规定经常与一国的经济特区法律规定相冲突，东非共同体就是这种情况。例如，肯尼亚的《经济特区法》除了对经济特区商品进入国内市场时支付进口关税外，并未对经济特区的产品设置出口限制。当区域贸易协定此类出口限制与成员的国家经济特区法规相冲突时，就会出现问题，因为这增加了经济特区公司摆脱监管不对称的非关税成本。

此外，许多非洲国家属于一个以上的区域贸易组织，因此在各自的区域贸易协定下还会受到不同的规定的约束。这种重叠增加了成员的负担，每个区域贸易协定下的海关手续、文书工作和义务倍增，也使经济特区管理者面临额外的行政和监管障碍，抑制经济特区的增长。虽然经济特区和区域贸易安排这两项政策都旨在促进贸易发展和工业化，但经济特区主要是一种针对具体地区或国家的政策工具，每个国家都有自己的经济特区方案，而区域贸易安排是涉及多个国家的双边或多边工具。非洲区域贸易协定往往难以制定涵盖所有成员经济特区管理规则在内的监管框架。当监管体系不一致时，这两种贸易政策工具的潜在益处就有可能被稀释。在这种背景下，能否充分发挥经济特区和区域贸易安排的潜力，将取决于未来两项政策是否能够产生双赢局面，使经济特区和区域贸易能够协同努力，实现区域经济一体化和工业化。

（二）非洲大陆自由贸易区与国家层面的管理政策的冲突

2021 年 1 月 1 日，非洲大陆自由贸易区正式启动，这意味着非洲大陆贸易与经济一体化的推进。但是经济特区是否受益于非洲大陆自由贸易区将在很大程度上取决于非洲大陆自由贸易区对经济特区的相关条款和原产地规则的处理方式。原产地规则是用于确定产品国籍的标准，从而确定产品在非洲大陆自由贸易区内的优惠待遇资格。以往的自由贸易协定通过为经济特区规定具体条款或制定适用于包括经济特区在内的自由贸易区的原产地规则来对经济特区进行监管。尽管非洲大陆自由贸易区相关谈判仍在进行中，但似乎更依赖于原产地规则，而不是建立具体的限制政策来规范经济特区。实际上，非洲大陆自由贸易区将经济特区生产的货物视为国内产品，根据原产地规则的限定，允许它们在区域内与非经济特区货物一样自由流通。这样，经济特区向非洲大陆自由贸易区的所有成员出口其产品的过程都将产生间接的溢出效应，理论上可以促进非洲大陆的工业化和一体化进程。

鉴于经济特区生产的商品享有大量的财政补贴和优惠待遇，许多非洲联盟国家已通过国家法律，管制经济特区货物进入其国家关税地区，多数国家的监管制度对经济特区出口实行限制是为了避免其与国内产品的不公平竞争。随着非洲大陆自由贸易区的引入，经济特区产品流入国内领土可能会排挤处于劣势的当地非经济特区公司。因此，一些国家允许经济特区出口产品在缴纳关税后进入国内市场，而另一些国家则实行严格的出口要求，只允许一小部分经济特区产品进口到国家关税地区。但是，对可在国内市场销售的经济特区产品百分比设定出口要求，除了可能严重阻碍区域经济一体化，也会对经济特区的投资产生重大影响。随着非洲大陆自由贸易区的实施，非洲大陆自由贸易区所有成员的国内市场都在扩大，最终将占据非洲大部分领土。这使经济特区对于希望借此为区域市场服务的投资者的吸引力下降，一些经济特区通过利用其作为区域贸易中心的作用，成功地吸引贸易和投资，然而根据国家法律规定，却禁止其企业向非洲区域市场出售产品，这可能导致投资外逃，例如在加纳和坦桑尼亚等国，由于国内销售受到限制，只有一小部分经济特区产品能够进入非洲市场。

（三）世贸规则对经济特区政策调整的要求

对经济特区下企业设置出口要求在非洲经济特区很普遍。例如，在加蓬，经济特区的投资者必须出口至少75%的产品；在乌干达和坦桑尼亚，经济特区企业至少要出口80%的产品。在那些经济特区政策与出口加工区政策平行的国家,两者的出口要求可能不同,出口加工区政策通常更为严格。例如,埃及的出口加工区制度要求投资者出口至少80%的产品,但在经济特区制度下没有具体的出口要求。

世界贸易组织有明确的规定来规范经济特区政策中的激励措施,禁止以使用国内投入为条件的出口补贴和税收减免,同样,禁止有进出口平衡和本地成分要求的投资措施。但是世界贸易组织对最不发达国家给予特殊和差别待遇。随着越来越多的非洲最不发达国家逐渐进入发展中国家,世贸组织的规则和条例将越来越适用于更多的非洲国家。因此,非洲联盟成员必须逐步取消经济特区政策中与世贸组织不相容的出口要求。其中最重要的政策变化应是取消出口要求,从而允许在经济特区生产的货物除了支付进口关税和税款之外,不受任何限制出口到国家关税地区。①

世贸组织规则越来越多地使用于非洲国家,对非洲各国经济特区当局和决策者既有积极影响,也有消极影响。积极方面,有利于与国际竞争对手竞争,比如位于亚洲和南美的经济特区也受到类似的约束。实际上,世贸组织条款的目的之一,是为世界各经济特区的公平竞争创造一个共同基础,避免激励的不平衡和业绩要求的不一致侵蚀非洲和其他地区许多经济特区的价值主张。消极方面,随着越来越多的非洲国家受到世贸组织规定的约束,经济特区成为国际争端对象的风险也在增加。国际争端可能是代价高昂的,尤其是对于机构能力有限的国家而言。在这种背景下,非洲经济特区管理者可能不得不取消出口份额要求和其他被禁止的奖励措施,以便遵守世贸组织关于补贴的纪律。

（四）非洲大陆自由贸易区下区域价值链的构建及与经济特区政策的协调

经济特区的旨在保护非经济特区的本地生产商竞争力的限制措施,可能会加剧贸易扭曲,反向促进区域外贸易流动,至少有两个原因。首

---

① Creskoff, Stephen, and Peter Walkenhorst, "Implications of WTO Disciplines for Special Economic Zones in Developing Countries", *World Bank Policy Research Working Paper*, 4892, 2009.

先,在严格的原产地规则下,外国生产商可能比当地生产商更受青睐,因为当地生产商必须依赖昂贵的当地投入,特别是在制成品的外部关税不能补偿外国和本地投入之间的成本差异时产生,这增加了他们的生产成本。[1]　其次,非洲国家与欧盟之间的大多数贸易协议都对源自对经济特区的产品作出了明确规定给予优惠待遇。只有东非共同体和欧盟的经济合作协议没有关于经济特区的具体条款。因此,经济特区在向外部合作伙伴出口时享受优惠待遇,例如非洲出口到欧盟,但在向区域国内市场出口时却受到限制,这等于以牺牲区域经济一体化为代价来促进区域外贸易。如果将非洲经济特区生产的商品排除在获得原产地地位的可能性之外,并且没有措施激励经济特区的产品参与区域内贸易,那么非洲经济特区就有可能被排除在非洲内部贸易之外,并日益脱离当地的工业环境。根据自由贸易协定,以经济特区为基地的公司就没有在本地或区域采购生产投入的动机,这将进一步妨碍相应的国家和地区通过前向和后向联系获得间接经济收益。

从理论上讲,非洲大陆自由贸易区的启动可以为经济特区带来更大的市场准入、更低成本和更高质量的生产投入,以及从区域价值链中受益的机会。在非洲大陆自由贸易协定的推动下,加强非洲区域主义的努力,可能会加速非洲传统生产模式向区域价值链的转变。在适当的条件下,经济特区开发商可以在非洲大陆自由贸易区启动后找到发展机会,特别是非洲大陆自由贸易区的深化可能带来的潜在机会。非洲经济特区可以通过利用源自区域合作伙伴的贸易互补性来找到竞争优势。此外,东盟的经验表明经济特区在区域层面的专业化可能带来的全球竞争力方面的收益。源自原产地规则制度的有利条件可能是经济特区在更加一体化的非洲的背景下取得成功的必要但不是充分因素。非洲经济特区只有在积极和协作的政策干预下,将自身置于正确的位置并从增强的区域一体化中获益时,所有潜在的利益才有可能产生。

---

① Flatters, Frank, "SADC Rules of Origin: Undermining Regional Free Trade", *TIPS Forum*, *Johannesburg*, 2002, pp.9-11.

三、非洲大陆自由贸易区的启动及非洲经济特区发展的机遇

随着非洲大陆区域经济一体化和区域价值链目标的推进,势必带来各方管理政策的改革与协调,这就为经济特区更多地参与非洲区域内部经济发展提供公平竞争环境,并对经济特区自身运营模式的改革升级提出更高的要求。

（一）非洲大陆自由贸易区为经济特区参与区域贸易创造新契机

首先,非洲大陆自由贸易区将为经济特区参与区域贸易提供机遇。非洲大陆自由贸易区是非洲联盟为加强结构转型和提高非洲工业产品竞争力而提出的若干倡议之一,其目的是在今后十年中将非洲内部贸易增加到非洲各国总贸易的25%。对于经济特区来说,这意味着在实施非洲大陆自由贸易区后,经济特区将更多地参与非洲内部贸易。目前非洲的一些经济特区已经开始为当地和区域市场服务,例如坦桑尼亚出口加工区项目中的许多公司已瞄准了非洲区域市场,希望将该国打造为通往东南非共同市场和南部非洲发展共同体国家的桥梁。① 其次,经济特区的运营商可以通过多种方式从引入非洲大陆自由贸易区中受益。如果经济特区可获得非洲大陆自由贸易区贸易制度下的优惠待遇,就可以在企业层面和更广泛的经济层面获得静态和动态的好处。在企业层面,非洲大陆自由贸易区通过扩大市场规模和减少贸易壁垒,企业就可以获得低成本、高质量投入的机会。鉴于市场准入是选择投资地点的重要因素,非洲大陆自由贸易区将使经济特区,特别是位于小型国家的经济特区,能够为本地和外国公司提供适宜的商业机会。从更广泛的经济层面上说,非洲

---

① Farole T., Special Economic Zones in Africa: Comparing Performance and Learning from Global Experiences, World Bank Publications, 2011, p.85.

大陆自由贸易区可以通过加强区域风险投资、使经济特区获得规模经济促进经济特区的工业化和专业化。① 从另一个意义上说,为了解决随着非洲大陆自由贸易区的实施而可能出现的体制、基础设施和生产的"瓶颈",经济特区可被视为一个主要的政策工具,通过建立贸易和投资促进条件,成为积极主动的区域发展举措的重要组成部分。这些举措旨在解决体制、基础设施还是与生产有关的贸易壁垒,经济特区还可以通过促进跨境后向和前向联系的发展,与非洲大陆自由贸易区的目标平行开展工作。

(二)非洲大陆自由贸易区的区域价值链目标对经济特区参与的要求

作为区域产业政策的一部分,经济特区对于扩大生产规模及促进区域价值链(Regional Value Chains,RVCs)的创建和发展至关重要。非洲大陆为了发展区域价值链,势必要求改变经济特区传统的出口加工区模式,并将经济特区纳入区域工业战略的模式。这种转变将促进更广泛的工业活动,包括物流、制造和服务,以及在投资来源和目的地市场方面的更大灵活性。与飞地式经济特区相比,综合经济特区的模式可能需要对国内和区域投资以及对本地和区域市场的销售更加开放。这一系列措施在促进经济特区对当地或区域产生溢出效应的同时,也为经济特区进一步融入非洲大陆市场提供了适当的政策环境。南部非洲共同体利用经济特区推进区域协同效应的综合产业战略已初见成效。这证明了非洲大陆经济特区这种范式转变的可行性。如果现有和未来的立法允许经济特区企业向国内市场销售,经济特区企业也可以获取有关区域贸易机会的信息,并能够充分利用成员的互补性和竞争优势为区域市场的生产和分销提供平台。最后,为了将经济特区作为投资目的地进行宣传,以便经济特区纳入更广泛的区域战略,各国应促使经济特区管理与其他政策的协调。② 自

---

① Koyama,Naoko,"SEZs in the Context of Regional Integration:Creating Synergies for Trade and Investment",*Special Economic Zones*,2011,p.127.

② Koyama,Naoko,"SEZs in the Context of Regional Integration:Creating Synergies for Trade and Investment",*Special Economic Zones*,2011,p.127.

20世纪90年代初,亚洲所谓的增长三角区中,印度尼西亚、马来西亚和泰国就积极寻求经济特区与投资、移民、劳工和税收等方面政策的协调,以增加对投资者的吸引力。

边境和跨境经济特区可以整合区域产业价值链并提高非洲国家的竞争力。作为重要的区域内贸易的驱动力,位于区域经济走廊的战略位置的边境和跨境经济特区大有前景。如果经济特区位于主要的区域贸易路线上,并处于邻国的共同所有权之下,边境和跨境经济特区有潜力将交通走廊转变为经济走廊,为全球价值链部门的工业发展作出重大贡献。位于边境地区的经济特区的一个重要优势是,它们能够从生产投入,包括资本和劳动力的价格差异中获益。例如,位于缅甸和泰国边境的湄索经济特区,大部分泰国企业使用国内生产投入和资本,同时雇佣来自缅甸的廉价劳动力。非洲也有一些边境和跨境经济特区。例如,位于南非和津巴布韦之间的南非穆西纳—马卡多经济特区是通往南部非洲共同体国家的门户,也是南北贸易走廊的重要位置,埃塞俄比亚和肯尼亚在拉穆交通走廊附近也建立了一个共同管理的自由贸易区。尽管边境和跨境经济特区在非洲仍处于起步阶段,但未来可以说大有发展空间。在这些地区建立经济特区可以整合区域产业价值链并提高非洲国家的竞争力。此外,跨境经济特区是最不发达国家的有效发展工具,可以使生产能力弱的内陆小经济体提高与邻近经济体的贸易互补性。

（三）非洲大陆自由贸易区公平竞争环境的需求促进管理政策的协调

非洲大陆自由贸易区可利用世贸组织有关反倾销、反补贴和保障措施的规则来规范经济特区,在区域内创造公平竞争环境。即使沿边境地区设立经济特区并将其纳入区域工业战略能够促进非洲经济的一体化,但如果非洲大陆不能为这种发展创造有利的环境,就很难取得成果。非洲联盟各成员财政补贴的协调将使经济特区的商品能够在内部市场上进行交易,从而促进区域一体化。鉴于大多数非洲联盟成员是世界贸易组织成员,非洲大陆自由贸易区利用世贸组织有关反倾销、反补贴和保障措施的规则来规范经济特区的激励机制是恰当的,这将会促进国家之间和国家内部财政补贴的协同调整。为了使非洲的各种经济特区制度达到某种程度的协调,已经进行了一些尝试。东非共同体出口加工区旨在整个地区建立统一的经济特区制度,并要求国家法规与东非共同体规定保持一致。这种统一的区域管理方法能在多大程度上取得成功还有待观察。事实上,欧盟的一些国家也仍然存在相互冲突的法规。然而,东非共同体的经验还是代表了国家经济特区当局可以通过合作促进制度融合,并减少因国家激励计划不协调而引起的集体行动问题的一种方式。

　　非洲大陆自由贸易区和经济特区协同效应的成功与否还取决于是否针对特定国家实施临时例外安排。非洲大陆自由贸易区的实施可能会导致以奖励为基础的国家干预经济特区发展的政策螺旋式增加,最不发达国家和较弱国家很可能成为输家。这将加剧地区不平等和结构性弱点。非洲区域经济一体化的最新发展可以为非洲大陆自由贸易区旨在将经济特区纳入区域一体化的计划提供政策协调的借鉴。南方共同市场在2013年之前对位于不发达地理环境的经济特区实施临时特别规定,为这些经济特区生产的商品颁发原产地证书以促进落后地区的经济发展。在非洲和其他大陆的区域贸易协定中,对落后国家或地区的临时差别待遇已被证明是有效的。例如,在南部非洲发展共同体下,马拉维、莫桑比克、坦桑尼亚和赞比亚的纺织品和服装制造商获得了临时特别规定,设在这些国家的公司可以从自由贸易区内的优惠待遇中受益,即使它们的中间投入是从区外采购的。这种措施使成员能够在被认为具有战略意义的部门中发挥比较优势,从而提高其生产能力。①

四、中国参与非洲经济特区建设的空间和机遇

　　在非洲经济特区建设中,中非有很大的合作空间。首先,中国有成功

---

　　①　Koyama, Naoko, "SEZs in the Context of Regional Integration: Creating Synergies for Trade and Investment", *Special Economic Zones*, 2011, p.127.

的经济特区运营经历,这正是非洲国家所欠缺的。其次,经济特区落实到实际操作层面的资金、基础设施等方面的需求,中非合作也能实现互利共赢。最后,产能合作也是中非经济特区合作的一个重要方向。针对目前非洲一体化目标对工业化发展的需求,经济特区能符合一国或区域乃至非洲的产业升级才是重点。

(一)利用中国成功经验参与非洲经济特区投资与治理

中国的经济特区,尤其是深圳经济特区的发展,是世界公认的最为成功的经济特区案例。许多非洲国家试图复制深圳经济特区的成功模式,但很少奏效,因为总是难以复制其战略成功的条件。[①] 中国和非洲可以通过公私伙伴关系的模式或者中国企业直接投资非洲经济特区的私营模式,利用中国的经验帮助非洲国家设计和实施经济特区。一方面,在非洲国家,政府执行能力低下仍然是私人部门投资的一个根本障碍,建立经济特区最初的目标就是要打破这些障碍。中非合作建设的境外经贸合作区也属于这一类型,例如,中国埃及苏伊士经贸合作区、赞比亚中国经济贸易合作区等。另一方面,除了为开发经济特区而选择的特定治理模式外,经济特区本身也可以被视为国际投资项目,私人投资者和经济特区租户在东道国经济体中参与绿地项目。外资企业在海外建立经济特区一般是为了开拓海外市场,或者是利用非洲等不发达国家的贸易优惠条件,还有一些跨国企业是为了供应链的全球布局。例如,中国民营企业在非洲主导建设了多个经济特区(主要形式为工业园区和产业园区),2004年浙江越美集团在尼日利亚建设了纺织工业园,2013年海信集团与中非发展基金合作建设了海信南非家电产业园,2015年华坚集团在埃塞俄比亚投资建设了华坚轻工业城,2016年广东新南方集团与肯尼亚非洲经济区有限公司合作建设了肯尼亚珠江经济特区。[②] 这表明无论治理模式如何,经济特区都可以被视为国际项目融资的重要工具,在此领域,中国和非洲也

---

① 曾智华:《经济特区的全球经验:聚焦中国和非洲》,《国际经济评论》2016年第5期。
② 尹博、王健:《中非经济特区合作进展及政策建议》,《商展经济》2021年第21期。

可以在私营部门展开合作。

近年来,中国在非洲的境外经贸合作区的数量不断增加,业务领域更加多元化,涵盖资源利用、农业、加工制造、商贸物流等诸多领域,加速推进了非洲工业化进程。目前,在商务部备案的 25 个中国在非经贸合作区分别分布在 16 个非洲国家。截至 2020 年年末,这些合作区累计投资73.5 亿美元,吸引 623 家企业入驻,累计上缴东道国税费总额为 14.8 亿美元,创造就业岗位 4.6 万个,其中外籍员工接近 4.2 万人,对东道国促进就业、经济增长和工业化发展作出了重要贡献。[1] 中国政府不仅在融资优惠、风险防范等方面支持非洲的合作区建设,同时形成了一套较为完善的制度体系,既为中国企业"走出去"提供了重要平台,也对东道国经济的增长起到积极作用。

(二)利用中国基础设施建设优势助力非洲经济特区发展

健全的经济特区基础设施对于克服基础设施禀赋较低的国家的发展"瓶颈"尤为重要。研究表明,低效的公用事业与较低水平的区域出口和就业高度相关。[2] 公用事业的成本和质量以及交通基础设施的状况是企业在选择非洲经济特区进行投资的主要标准之一。当根据国家特点和目标行业量身定制经济特区时,必须提供特定的基础设施吸引投资者。处于工业化早期阶段的国家,提供标准厂房可能是经济特区降低投资者进入壁垒的重要因素。埃塞俄比亚的工业园开发公司就向投资者提供服务性工业用地和预建厂房,并配备世界一流的公用事业和基础设施,以满足服装行业的企业需求。[3]

基础设施建设不仅包括前期投资,还包括基础设施在特区的整个生命周期内的良好维护。经济特区的管理者应该与国家公用事业供应商合作,

---

①　刘牧茜、毛小菁、陈诚、韩珠萍、刘凌课:《新形势下中非经贸合作砥砺前行》,《国际经济合作》2021 年第 6 期。

②　Farole,Thomas,*Special Economic Zones in Africa:Comparing Performance and Learning from Global Experiences*,World Bank Publications,2011,p.127.

③　Newman,Carol,and John M.Page,*Industrial Clusters:The Case for Special Economic Zones in Africa*,No.2017/1,WIDER Working Paper,2017,p.21.

保证向工业区可靠地提供电力和能源,从而最大限度地减少经济特区企业的生产停机时间。此外,完善的经济特区政策还包括经济特区周边的基础设施,特别是交通基础设施。洪都拉斯就开发了高速公路和其他交通设施将位于偏远地区的自由点与港口连接,而在菲律宾和越南,私人开发商除了为现场基础设施提供资金外,还建造了通路和公用设施连接等外部基础设施。薄弱的港口和运输走廊沿线的基础设施会对经济特区企业的竞争力产生负面影响。要使经济特区可行,周边地区必须拥有优质的交通和社会基础设施。而基础设施建设,正是中国的比较优势,也是中非合作的重要领域之一。

中非基础设施合作为非洲国家创造了生产条件,完善了运输网络,便捷了信息沟通,强化了能源供应,改善了基础设施严重不足的现状。德勤分析了 2018 年 6 月前开工、金额在 5000 万美元以上的 482 个非洲基础设施建设项目,除非洲各国政府和本国私营业主外,中国是第三大业主,占比 3.3%。报告显示中国为非洲基础设施建设带来极大裨益。一方面,提供项目资金和建设支持。中国是非洲基础设施建设最重要的承建方和融资方。项目承建方面,以上 482 个项目中有 160 个项目由中国企业承建,占比 33.2%,排名第一,主要集中在交通运输行业;项目融资方面,91 个项目由中国出资,占比 18.9%,排名第二。尤其在东非区域,中国建设项目占 54.7%,融资项目 25.9%,双双排名第一。另一方面,改善运输和物流。"一带一路"倡议将通过打造海陆空运输线路的经济走廊,助推非洲实现内陆、腹地和沿海的互联互通,提升非洲物流效率和出口能力,降低产品运输成本,提高周转效率,从而促进非洲一体化进程。

(三)通过中非产能合作实现经济特区的提质增效

经济特区的间接利益会通过经济特区企业和当地经济中的其他参与者,如雇员、供应商和竞争对手的互动而产生。因为经济特区的外商投资企业往往比国内企业具有更高的生产力和更高的技术能力。这种技术优势可以向周边地区溢出,促进结构变革,提高当地竞争力。这些溢出效应还包括可以促进东道国经济的中长期转型,发挥比经济特区自身的投资、就业和出口等直接效益更重要的作用。在经济特区企业和当地供应商之间建立采购联系,通常被认为是实现间接利益的最重要和最有效的方法之一。它们可以吸引当地企业改进其生产过程和管理方法,以满足经济特区企业的质量要求,这些要求往往高于当地企业的质量要求。此外,经济特区的企业一般也有动力支持当地供应商升级他们的流程,以便能够在当地采购,从而降低成本和交货时间。这些前向后向机制可以提高当地供应商的经济活力,并提高整体生产率。

经济特区发挥作用的前提是经济特区的行业定位要符合本国或该地区的实际情况,也就是说外来企业不能超过经济特区所在国家或地区的发展水平太远。一个典型的例子是孟加拉国早期的工业区,它们以高科技公司为目标,但没有成功。当其产业重点转移到劳动密集型服装行业时,因为该行业更符合该国的技能设置和生产环境,这一趋势才有所改变。[①] 中国与非洲国家在产业结构方面的互补性强,开展中非产能合作能够产生双赢效果。中国已进入工业化中后期阶段,而大多数非洲国家仍处于工业化起步阶段,通过中非产能合作将中国在工业化过程中积累的丰富经验和优势富余产能转移到非洲国家,符合国际产业转移的一般规律,有助于在满足非洲国家工业化和经济一体化需求的同时化解中国富余产能。

中国经济和非洲大陆的产业结构具有很强的互补性。中非民间商会调查显示,约50%的中国民营企业向非洲市场投入了新产品和服务,超过1/3投入了新技术。这些投资对于东道国具有明显的技术溢出效应,尤其是制造业企业向当地市场进行的技术转移,对东道国工业化起到了积极作用。2003年,中国对非直接投资的存量仅4.91亿美元;2010年,该数据上升至130.42亿美元;2020年,该数据更是攀升至433.99亿美元,同2003年相比增加了87.4倍。非洲已成为中国对外投资的重要阵地,在生产方式日益高度专业化的现代工业体系下,非洲大陆正在成为中国产业链和供应链的重要一环。[②]

---

① Farole, Thomas, and Gokhan Akinci, eds., *Special Economic Zones: Progress, Emerging Challenges, and Future Directions*, World Bank Publications, 2011, p.9.

② 肖宇、王婷:《非洲大陆自由贸易区协定生效对中非经贸合作的机遇与挑战》,《国际贸易》2021年第12期。

第十章 非洲基础设施发展规划与 "一带一路" 倡议的对接

非洲国家,尤其是撒哈拉以南的国家,是世界上竞争力最弱的国家之一,而基础设施似乎是阻碍非洲各国发展的最重要因素之一。[1] 2011 年,为了缓解非洲基础设施的匮乏对非洲经济发展的负面影响,尤其是对非洲内部贸易的削弱,非盟委员会、非洲发展新伙伴关系秘书处和非洲发展银行提出了非洲基础设施发展规划(Programme for Infrastructure Development in Africa,PIDA)。2012 年 1 月,在埃塞俄比亚的斯亚贝巴举行的非洲联盟(AU)第十八届常会上,非盟国家元首和政府首脑正式批准了非洲基础设施发展规划(PIDA)作为非洲大陆基础设施发展的总体框架。

2013 年,中国提出"一带一路"倡议,旨在将中国与世界其他国家实现互联互通。截至 2022 年 2 月,已有 49 个非洲国家签署一带一路倡议谅解备忘录。在"一带一路"框架下,中国对非洲进行了大量基础设施投融资及开发建设,成为非洲基础设施投融资的领导者。2013—2019 年,中国对非洲贷款承诺总额为 986.5 亿美元,其中交通部门为 309.3 亿美元(占比 31.4%)、能源部门为 246.1 亿美元(24.9%)、信息与通信技术部门为(ICT)62.5 亿美元(6.3%)、跨境水资源部门为 48.9 亿美元(5.0%)。2013—2019 年,中国在非工程承包业务营业额为 3531.1 亿美元。[2] 根据非洲开发银行数据显示,2018 年,非洲基础设施投融资承诺金

---

[1] African Union, "Program Infrastructure Development for Africa (PIDA)", https://au.int/en/ie/pida,2021-10-10.

[2] 根据中国对外贸易统计年鉴整理, https://data.cnki.net/area/Yearbook/Single/N2020120296? z=D18。

额为 1008 亿美元,除非洲各国政府外,中国的投融资金额最高,为 257 亿美元,占比 26%。[1]

2020 年,新冠肺炎疫情暴发,对全球经济造成了震荡。根据世界银行《全球经济展望》的数据显示,2020 年全球经济下降幅度达 3.5%。[2]根据联合国贸易和发展会议(UNCTAD)估计,疫情使非洲的经济(GDP)下降 1.4%,其中小型经济体将下降 7.8%。[3] 同时,受疫情的影响,非洲的债务问题不断恶化,截至 2021 年 3 月,已有 6 个非洲国家(刚果共和国、莫桑比克、圣多美和普林西比、索马里、苏丹和津巴布韦)陷入债务危机。关于中国制造"债务陷阱"的言论甚嚣尘上,中非基础设施合作面临巨大舆论压力。

由于抗疫得力,中国率先摆脱新冠肺炎疫情的负面冲击,全面恢复了经济活动。非洲基础设施发展规划也于 2020 年 11 月,完成了非洲基础设施优先计划(PIDA—PAP)阶段的所有项目。2021 年,非洲开始筹划和启动非洲基础设施优先计划 II 期。非洲基础设施优先计划实施的情况如何,收获了哪些经验? 在非洲基础设施优先计划 II 期推进过程中,中非如何推动其与"一带一路"倡议对接,发挥协同作用? 这些问题是本章的研究重点。

一、非洲基础设施发展规划(**PIDA**)的推出

(一)非洲基础设施发展规划的宗旨与目标

非洲基础设施的严重赤字导致生产和交易成本增加,企业竞争力下降,对流入非洲大陆的外国直接投资产生负面影响,因此影响到非洲大陆

---

[1] AfDB, Africa Economic Brief—China's Infrastructure Financing in Africa: Stylized Facts and Impact of Covid-19-Volume 12 | Issue 8.

[2] The World Bank Group, "Globl Economic Prospects", https://www.worldbank.org/en/publication/global—economic-prospects, 2021-10-11.

[3] UNCTAD, Assessing the Impact of COVID-19 on Africa's Economic Development, United Nations Publications, July, 2020.

的经济和社会发展速度。2011 年,非盟委员会、非洲发展新伙伴关系
(NEPAD)秘书处、非洲发展银行提出非洲基础设施发展规划(PIDA)。
非洲基础设施发展规划是一项多部门计划,涵盖运输、能源、跨界水和电
信(Information and Communications Techology,ICT)四个领域,致力于通过
改善区域基础设施来支持《阿布贾条约》,促进非洲区域经济体的建立。[①]

非洲基础设施发展规划的参与者和主要合作伙伴包括非洲联盟委员
会(The Afrrcan Union Commission,AUC)、非洲各个区域经济组织及其成
员、日本国际协力机构(Japan International Cooperation Agency,JICA)、非
洲开发银行(Africon Development Bank,AfDB)、南非开发银行
(Development Bank of South Africa,DBSA)、德国国际合作机构
(Gesellschaft für Internationale Zusammenarbeit,GIZ)、非洲经济委员会
(United Nations Economic Commission for Afrrca NEPAD the New
Partnorship for Afrrcas Development,ECA)、欧盟、全球水伙伴关系(Global
Water Partnership,GWP)、国际劳工组织(International Labor
Organisation)。非洲基础设施发展规划计划汇集和合并非洲大陆现存的
各种基础设施举措,例如非洲发展新伙伴关系(NEPAD)短期行动计划、
非洲发展新伙伴关系中长期战略框架和非盟基础设施总体规划举措,成
为整个大陆的一个连贯计划。[②] 非洲基础设施发展规划分为短期和长
期,其中短期一直到 2020 年,长期则到 2040 年。非洲基础设施优先计划
(The PIDA Priority Action Plan,PIDA—PAP)I 期属于非洲基础设施发展
规划在 2012—2020 年的战略规划,包括 51 个项目,分为 409 个工程,涵
盖运输、能源、信息和通信技术以及跨境跨境水资源部门,整体预算为
680 亿美元。非洲基础设施优先计划的第二个阶段,时间跨度为 2021—
2030 年,包括 69 个区域基础设施项目,涵盖运输(28 个)、能源(18 个)、

---

① African Union,"Program Infrastructure Development for Africa(PIDA)",https://au.
int/en/ie/pida,2021-11-11.

② African Development Bank Group,"Programme for Infrastructure Development in Africa
(PIDA)",https://www.afdb.org/en/topics-and-sectors/initiatives-partnerships/programme-
for-infrastructure-development-in-africA-Pida,2021-11-11.

信息和通信技术(11 个)以及跨境跨境水资源部门(12 个),整体预算为1610 亿美元。①

区域一体化是非洲实现增长潜力、有效参与全球经济、分享全球化利益的最佳途径和可能的唯一途径。② 区域基础设施对于增加非洲内部贸易和提高非洲大陆在世界市场上的竞争力,建立一个紧密联系和繁荣的非洲至关重要。非洲基础设施发展规划的宗旨和目标是为非洲利益相关者提供了一个共同框架,以建设更加一体化的运输、能源、信息与通信技术和跨境供水网络所需的基础设施,进而促进贸易、刺激增长和创造就业机会。非洲基础设施发展规划希望通过改善非洲大陆基础设施网络,使主要受益国提高效率、加速增长、促进非洲经济一体化、提高生活水平和释放非洲内部贸易。③ 通过构建共同愿景和全球伙伴关系建立充分、具有成本效益和可持续的区域基础设施,推动非洲大陆形成一个整体的大型竞争市场,促进非洲经济高速发展和融入全球经济。

(二)非洲基础设施发展规划的融资需求和资金来源

非洲发展银行(African Development Bank, AfDB)是非洲基础设施发展规划的执行机构,负责该计划的合同、财务、技术以及行政管理,包括采购程序的合规管理和预算规划。非洲基础设施发展规划的规划和执行成本总共为 1139 万美元,包括聘请独立专家顾问小组、开展区域和部门协商研讨会以及构建基础设施数据库。仅部门研究部分就需花费 755 万美元,其中,非洲发展基金(African Development Foundation, ADF)提供 193万美元(25.6%);非洲水资源基金(African Water Foundation, AWF)提供

① Virtual PIDA Information Center, "African Heads of States and Governments Adopt the Second Phase of the Programme for Infrastructure Development in Africa(PIDA PAP 2)and the Africa Single Electricity Market (AfSEM)", https://www.au – pida. org/news/african – heads – of – states – and–governments–adopt–the–second–phase–of–the–programme–for–infrastructure–development–in–africA–PidA–Pap–2–and–the–africa–single–electricity–market–afsem/, 2021–11–12.

② African Union, "Program Infrastructure Development for Africa (PIDA)", https://au. int/en/ie/pida, 2021–11–12.

③ Virtual PIDA Information Center, "PIDA History", https://www. au—pida. org/pida – history/page/2/, 2021–11–13.

186 美元（24.6%）、伊斯兰开发银行（Islamic Development Bank,IsDB）提供 176 万美元（23.3%）、非洲新发展伙伴关系—基础设施准备基金（New Partnership for Africa's Development-Infrastructure Project Preparation Facility,NEPAD-IPPF）提供 200 万美元赠款（26.5%）。[①]

　　非洲基础设施发展规划的融资需求预计超过 3600 亿美元,其中非洲基础设施优先计划 I 期（2012—2020 年）为 680 亿美元,年均 75 亿美元。从行业层面来看,到 2020 年,能源部门的融资需求最大,为 403 亿美元,占比 59.3%;其次是交通部门,融资需求为 254 亿美元,占比 37.4%。高占比的融资需求表明了通过对这些部门的大力投资以促进经济增长、内部贸易和就业的迫切需要。跨境水资源部门融资需求较低,为 17 亿美元,占比 2.5%;信息和通信技术部门的融资需求最低,仅为 5 亿美元,占比不到 1%。从区域层面来看,东部非洲地区的融资需求最大,为 233 亿美元,占比 34.3%;其次为中部非洲地区,为 215 亿美元,占比 31.6%;南部非洲地区融资需求较高,为 126 亿美元,占比 18.5%;西部非洲地区融资需求较小,为 62 亿美元,占比 9.1%;北部非洲地区融资需求最低,仅为 13 亿美元,占比 1.9%。[②]

　　非洲基础设施发展规划的融资来源包括非洲内部官方和私人资金以及外部发展伙伴资金。非洲发展银行估计,到 2030 年,非洲内部资金将承担 66%的非洲基础设施发展规划项目成本,而 2040 年这一比例将上涨至 75%。[③] 具体来看,非洲基础设施发展规划的融资以非洲基础设施融资基金为主,其他多种资金来源共存的局面。非洲基础设施融资基金由非洲开发银行提出,以非洲中央银行以及养老金、保险和主权财富基金

　　① African Development Bank Group, "Programme for Infrastructure Development in Africa（PIDA）", https://www. afdb. org/en/topics－and－sectors/initiatives－partnerships/programme－for-infrastructure-development-in-africA-Pida,2021－11－13.

　　② Africa Development Bank, "Financing PIDA Projects", https://www. afdb. org/fileadmin/uploads/afdb/Documents/Generic－Documents/PIDA% 20brief% 20financing. pdf, 2021－11－14.

　　③ Africa Development Bank, "Financing PIDA Projects", https://www. afdb. org/fileadmin/uploads/afdb/Documents/Generic－Documents/PIDA% 20brief% 20financing. pdf, 2021－11－14.

(Sovereign Wealth Funds,SWFs)的储备为基础,同时接受多方捐助,为非洲基础设施发展规划提供项目资金。自 2005 年成立以来,非洲发展新伙伴关系——项目准备基金(The New Partnership for Africa's Development Project Preparation Facility,NEPAD-IPPF)已经完成了 55 项区域基础设施项目的赠款,其中 30 个项目已经完成融资,还动员了 241 亿美元的下游投资,是非洲基础设施发展规划发展融资的主要保障。基础设施债券融资也成为非洲一些国家基础设施融资的手段。比如,埃塞俄比亚、肯尼亚、尼日利亚和南非等国家已成功发行基础设施债券,南部非洲发展共同体、东部和南部非洲共同市场和东非共同体(三方)也正在考虑发行区域基础设施债券。① 部分非洲国家还通过为私人投资者提供贷款担保来促进实施生产性政府和社会资本合作(Public-Private-Partnership,PPP)。例如,南非政府与南部非洲开发银行(The Development Bank of Southern Africa,DBSA)合作发行了次级债来承担项目融资风险,让股票投资者放心地投资南非的首个公私合营项目。② 新的融资伙伴关系——金砖四国(巴西、俄罗斯、印度和中国)也在非洲基础设施融资方面发挥了重要作用,未来需要进一步发挥外部资金的杠杆作用。在创新融资方面,非洲区域经济组织也试图通过征收社区税为基础设施建设提供资金。例如,西非国家经济共同体一直在实施 0.25% 的社区税,进而为基础设施建设融资。③

(三)非洲基础设施发展规划的预计效果

非洲基础设施发展规划预计将降低成本、提高效率和促进非洲内部

---

① Africa Development Bank, "Financing PIDA Projects", https://www. afdb. org/fileadmin/uploads/afdb/Documents/Generic - Documents/PIDA% 20brief% 20financing. pdf, 2021 - 11-15.

② Africa Development Bank, "Financing PIDA Projects", https://www. afdb. org/fileadmin/uploads/afdb/Documents/Generic - Documents/PIDA% 20brief% 20financing. pdf, 2021 - 11-15.

③ Africa Development Bank, "Financing PIDA Projects", https://www. afdb. org/fileadmin/uploads/afdb/Documents/Generic - Documents/PIDA% 20brief% 20financing. pdf, 2021 - 11-15.

贸易。在能源方面，非盟的研究指出，非洲基础设施发展计划能降低能源成本并增加覆盖率。[①] 非洲每年将节省 300 亿美元的电力生产成本，到 2040 年将总共节省 8500 亿美元。电力覆盖率将从 2009 年的 39% 上升到 2040 年的近 70%，覆盖人数新增 8 亿人。在运输方面，非洲基础设施发展规划将削减运输成本并促进非洲内部贸易。非洲区域运输一体化网络（African Regional Transport Infrastructure Network，ARTIN）的运输效率收益将超过 1720 亿美元，随着贸易走廊的开放，未来有望节省更多资金。区域一体化和服务业的稳步推进将大幅提升非洲内部贸易的比例，有助于实现 2028 年非洲共同市场的承诺。在跨境水资源部门方面，非洲基础设施发展规划将确保水和粮食安全。非洲拥有世界上最低的蓄水能力和灌溉农业，大约一半的大陆面临着水资源压力，非洲基础设施发展规划将通过建设粮食生产和贸易所需的储水基础设施来解决用水难题和粮食危机。在信息和通信技术方面，非洲基础设施发展规划将增加宽带普及率，促进电子商务的发展。非洲基础设施发展规划将使非洲大陆的宽带覆盖率提高 20 个百分点，并通过加强商品与市场之间以及人与工作之间的联系，促使 GDP 增加 2%，非洲电子商务业也将因此收益。

二、非洲基础设施发展规划（PIDA）的实施及效果

作为实现非洲区域一体化的重要手段，非洲基础设施发展规划具有宏伟的目标，但其实际实施情况却不尽如人意。从 2012 年提出至今，非洲基础设施发展规划项目的完成率不到 20%。非盟需要从以往的实施经验中吸取经验，调整政策和措施以期加速非洲基础设施发展规划的实施进程。

（一）非洲基础设施发展规划项目行业和地区分布

总体而言，非洲基础设施发展规划的项目在行业层面运输行业占据

---

① Union A., Programme for Infrastructure Development in Africa, Addis Ababa：African Union，2015.

主导地位,在区域层面项目分配并不均衡,见表 10-1。

表 10-1　非洲基础设施发展规划的区域和行业分布情况　（单位:个）

部门	ECCAS	COMESA	EAC	ECOWAS	IGAD	SADC	AMU/UMA	合计
能源	7	10	9	7	3	23	7	66
信息和通信技术	22	13	13	35	8	18	7	116
交通运输	39	23	78	38	8	40	8	234
供水	1	0	0	4	1	2	2	10
合计	69	46	100	84	20	83	24	

注:中部非洲国家经济共同体(ECCAS)、东部和南部非洲共同市场(COMESA)、东非共同体(EAC)、西非国家经济共同体(ECOWAS)、政府间发展管理局(IGAD)、南部非洲发展共同体(SADC)、阿拉伯马格里布联盟(AMU/UMA)。

资料来源:Virtual PIDA Information Center, PIDA Projects Dashboard, https://www. au-pida. org/pidA-Projects/,2021-11-16。

行业层面,非洲基础设施发展规划的运输行业项目数为 193 个,占比 58.7%,超过了一半;其次是信息与通信技术和能源行业,项目数分别为 75 个和 52 个,分别占比 22.8% 和 15.8%。跨境水资源项目只有 9 个,占比仅为 3%。

区域层面,从项目的分布来看,东非共同体(EAC)的项目数最多,为 100 个。其次为西非国家经济共同体(ECOWAS)和南部非洲发展共同体(SADC),分别为 84 个和 83 个。政府间发展管理局(IGAD)的项目数最少,为 20 个。

行业与区域层面结合来看,南部非洲发展共同体(SADC)的能源项目数最多,为 23 个,占比 34.8%;西非国家经济共同体(ECOWAS)的信息和通信技术项目最多,为 35 个,占比 30.1%;东非共同体(EAC)的交通项目最多,为 78 个,占比 33.3%;西非国家经济共同体(ECOWAS)的跨境水资源项目最多,为 4 个,占比 40%。

（二）非洲基础设施发展规划的项目实施情况

非洲基础设施发展规划制订了优先行动计划（Priority Action Plan,

PAP)，其中包括将在短期（2012—2020 年）和中期（2020—2030 年）实施的项目和计划。总体来看，截至 2022 年 3 月，已完成的项目数为 76 个，正在进行中的项目数为 253 个，还有 80 个项目数据缺失。

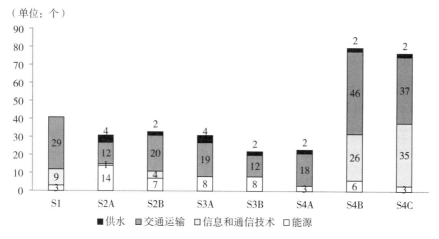

（单位：个）

图 10-1　非洲基础设施优先计划项目实施情况

资料来源：Virtual PIDA Information Center, PIDA Projects Dashboard, https://www.au-pida.org/pidA-
　　　　　Projects/，2021-11-16。

非洲基础设施发展规划的项目实施包含 8 个阶段，分别为 S1、S2A、S2B、S3A、S3B、S4A、S4B 和 S4C，见图 10-1。S1 为项目定义阶段，该阶段包括预可行性阶段之前所需的部分早期概念设计工作，包括概念说明制定、预可行性研究的职责范围、最终确定项目拨款协议、建立项目协调机制和最终确定项目信息简报。处于 S1 阶段的项目数为 41 个，供水、交通运输、信息和通信技术以及能源部门分别为 0 个、29 个、9 个和 3 个。S2A 阶段为预可行性阶段，该阶段包括成功完成侧重于获得基础和技术金融建模支持的活动、进行尽职调查并完成预可行性研究。处于 S2A 阶段的项目数为 31 个，供水、交通运输、信息和通信技术以及能源分别为 4 个、12 个、1 个和 14 个。S2B 阶段为可行性阶段，该阶段包括专注于完成可行性研究的活动，该研究涵盖项目的组织、财务、技术、社会、环境和其他方面，并确保其获得批准；起草和最终确定技术咨询服务的职责范围；进行详细的项目工程设计并为项目进行详细的财务建模。处于 S2B 阶段的项目数为 33 个,供水、交通运输、信息和通信技术以及能源分别为 2 个、20 个、4 个和 7 个。S3A 为项目结构阶段,此阶段涉及为项目创建适当的商业和技术结构,这不但对于吸引资金,而且对于吸引更优的资金组合、融资方案的开发以及整体商业结构和初步法律结构的发展都至关重要。处于 S3A 阶段的项目数为 31 个,供水、交通运输、信息和通信技术以及能源分别为 4 个、19 个、0 个和 8 个。S3B 为交易支持和融资完成阶段,此阶段涉及为项目创建适当的商业和技术结构,这对于吸引资金、正确的资金组合、融资方案的开发以及整体商业结构和初步法律结构的发展都至关重要。处于 S3B 阶段的项目数为 22 个,供水、交通运输、信息和通信技术以及能源分别为 2 个、12 个、0 个和 8 个。S4A 为招标阶段,该阶段包括编制招标文件、确定建设融资方法、开标和评标过程以及授予标书的活动。处于 S4A 阶段的项目数为 23 个,供水、交通运输、信息和通信技术以及能源分别为 2 个、18 个、0 个和 3 个。S4B 为建造阶段,基础设施项目开始动工建设。处于 S4B 的项目数为 80 个,供水、交通运输、信息和通信技术以及能源分别为 2 个、46 个、26 个和 6 个。S4C 为运营阶段,基础设施在此阶段运行。处于 S4C 阶段的项目数为 77 个,供水、交通运输、信息和通信技术以及能源分别为 2 个、37 个、35 个和 3 个。

　　总的来看,非洲基础设施优先计划 I 期项目总体实施情况不太理想,将近一半的项目处于项目的准备阶段,项目完成率较低。未来在推进非洲基础设施优先计划 II 期项目与非洲基础设施发展规划长期计划时,非洲国家和组织需要总结非洲基础设施优先计划 I 期的经验和教训,以确保非洲基础设施发展规划项目的顺利实施,达到预期的成果和产出。

(三)非洲基础设施优先规划 I 期的经验与总结

　　第一,最高政治级别的领导对于大规模跨境发展计划的成功至关重要。一方面,最高级别的政治领导有助于动员重要的利益相关者和合作伙伴。另一方面,如果国家元首、部长和非洲联盟委员会主席等高级政治领导人参与,非洲基础设施发展规划周(PIDA Week)等活动可能会更有成效。因此,非洲国家和组织——特别是非洲联盟委员会、非洲联盟发展署(African Union Development Agency-The New Partnership for Africa's Development,AUDA-NEPAD)和区域经济组织应尽量为区域倡议开展由高级政治领导人主导的动员运动。

第二,加强政策整合、提高跨境基础设施项目意识和实施速度。非洲大陆的国家和组织应积极通过整合政策来避免冲突、促进对话和信息共享、提升透明度以及发挥区域基础设施项目不同参与者之间的联合工作和协同作用。非洲国家和组织需要在国家和区域层面的战略规划和项目实施方面建立强有力的接口,以支持非洲基础设施发展规划的推进。国家层面的运输和贸易政策之间需要横向整合,区域和国家层面的基础设施政策之间需要纵向整合。

第三,确保国家层面对非洲基础设施发展规划的实施承诺。虽然非洲存在关于区域倡议的政府间协定,但是非洲基础设施发展规划的执行速度缓慢表明,在区域一级签署政府间协定不足以加快其实施进程,这些计划需要立足于国家层面,才有可能得到实施。为此,非洲联盟委员会和非洲联盟发展署可以探讨与有关国家签署谅解备忘录并与其共同制定区域项目实施计划的可能性。此外,非洲联盟委员会可以与在区域基础设施计划的实施中发挥重要作用的组织签署单独的谅解备忘录,例如区域经济组织和开发银行。从本质上讲,涉及国家和区域组织分别和集体参与的双重方法可能是加快跨境项目实施的有效途径。

第四,非洲大陆需要扩大资金来源,以保证拥有充足的资金来实施非洲基础设施发展规划。非洲国家和组织在实施已有的融资渠道情况下,应继续扩大外部融资渠道来保证非洲基础设施发展规划的项目资金充足。比如,埃及和南非等作为亚洲基础设施投资银行成员的非洲国家,可以探索利用银行资源在"一带一路"背景下实施非洲基础设施发展规划项目。

第五,缺乏与《2063 议程》的整合。在性别平等话题中,非洲基础设施优先计划并未将其纳入项目设计和选择标准中。全球性别差距报告(The Global Gender Gap Report)数据显示,2020 年,撒哈拉以南非洲的性别差距比全球平均水平高出 36.8%①,性别不平等对非洲的经济转型和经济增长都会造成不利影响,未来非洲基础设施发展规划需加强与《2063 议程》的整合,更好地推动非洲经济的发展。

三、非洲基础设施发展规划第二期优先行动计划与"一带一路"倡议的对接:机会

非洲基础设施发展规划与"一带一路"在促进非洲基础设施互联互通的目标上具有一致性,存在战略对接的可能。《中非合作论坛—达喀尔行动计划(2022—2024)》指出,中国将加强中非基础设施合作,与非洲基础设施发展规划第 II 期优先行动计划对接,实现更优的中非基础设施合作。中国是基础设施建设产能最强大的国家,并拥有强大的资金保障以及明显的技术优势,中非双方在基础设施合作领域存在巨大机遇。

(一)非洲基础设施发展规划第 II 期优先行动计划介绍

非洲基础设施发展规划第 II 期优先行动计划重视与非洲《2063 议程》的融合,并计划以"综合走廊"的方式来推进基础设施项目。"综合走廊"强调基础设施项目应以促进就业为导向,有利于性别平等、气候友好、促进城乡联通以及提升经济和金融吸引力,在促进经济增长的同时兼顾可持续发展。

非洲基础设施发展规划第 II 期优先行动计划项目的最终确定历经 5 个阶段:非洲基础设施发展规划第 II 期优先行动计划原则和筛选标准的确定(综合走廊方法)、项目申请、项目筛选、项目组合和项目的采纳。非洲基础设施发展规划第 II 期优先行动计划的项目筛选包含资格标准和筛选标准两个部分。资格标准包含项目是否有战略联盟和区域承诺支撑以及项目是否能够促进区域一体化,只有符合标准的项目才能进入下一

---

① World Economic Forum,"Global Gender Gap Report 2020", https://www.rvo.nl/sites/default/files/2021/01/WEF-Global-Gender-Gap-Report-2020_0.pdf,2021-11-17.

步筛选。筛选标准包含 8 个,且每一个都有对应的权重,根据综合得分选出最终的非洲基础设施发展规划第 II 期优先行动计划项目,具体如表 10-2 所示。以非盟为首的组织联盟会对通过筛选的项目进行区域层面的组合和协调,确定项目最终清单并提交审核。2021 年 2 月,非洲联盟国家元首和政府首脑会议期间,非洲基础设施发展规划第 II 期优先行动计划的 69 个项目获得了批准,包括 28 个交通项目、18 个能源项目、12 个跨境水资源项目和 11 个信息与通信技术项目。

表 10-2　非洲基础设施发展规划第 II 期优先行动计划的项目选择标准

分类	标准	权重
区域整合	区域性项目	通过/拒绝
	相关国家之间有明确的协议	通过/拒绝
包容性和持续性	性别平等	10%
	与农村的连接	5%
	气候友好	10%
经济及金融影响	走廊规划	15%
	就业创造	10%
	经济影响	25%
	对私营部门投资的金融吸引力	20%
	智能/创新技术	5%

资料来源:African Union,The Integrated Corridor Approach"A Holistic Infrastructure Planning Framework to establish PIDA—PAP 2",February 2020。

(二)非洲基础设施发展规划第 II 期优先行动计划给中国投资开发者的机会和挑战

1. 机遇

非洲基础设施发展规划第 II 期优先行动计划作为非洲大陆一级的基础设施战略,给海外投资开发者带来了巨大的机遇。

从融资角度来讲,非洲基础设施发展规划第 II 期优先行动计划需要大量的基础设施融资,而非洲自身的资金量不足,预计存在34%的融资缺口①,这意味着其需要从外部融资,给海外投资者带来了机会。例如,在交通部门,非洲基础设施发展规划第Ⅱ期优先行动计划通过采纳卢森堡铁路协议(Luxembourg Rail Protocol)②来促进融资。而中国在基础设施投融资上拥有强大的资金保障,从2006年开始,中国即拥有全世界最高的外汇储备,截至2020年年底,中国外汇储备超过3万亿美元③。此外,中国已建立多条对外投融资渠道,包括政策性银行、开发性银行、商业银行、国家主权财富基金等金融机构提供资金支持。中国通过多种投融资渠道投入深化与"一带一路"沿线国家和地区政府、金融机构等的合作,发挥杠杆作用撬动各国资金流,为中非基础设施合作提供了稳定的投融资保障。④

从投资角度来讲,所有的项目都已经经过可行性分析、实施战略规划、非盟和非洲区域经济体的背书,风险性和投资回报层面有一定保障。非洲基础设施发展规划第Ⅱ期优先行动计划的推进也有利于非洲形成统一的市场,为投资者提供更大的市场机遇。此外,非洲基础设施发展规划第Ⅱ期优先行动计划的实施将为非洲的经济发展带来贡献。非洲经委会的研究表明,非洲的基础设施发展有可能将GDP提高2%,并为快速工业化奠定基础,提高动员更多国内资源的能力⑤,这为投资者提供了宏观环境的保障和市场机遇。同时,中非发展基金等机构会为中国企业提

---

① African Development Bank, "Financing PIDA Projects", https://www. afdb. org/fileadmin/uploads/afdb/Documents/Generic‐Documents/PIDA% 20brief% 20financing. pdf, 2021‐11‐17.

② UNIDROIT, "FiFth Pida Week Endorses Luxembourg Rail Protocol", https://www.unidroit. org/562‐highlights‐e/2790‐fifth‐pida‐week‐endorses‐luxembourg‐rail‐protocol‐2‐h, 2021‐12‐01.

③ 国家外汇管理局、官方储备资产(2020), http://www. safe. gov. cn/safe/2020/0207/15341. html。

④ 卢潇潇、梁颖:《"一带一路"基础设施建设与全球价值链重构》,《中国经济问题》2020年第1期。

⑤ Virtual PIDA Information Center, "16 Infrastructure Projects for African Integration", https://www.au‐pida.org/download/16‐infrastructure‐projects‐for‐african‐integration/, 2021‐12‐02.

供帮助解决在非投资的资本金、进行非洲国情和投资环境分析、筛选投资项目等服务,有效降低了对非基础设施投资的风险。

对于对外工程承包公司来讲,非洲的基础设施建设能力欠缺,在工程规划、实施、运营方面的能力较差,为国外工程承包公司提供了市场进入的可能。而中国在基础设施建设拥有强大的成本优势和技术优势,为中非基础设施合作提供了巨大机遇。第一,中国在基础设施上具有成本优势。中国在诸如钢筋、水泥等基础设施建设原料上的产能占全世界的一半以上,具有规模经济。此外,随着改革开放后基础设施建设的快速推进,中国培养了世界规模最大、效率极高的施工队伍,竞争力非常高。①第二,中国具有强大的技术优势。中国是世界上唯一拥有联合国产业分类中全部工业门类的国家,拥有强大的制造业系统集成与综合配套能力,加之工程机械产品质优价廉且技术成熟,使中国在基础设施建设方面具有很大的技术优势,并逐渐形成了以世界高端技术为基础的全产业链。②

2. 挑战

由于跨国投资以及基础设施投资存在固有风险,海外投资开发者在参与非洲基础设施发展规划第 II 期优先行动计划建设时也会面临众多挑战。

从融资角度来讲,非洲基础设施发展规划第 II 期优先行动计划很多项目包含多部门(比如水力发电),项目资金量需求量很大,对融资者的实力和抗风险能力要求更高。同时,受新冠肺炎疫情的影响,非洲国家债务问题不断浮出水面,融资者面临着更大的贷款风险。由于非洲国家债务风险问题,中国已经取消了 15 个非洲国家将于 2020 年年底到期的无息贷款债务,其中博茨瓦纳、布隆迪、卢旺达、喀麦隆、刚果、刚果(金)和莫桑比克等国的债务减免总和为 1.138 亿美元以上。③

① 林毅夫:《中华民族伟大复兴和"一带一路"倡议》,《上海对外经贸大学学报》2018 年第 6 期。

② 卢潇潇、梁颖:《"一带一路"基础设施建设与全球价值链重构》,《中国经济问题》2020 年第 1 期。

③ Kevin Acker, Deborah Brautigam, and Yinxuan Wang, "Global Debt Relief Dashboard: Tracking Chinese Debt Relief in the COVID-19 Era", China Africa Research Initiative(CARI), Johns Hopkins University School of Advanced International Studies, Version 1.5, July 2021.

从投资者的角度来讲,由于非洲基础设施发展规划第 II 期优先行动计划中的项目大多为区域跨境基础设施,涉及费用分摊和日后运营归属等问题,协调难度较大。此外,跨境基础设施还会面临更大的政治、经济、法律和技术风险。根据美国企业研究所和美国传统基金会公开的"中国全球投资跟踪"数据库(China Global Investment Tracker)的数据显示,2006—2021 年,中国对非基础设施问题投资总数达到 12 个,总计 148.8 亿美元。

从对外工程承包的角度来讲,非洲基础设施发展规划第 II 期优先行动计划战略规划中明确要增加就业,要求在工程承包中加大本地员工的雇佣比例,但由于非洲国家民众普遍受教育水平不高,缺乏合格的技术人员,增加了工程承包商的人力成本。非洲工业化水平落后,建筑材料不够齐全,需要从国外进口,增加了项目成本和难度。非洲基础设施发展规划第 II 期优先行动计划对环境问题的强调、每个项目需与以往的项目进行协调,对工程承包商的规划能力要求更高。此外,非洲自身区域一体化内生的挑战也会增加海外投资开发者的风险,一些成员之间的冲突、缺乏自筹资金机制、补偿机制失效、国家一级执行一体化议程的行政能力薄弱等都成为阻碍因素。在冲突中和冲突后环境中工作的复杂性也不容忽视,目前被列为脆弱和受冲突影响国家(fragile and conflict-affected countries, FCAs)的 39 个国家中有一半以上在非洲。鉴于许多非洲基础设施发展计划走廊和项目跨越多个国家,非洲基础设施发展规划第 II 期优先行动计划项目将包括 FCAs 的可能性很大,再加上新冠肺炎疫情的影响,FCAs 冲突的危险性正在加剧。在非洲基础设施发展规划第 I 期优先行动计划的 409 个项目中,大约 48%的国际开发计划署项目横跨至少一个面临脆弱性或冲突风险的国家。在这些国家中,17%的国家制度和社会脆弱性较高,31%的国家有中等强度冲突,3%的国家有高强度冲突。①

---

① Chelsea Markowitz, "Conflict-Sensitive Infrastructure Development: Key Considerations for the AU", https://media. africaportal. org/documents/Policy – Briefing – 238 – markowitz. pdf, 2021 – 12–04.

四、非洲基础设施发展规则第 **II** 期与"一带一路"倡议的对接：政策建议

"一带一路"目标与非洲基础设施发展规划之间存在显著重叠，两者将共同推动非洲的区域一体化以及《2063 年议程》的实现。[1] 非洲基础设施发展规划的主要目标是深化非洲大陆区域一体化，以期整合次区域市场、促进非洲内部贸易、刺激非洲各国经济和社会发展以及促进工业化。2013 年，中国国家主席习近平提出"一带一路"倡议，而基础设施互联互通是"一带一路"建设的优先领域。两者在战略目标上存在重合性和一致性。中国与非洲在 2018 年中非合作论坛（FOCAC）峰会北京宣言中达成一致，推动"一带一路"倡议与非洲国家发展战略对接。2020 年12 月，中国与非盟签署了《中华人民共和国政府与非洲联盟关于共同推进"一带一路"建设的合作规划》，为中非基础设施合作提供了区域层面的统筹规划。同时，中国正在与非洲国家签署单独的"一带一路"谅解备忘录，确保基础设施合作在国家一级的执行与协调。这些都表明了非洲基础设施发展规划第 II 期优先行动计划项目可能在"一带一路"倡议背景下去实施，进而实现双赢。

1. 加强战略对接，更好满足需求

中国着眼于促进非洲发展一体化大市场、多层次大联通，强化对区域性重大项目的战略谋划与构造。2018 年 9 月，中非合作论坛北京峰会上，中方宣布将与非盟共同编制《中非基础设施规划》，为中非基础设施合作提供指导性文件。同一时期，国家能源局与非盟签署了《中国—非盟加强能源合作谅解备忘录》，中非双方将在"一带一路"框架下共同推动非洲基础设施发展规划和非盟《2063 年议程》旗舰项目，并筹建中非能源合作中心。2021 年 11 月，中非合作论坛第八届部长级会议上，中非双

---

[1] Chen Y., "Silk Road to the Sahel: African Ambitions in China's Belt and Road Initiative", *China Africa Research Initiative Policy Brief*, 2018(23).

方宣布通过《中非合作论坛—达喀尔行动计划（2022—2024）》。该计划下，中国将优先加强中非基础设施合作同非洲基础设施发展规划第 II 期优先计划和总统支持基础倡议（Presrdential Infrastmcture Champion Invtiative，PICI）等旗舰项目对接。与非洲基础设施发展规划第 II 期优先行动计划的四个优先部门相对应，中国提出了相应的战略规划。交通方面，中国提出南北走廊、横贯东西非公路铁路两大通道建设，促进非洲形成通畅、快捷的区域性综合交通网络。信息通信方面，中国加强"3 纵 6 横"（西海岸、东海岸、南北联络线；地中海沿线光缆、5 条东西联络线）跨境光缆网建设。① 能源方面，重点推动因加水电站等重大水电项目，加快实现由非洲中部向南、北及西部送电项目建设。矿业方面，中国积极构建"矿电路港"综合开发产业链联动模式，将矿、电、路、港权相结合进行开发。未来，中非应在中非合作论坛的框架下形成"一带一路"与非洲基础设施发展规划对接的行动指南，加强战略对接，促进中非基础设施合作朝着更契合的方向发展。

2. 发挥多方力量，继续对非洲基础设施发展融资

非洲有巨大的基础设施赤字，但用于满足其基础设施需求的资金资源有限，估计每年基础设施投资缺口为 1300 亿—1700 亿美元。2019 年，非洲国家获得的外国直接投资（FDI）仅为 454 亿美元，相当于全球 FDI 的 2.9%② 而公共部门投资和私营部门融资无法满足非洲大陆的基础设施需求。相比之下，从 2006 年开始，中国即拥有全世界最高的外汇储备，截至 2020 年年底，中国外汇储备超过 3 万亿美元。此外，中国已建立多条对外投融资渠道，"一带一路"倡议提出以来，中国通过多种投融资渠道包括政策性银行、开发性银行、商业银行、国家主权财富基金等金融机构提供资金支持，投入深化与"一带一路"沿线国家政府、金融机构等的

---

① 中国与全球化智库：《关于改善和促进中国投资非洲的几点建议》，《中国与全球化智库月刊》2015 年第 3 期。

② Africa Development Bank，"Financing PIDA Projects"，https://www. afdb. org/fileadmin/uploads/afdb/Documents/Generic - Documents/PIDA% 20brief% 20financing. pdf，2021 - 12-09.

合作,发挥杠杆作用撬动各国资金流,为非洲国家基础设施建设提供了稳定的投融资保障。[1] 中非合作中中方在资金融通领域根据非洲实际需要,为项目建设提供了援助、信贷、投资等多元化融资支持。中方对非的资金融通主要以官方为主,但私人投资仍然是未来中国基础设施融资的重要资金来源,中国未来应大力引导私人资金进入非洲基础设施融资领域。中国政府可以提供援助资金开展项目可行性研究,鼓励有实力的私人企业和金融机构参与项目投资与运营,并给予必要的配套政策支持,扶持项目可持续发展,以此打造一批公私合营的示范项目,吸引私营部门投资基础设施建设。[2] 同时中国可进一步拓展债券融资、股权融资、公私合营等融资与合作方式,吸引私人资本参与非洲基础设施发展规划的第 II 期优先行动计划。[3]

3. 落实企业社会责任,注重项目的可持续性

相对于非洲基础设施发展规划第 I 期优先行动计划,非洲基础设施发展规划第 II 期优先行动计划更加注重项目的可持续性。中国企业在参与非洲基础设施发展规划第 II 期优先行动计划项目的建设中,应注重企业社会责任的履行,在项目设计、项目建造、项目运营以及项目回收等全流程中落实可持续理念,注重项目的经济社会环境影响。在环境方面,中国企业应严格遵守当地的法律法规,在事先做好环境评估工作,避免对当地环境保护区和生态敏感区的破坏,注意工程废料回收和污水废气处理,力求整个项目实施过程中做到环境友好。在社会方面,企业应尽可能多雇佣当地员工、注重男女员工平等,并为他们提供必要的技能培训。[4] 另外,中国在非洲基础设施投融资中,可加大当地承包商的选择比例,发

---

[1] 卢潇潇、梁颖:《"一带一路"基础设施建设与全球价值链重构》,《中国经济问题》2020年第 1 期。

[2] 陈小宁:《国际基础设施建设新趋势及建议》,《国际经济合作》2018 年第 9 期。

[3] 孙海泳:《中国参与非洲港口发展:形势分析与风险管控》,《太平洋学报》2018 年第 10 期。

[4] Lisinge R. T., " The Belt and Road Initiative and Africa's Regional Infrastructure Development: Implications and Lessons", *Transnational Corporations Review*, Vol. 12, No. 4, 2020, pp.425-438.

挥对外基础设施投资的知识与技术溢出效应,提高基础设施项目的可持续性。

4. 强化债务风险管理,保证非洲债务的可持续性

随着 COVID-19 大流行的到来,对非洲债务可持续性的担忧显著增加。根据世界银行的数据显示,2019 年中国贷款占非洲七个国家外债的25%以上:吉布提(57%)、安哥拉(49%)、刚果(布)(45%)、喀麦隆(32%)、埃塞俄比亚(32%)、肯尼亚(27%)和赞比亚(26%)。① 中国和非洲国家都应密切关注基础设施融资的债务影响,在《"一带一路"债务可持续性分析框架》的基础上,做好债务的增量调控,在确保债务可持续的同时,继续推进中非基础设施合作,从而增强非洲国家的自主发展能力和未来偿债能力。此外,中非在进行基础设施合作时,应将发展融资与非洲《2063 议程》等区域发展目标进行紧密对接,招募更多专业专家,建立项目评估程序,确定目标国家和部门战略,完善采购程序,监测和报告项目发展成果,提高项目的前期规划能力和项目的透明度。

5. 加强国家及项目层面的合作,树立非洲国家合作典范

从战略上看,非洲基础设施发展规划与"一带一路"倡议都是通过基础设施建设来促进国家和地区之间的互联互通,非洲基础设施发展规划属于区域层面协调与合作,而"一带一路"包含双边与多边经济合作,两者如何在业务上建立联系成为推动合作的重要一步。

国家层面,中非可以选择部分国家作为合作示范国,作为两项倡议对接的国家典范。"一带一路"的经济走廊中,"中国—中亚—西亚"经济走廊、"中孟印缅"经济走廊和中巴经济走廊都与非洲相关,中非可以在此联系基础上,寻求合作的可能。肯尼亚、吉布提和埃及三个国家既是"一带一路"倡议的基础设施联通性维度最为相关的非洲国家,也是非洲基础设施发展规划的参与国,它们为将"一带一路"倡议与非洲的基础设施发展规划联系起来提供了充足的机会。非洲内部贸易也可以从连接非洲

---

① 王金强、黄梅波、崔文星:《新冠肺炎疫情下全球主权债务治理困境及其应对分析》,《国际经济评论》2021 年第 4 期。

和中国的过境走廊中受益。这是因为过境走廊不仅用于运输过境货物，而且还用于在非洲邻国之间进行贸易的货物。例如，埃塞俄比亚和吉布提之间的贸易可能会受益于两国之间的铁路，该铁路由中国建造并被列为"一带一路"项目，这条铁路的主要目标是为埃塞俄比亚提供出海通道并支持其国际贸易。

项目层面，中非可以通过在非洲基础设施发展规划项目中确定同时促进非洲内部贸易和中非贸易的项目，借助"一带一路"倡议来推进此类项目的实施，在"一带一路"与非洲基础设施发展规划之间建立协同效应不仅有助于非洲加快选定优先项目的实施，还有利于实现"一带一路"倡议的基础设施互联互通目标。

总之，非洲基础设施发展规划的实施有利于非洲大陆市场的整合，大幅度提升非洲的内部贸易，为非洲的经济增长增加新动力。非洲基础设施的落后制约了非洲的经济发展。研究表明，基础设施建设可以直接提高人力和物质资本的生产力，从而提高经济增长。[1] 非洲存在巨大的基础设施投资缺口，根据非洲开发银行 2019 年的数据显示，投资缺口每年约为 1300 亿—1700 亿美元。[2] 基础设施的缺乏会降低生产力并提高生产和交易成本，进而降低企业竞争力和政府推行发展政策的能力，阻碍经济增长。世界银行最近的一项研究发现，基础设施建设不足使非洲每年经济增长降低 2%、企业生产力降低多达 40%。[3] 非洲基础设施的匮乏威胁着可持续发展目标、《2063 年议程》和《非洲大陆自由贸易协定》的实现，并剥夺了社区基本服务以及社会经济发展的机会。非洲基础设施发展规划的推进将大大促进非洲大陆区域一体化，整合消费者市场并提高非洲生产者的竞争力，推动区域内和区域间贸易将在非洲整体贸易中所占的份额不断增长，非洲内部经济增长潜力将得到充分发挥。

---

[1]　Estache A.，Garsous G.，"The Impact of Infrastructure on Growth in Developing Countries"，*IFC Economics Notes*，2012，1.

[2]　African Development Bank（AfDB）.2019，African Economic Outlook 2019. Abidjan：AfDB.

[3]　Ibrahim Mayaki，"Why Infrastructure Development in Africa Matters"，https：//www.un.org/africarenewal/web-features/why-infrastructure-development-africa-matters，2021－12－13.

　　2000 年以来,中非合作论坛和"一带一路"倡议从经济和制度层面深化了中非发展。中非合作论坛为中非合作提供了制度条件和基础。"一带一路"倡议拓展了中非合作范围和方式,提升了经贸往来规模与水平,也为中国开拓了国际市场空间,中国已连续 11 年成为非洲第一大贸易伙伴。一直以来,基础设施是中非合作的重点领域。中非在推进非洲基础设施建设方面具有共同的愿景和目标,未来,在"一带一路"倡议和非洲基础设施发展规划的框架下,中国企业可以凭借其所具有的充足的资金、技术、管理经验等方面的竞争优势,积极参与非洲的港口、铁路、公路、信息技术等基础设施建设,在为非洲区域一体化基础设施建设作出贡献的同时,获得自身的利益,实现双赢。

第十一章 非洲数字经济国际竞争力及中非数字经济合作

当前,全球正进入数字经济时代,世界银行预计,到 2025 年,全球数字经济规模占 GDP 的比重将大幅增加到 25%。[1] 近年来,数字经济正在成为非洲国家发展的新引擎,成为非洲各国的发展共识,依托数字技术的各类新业态开始在非洲蓬勃发展。中非数字经济合作不仅为非洲各国数字经济发展提供了经验,同时也为中非的经贸合作夯实了坚实的基础,推动着中非合作关系向着更深入、更长远发展。《中非合作论坛—北京行动计划(2019—2021 年)》中提出,"中非双方分享信息通信发展经验,鼓励企业在信息通信基础设施、互联网、数字经济等领域开展合作。"但是应该看到中非数字经济合作有着较大发展空间的同时,也面临着非洲数字基础设施发展滞后,数字人才缺乏、网络安全以及国际社会舆论误解的诸多问题。中非双方急需把握机遇与挑战,积极开展数字经济合作,进一步夯实双边合作的基础,提升非洲各国数字经济国际竞争力。

一、非洲数字经济国际竞争力

数字经济是通过移动通信网络等进行数字技术交流与合作。2000 年,学者汉斯提出数字化信息和信息与通信技术基础设施构成了数字经济。[2]

---

① Joseph U.Ibeh,"Africa's Fast Rising Digital Economy Hooked On Mobile Adoption",*China Investment*,September 20,2020,p.76.

② Hans Dieter Zimmermann.Understanding the Digital Economy:Challenges for New Business Models.*Ssrn Electronic Journal*,2000. p.729.

随着数字经济内涵和定义不断丰富,涵盖的范围、行业和领域不断扩充,为了准确衡量数字经济发展水平,国际组织及相关研究机构开始研究发布相关评价体系。2016 年《G20 数字经济发展与合作倡议》中提出明确了宽带接入、信息与通信技术投资、创业和数字化转型、电子商务合作、数字包容性、中小微企业发展等为数字经济发展与合作的六大关键优先领域。2016 年欧盟首次发布了《数字经济指数》(Digital Economy and Society Index(DESI)),随后不断更新,2020 年从网络连接,人力资源,技术集成、技术服务和公共服务五个角度构建了数字经济竞争力评价指标体系。2017 年,上海社科院发布了《数字经济蓝皮书》从基础设施、产业、创新和治理四个竞争力角度出发,构建了全球数字经济竞争力评价指标体系。[①]

相较于其他大洲,非洲的数字经济竞争力整体不强,但是增长势头可观。2018 年 9 月,数字经济研究院等联合发布了《2018 全球数字经济发展指数》,提出了数字经济基础设施、消费、产业生态、公共服务与教育科研五因素模型,构建了数字经济发展指数指标体系。[②] 可以看出总体上发达国家引领数字着经济基础设施、数字产业的发展。在全球范围内数字基础设施指数、全球数字产业生态指数、全球数字公共服务指数、全球数字科研指数中排名前五十的国家其中 70%均为发达国家,非洲国家均未出现在名单中,非洲国家数字经济发展指数排名较后,在全球数字消费者分数中南非以指数 0.509 挤进前 50 名,但整体上还是以发达国家和新兴发展中国家为主。[③] 2020 年,华为发布全球链接指数(Global Connectivity Index,GCI)结合数字供给、需求、体验和潜力四方面内容,分析了 79 个国家的数字化发展历程,对每个国家进行了打分,并基于各国的得分情况绘制了一条"S"型曲线。"S"型曲线上的国家根据其信息与

---

① 上海社会科学院经济研究所:《全球数字经济竞争力发展报告》,社会科学文献出版社 2017 年版,第 12 页。

② 数字经济论坛、毕马威、阿里研究院:《2018 全球数字经济发展指数报告》,数字经济论坛 2018 年版,第 24—48 页。

③ "数字经济论坛"、阿里研究院和毕马威:《2018 全球数字经济发展指数》,2018 年版,第 24—48 页。

通信技术投资、成熟度和经济发展水平可分为三类——起步者、加速者和领跑者。研究选取的 12 个非洲国家均处于起步者类，处于信息与通信技术基础设施建设的早期阶段，聚焦扩大网络联接覆盖范围，让更多人融入数字经济，相较于领跑者竞争力不足。但是报告分析，起步者正在积极追赶加速者和领跑者，努力缩小数字鸿沟。本书以欧盟 2020 年发布的指标体系为主体，结合非洲数字经济发展具体情况以及数据可获得性，对非洲数字经济发展现状进行分析，同时参考世界经济论坛（World Economic Forum）、非洲发展银行（African Development Bank）等机构发布的指数对非洲数字经济国际竞争力进行进一步评估，见表 11-1。总体上非洲数字经济国际竞争力不强，但是发展空间较大，具有较大的潜力。

表 11-1　非洲全球数字经济竞争力指标分析框架

一级指标	二级指标	竞争力相关参考指标	发布机构
数字网络连接	移动通信 移动通信使用率 固定宽带使用率 宽带价格	非洲基础设施发展指数	非洲发展银行（African Development Bank）
数字人力资源	数字技能 软件技能 信息通信技术专家	全球的竞争力指数（GCI）—技能	世界经济论坛（World Economic Forum）
数字技术集成	数字技术（云计算、大数据）交易（电子商务、跨境电子商务）	网络技术比例 全球竞争力指数（GCI）—ICT	国际电信联盟（ITU） 世界经济论坛（World Economic Forum）
数字技术服务	互联网服务、商品	全球的竞争力指数（GCI）—商业活力	世界经济论坛（World Economic Forum）
数字公共服务	电子政务、在线服务率、企业数字公共服务、开放数据、用户中心、跨国流动等政府服务措施	在线服务索引（OSI）电子政务	联合国社会事务署（UNDESA）

资料来源：European Union，Digital Economy and Society Index（DESI）2020 以及相关机构官网。

（一）数字网络连接

非洲数字网络连接整体上处于不断完善，不断发展的过程，见表

11-2。2020 年,非洲发展银行(AFDB)发布的非洲基础设施发展指数中,其中信息通信基础设施指数是包含了移动电话使用率、固定宽带使用率和网络带宽能力等指标的综合指数。报告显示非洲各国的信息通信基础设施平均指数从 2018 年的 16.68 到 2020 年的 20.19,呈现不断提升的趋势。①

表 11-2　2018—2020 年非洲信息通信基础设施指数前 10 名的国家

序号	国家	2018 年指数	国家	2019 年指数	国家	2020 年指数
1	南非	63.45	南非	67.39	南非	71.81
2	塞舌尔	51.85	毛里求斯	57.34	毛里求斯	62.43
3	毛里求斯	51.67	塞舌尔	56.56	塞舌尔	60.60
4	摩洛哥	34.91	阿尔及利亚	38.77	摩洛哥	44.29
5	突尼斯	33.91	摩洛哥	37.97	突尼斯	41.85
6	阿尔及利亚	32.59	突尼斯	37.52	阿尔及利亚	40.80
7	佛得角	29.51	埃及	33.50	埃及	37.12
8	埃及	28.49	佛得角	31.67	佛得角	34.25
9	博茨瓦纳	28.45	博茨瓦纳	31.49	博茨瓦纳	30.91
非洲国家总指数		900.64		1013.04		1090.30
非洲国家平均指数		16.68		18.76		20.19

资料来源:结合 African Development Bank "The Africa Infrastructure Development Index 2020", https://www.afdb.org/fileadmin/uploads/afdb/Documents/Publications/Economic_Brief_The _Africa_Infrastructure_Development_Index.pdf,July 2020 整理得来。

　　首先,移动通信。移动通信的普及是数字经济发展的催化剂,非洲移动市场发展虽然整体竞争力还有待提升,但发展呈现多样化,发展速度快的特点。可以说撒哈拉以南非洲地区是近年全球范围内通信行业发展最快的地区。据国际电信联盟数据,非洲各国移动用户入网率 2017—2019

---

　　① African Development Bank,"The Africa Infrastructure Development Index 2020", https://www.afdb.org/fileadmin/uploads/afdb/Documents/Publications/Economic_Brief_The _Infrastructure_Development_Index.pdf,July 2020.

年期间大幅增加。截至 2019 年年底,非洲有 13 个国家(塞舌尔、南非、博茨瓦纳、毛里求斯、科特迪瓦、冈比亚、加蓬、加纳、马里、纳米比亚、塞内加尔、佛得角和肯尼亚)移动用户入网率约为 100%。① 有 20 个国家移动用户入网率低于非洲平均水平的 82.3%,而其他 12 个国家的移动用户入网率低于 50%。根据全球移动通信协会(GSMA)的报告,截至 2019 年年底,撒哈拉以南非洲地区移动用户数量为 4.77 亿,预计到 2025 年增加 1.37 亿。但非洲移动入网用户活跃度不够,结合世界通信联盟(International Telecommunication Union)的报告显示,2019 年非洲每 100 名居民的活跃移动用户数为 33.1,远远落后于世界平均水平 75,见图 11−1。②

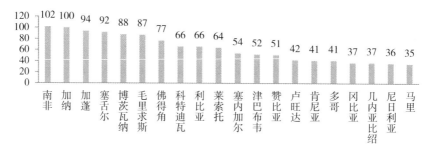

图 11−1　2019 年非洲每 100 名居民的活跃移动用户数排名前 20 的国家

资料来源:世界通信联盟(International Telecommunication Union),https://www.itu.int/en/ITU−D/Statistics/Pages/stat/default.aspx。

其次,宽带通信。非洲的宽带通信用户订阅率不断提升。近几十年来,非洲宽带网络主要依赖于微波技术,不断增加的宽带需求,推动了对光纤技术的投资建设。这些投资主要被用于改善固网电信和支持不断增长的移动数据流量,得益于此,非洲宽带带宽从 2017 年的 19.9 提升至 2019 年的 30.8,宽带通信质量显著提升,见表 11−3。国际电联统计,2020 年非洲固定宽带订阅率为 0.5%。目前光纤网络的部署不均衡,主

① ITU,"Digital Trends in Africa 2021:Information and Communication Technology Trends and Developments in the Africa Region,2017—2020",2021.

② ITU,"Digital Trends in Africa 2021:Information and Communication Technology Trends and Developments in the Africa Region,2017—2020",2021.

要集中在大城市地区,例如,加蓬、多哥和刚果等城市推出了光纤网络轴,这对改善固网和支持不断增长的移动数据流量发挥了重要作用。①

表 11-3 2017—2019 年非洲数字网络连接衡量指标

数字网络连接关键衡量指标	2017 年	2018 年	2019 年
固定电话订阅率	1.1	0.9	0.7
移动用户入网率	73.2	77.2	80.1
活跃的移动宽带订阅率	25.5	29.8	32.1
固定宽带订阅率	0.4	0.4	0.5
移动蜂窝网络覆盖率	87.6	89.0	88.7
国际宽带	19.9	22.8	30.8

资料来源:结合 ITU,"Digital Trends in Africa 2021:Information and Communication Technology Trends and Developments in the Africa Region,2017-2020",2021 整理。

第三,网络服务价格。对于大多数非洲国家来说,网络服务价格远远大于人均国民总收入的10%,其中移动数据服务平均价格占比国民收入的11.4%,移动语音服务平均价格占比国民收入的12%,远远高于世界移动数据服务、移动语音服务平均价格4.3%,与联合国宽带委员会设置2%的目标更是相去甚远。其中毛里求斯和加蓬提供最实惠的移动通信服务,为服务价格低于联合国宽带委员会(Broadband Commission)设立的2%目标的国家;塞舌尔、尼日利亚和博茨瓦纳,价格为人均国民总收入的3%。但非洲国家在积极推进各项信息通信基础设施建设项目,数字环境的不断改善,也带来网络服务成本的大幅下降,以中非的加蓬为例,网络服务成本从2010年以来下降了近10倍。据世界通信联盟(International Telecommunication Union)预计,到2023年,非洲大部分国家有可能实现宽带委员会的目标。

(二)数字人力资源

非洲总体来说民众受教育程度低,高等教育发展滞后。根据联合国

---

① ITU,"Digital Trends in Africa 2021:Information and Communication Technology Trends and Developments in the Africa Region,2017-2020",2021.

教科文组织统计,非洲地区仅 30% 至 50% 的适龄儿童接受中等教育,7%
至 23% 的适龄青年接受高等教育。撒哈拉以南非洲高技能人才职位占
比仅为 6%,远低于全球 24% 的平均水平。这一教育发展情况直接导致
投入到非洲数字化市场和工作环境中的人才缺乏。虽然非洲各国政府大
力推动数字技术培训,发展高等教育,积极培养人才,但是其数字人力资
源仍然发展相对滞后,数字经济创新动力缺乏,极大地限制了非洲数字经
济的发展。据全球竞争力报告中人力资本竞争力指数来看,撒哈拉以南
非洲得分 44.3 分,排名最后;而北非地区合并中非地区的评估得分居中。
但是 2019 年人力资源技能竞争力得分较 2018 年相比,中东地区(包含北
非)、撒哈拉以南非洲是增长变化最多的地区[1],因此虽然非洲数字人力
资源从全球来看,竞争力不足,但是增长空间、增长潜力仍是巨大的,见表
11-4。

表 11-4　2019 年全球各地区人力资源竞争力及其变化情况

地区	2019 年 人力资源得分	2019 年较 2018 年 得分变化百分比（%）
欧洲和南美洲	74.6	0.6
东亚和太平洋地区	67.3	0.9
欧亚大陆	66.1	0.5
中东地区(广泛意义上包含中东、北非)	62.9	2.2
拉丁美洲和加勒比地区	58.7	1.1
南亚地区	50.1	0.8
撒哈拉以南非洲	44.3	2.1

资料来源:结合 Schwab, Klaus, ed., "The Global Competitiveness Report 2019", *World Economic Forum*
(2019)整理得来。

　　首先,互联网用户数量方面。从 2005 年到 2019 年,全球互联网使用
率从不到 17% 增加到超过 53%。2019 年欧洲的该指标接近 87%,但非洲
仅为 19%。国际电联估计,2019 年,非洲地区家庭拥有互联网接入比例

---

[1] Schwab, Klaus, ed., "The Global Competitiveness Report 2019", *World Economic Forum*
(2019), p.29.

14.3%,其中毛里求斯、佛得角、博茨瓦纳、冈比亚、南非和塞舌尔家庭该比例高于世界平均水平;非洲地区个人使用互联网比例 10%,其中毛里求斯、佛得角、塞舌尔和南部非洲的比例高于世界平均水平。动态来看,数字经济发展较快的撒哈拉以南非洲互联网使用率从 2010 年的 7%提高到 2018 年的 25%。每百万人拥有的服务器数量从 2010 年的 3.6 台增加到 2018 年的 760.4 台。但是,非洲各项互联网指标同全球平均水平差距仍然较大(见表 11-5)。

表 11-5　2019 年非洲地区与全球互联网接入相关指标　　　(单位:%)

类别	家庭互联网接入比例	个人使用互联网比例	女性使用互联网比例	男性使用互联网比例
非洲	14.30	28.60	20.20	37.10
全球	57.40	51.40	48.30	55.20

资料来源:世界通信联盟(International Telecommunication Union),https://www.itu.int/en/ITU-D/Statistics/Pages/stat/default.aspx。

其次,互联网用户技能方面。2019 年年底,虽然撒哈拉以南非洲地区有 2.72 亿人连接到移动互联网,但 8 亿人仍处于离线状态,这主要是因为相对于非洲各国的收入水平而言智能手机的成本较高,且农村和农村地区的数字技能有限。上网费用高、数据流量受限,不可避免地形成了互联网准入障碍,限制了智能手机的普及以及相关数字技术的应用。非洲智能手机普及率远远仍落后于全球平均水平的 65%(见图 11-2)。

现有数据表明,非洲地区在基本、标准和高级信息通信技术技能水平非常有限。其中表现较好的有佛得角、科特迪瓦和赞比亚,基本技能水平超过 10%。最先进的赞比亚基本技能水平占 43.6%,标准技能水平占 25.2%,还有 0.6%的高级技能水平,见表 11-6。近年来,非洲各国也在积极开展相关的互联网技能提升工作,科特迪瓦已经启动了电子教育服务,而塞拉利昂正通过数字化来升级教师招聘流程和评估学生的进展。尼日尔技术中心开设了编程学院,肯尼亚为软件开发和创业方面的高等培训提供了更多选择,培养了大批数字人才。

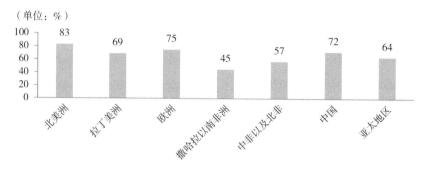

图 11-2　2019 年全球各地区智能手机普及率情况

资料来源：世界通信联盟（International Telecommunication Union），https：//www.itu.int/en/ITU-D/
Statistics/Pages/stat/default.aspx。

表 11-6　2017—2019 年非洲部分国家基本、标准和高级信息通信技术技能水平

（单位：%）

国家	基本技能	标准技能	高级技能
佛得角	14.4	5.6	0.1
科特迪瓦	12.3	4.0	0.7
尼日尔	6.4	2.6	0.9
多哥	3.1	1.6	0.5
赞比亚	43.6	25.2	0.6

资料来源：世界通信联盟（International Telecommunication Union），https：//www.itu.int/en/ITU-D/
Statistics/Pages/stat/default.aspx。

（三）数字技术集成

　　非洲数字技术集成方面与发达国家差距还较大，但是发展势头强劲。在世界经济论坛（World Economic Forum）的全球商业竞争力报告中，全球各地区信息与通信技术评估，撒哈拉以南非洲得分也处于末尾，但是在考察 2019 年较 2018 年得分变化来看，撒哈拉以南非洲得分增长近 15.8%，是欧洲和南美洲增长百分比的 3 倍，发展势头强劲（见表 11-7、表 11-8）。

表 11-7　2019 年世界各地区网络技术占比情况　（单位:%）

地区	2G 网络技术占比	3G 网络技术占比	4G 网络技术占比
撒哈拉以南非洲	45	45	10
中非和北非	31	40	25
拉丁美洲	17	35	48
亚洲	27	25	48
欧洲	14	28	58
北美洲	6	12	82
中国	13	5	82

资料来源:世界通信联盟(International Telecommunication Union),https://www.itu.int/en/ITU-D/Statistics/Pages/stat/default.aspx。

表 11-8　2019 年世界各地区信息与通信技术得分情况

地区	信息与通信技术得分	2019 年较 2018 年得分变化百分比(%)
欧洲和南美洲	70.3	4.4
东亚和太平洋地区	59.5	4.3
欧亚大陆	70.4	3.7
中东地区(广泛意义上包含中东、北非)	50.9	9.8
拉丁美洲和加勒比地区	57.6	4.8
南亚地区	35.1	6.4
撒哈拉以南非洲	34.3	15.8

资料来源:Schwab,Klaus,ed.,"The Global Competitiveness Report 2019," *World Economic Forum*,2019,p.29。

一是各国推出数字战略、政策和计划。近年来,非洲各国政府紧跟数字化浪潮,推出了各项数字战略、政策和计划,以加快数字网络应用发展。[1] 尽管如此,非洲各国还没有分配足够的研发(R&D)支出来改善该部门。2016 年,撒哈拉以南非洲国家占 GDP 的 0.4%用于信息技术研发,而东亚地区和西方地区则分别为 2.1%和 2.4%。迄今为止,大多数

---

① Benoit Denis, "The Rise of Africa's Digital Economy-The European Investment Bank's Activities to Support Africa's Transition to a Digital Economy", *EIB Staff Paper*, February 2021, p.36.

非洲国家缺少信息与通信技术等相关基础设施开发能力,同时将国有信息与通信技术运营商私有化也是抑制其增长的一大原因。

二是数字通信技术有较大提升空间。从ITU报告中的全球各地区网络技术占比情况,非洲目前主要的网络技术仍以2G、3G为主,2019年年末,其4G网络覆盖率为10%,与占比最高的北美洲、中国的82%相比,有近72%的差距,还存在较大的提升空间。同时现有的4G网络在很大程度上仍未得到充利用,2020年大约为可用容量的10%。

三是数字交易及数字服务发展迅速。截至2019年,非洲大约有600个活跃的技术中心(比2018年增加了40%),它们为技术和数字企业家提供了便利和支持。[①] 2019年,移动技术和服务业占撒哈拉以南非洲地区GDP的9%,贡献产值超过1550亿美元,移动生态系统还支持了近380万个直接和间接就业机会。[②]

（四）数字技术服务

非洲数字技术服务近年来发展迅猛,积极拓展了新兴应用。在世界经济论坛(World Economic Forum)的全球商业竞争力报告中,通过全球各个地区新经济发展动力、创新能力等方面进行评估,对商业服务生态进行打分,撒哈拉以南非洲以及中东地区(广泛意义上包含中东、北非)得分分别为81.2、88.1,排名末两位,但是从2019年较之2019年的变化百分比来看是增长较大的地区,分别为5%、4.6%。[③] 从这一点也可以看出非洲商业生态环境存在改进空间较大,数字技术服务依赖于商业生态环境,从侧面反映了非洲数字技术的增长空间也较大。

一是非洲数字金融的持续发展,为资金要素的流动提供了长足的动力,也推动着非洲数字商业的强劲增长。非洲数字金融中最热门的行业

---

① 全球移动通信联盟(GSMA),《2020年全球移动趋势报告》,https://www.waitang.com/report/26423.html,2020-11-17。

② 全球移动通信联盟(GSMA),《2020年全球移动趋势报告》,https://www.waitang.com/report/26423.html,2020-11-17。

③ Schwab,Klaus,ed.,"The Global Competitiveness Report 2019",*World Economic Forum* (2019),p.29.

为移动支付、在线借贷和在线汇款等。撒哈拉以南非洲地区金融部门的数字化深度处于领先地位，移动货币交易占 GDP 的比重接近 25%。全球移动通信系统协会（GSMA）数据显示，2017 年全球每日移动支付交易额为 10 亿美元，全球有 6.9 亿移动支付注册用户，而撒哈拉以南非洲移动支付用户占全球比重达 49.1%。①

二是非洲数字金融的持续发展，促进了新的服务和应用程序的发展，也推动着非洲数字商业的强劲增长。据麦肯锡 2019 年报告预测，未来 10 年非洲电商年均增速可望达到 40%，2025 年电商在非洲主要市场零售总额的占比可达 10%，规模达到 3000 亿美元，为非洲带来约 300 万个新增就业岗位。当然，电商发展情况也存在地区差异，排名前五的国家（尼日利亚、南非、肯尼亚、坦桑尼亚和埃及）拥有非洲近 60% 的网购用户。

（五）数字公共服务

近年来，在线政府服务越来越普遍。电子政务发展指数从国家层面评估数字公共服务水平，主要基于公共服务指数、公共服务设施指数、公共服务人力资本指数三个方面。2020 年，丹麦以近乎完美的电子政务发展指数 0.9758 评级位居第一，世界电子政务发展指数平均为 0.6。由于非洲联通性差、缺乏必要的技能等因素，同时数字公共服务对新技术有着较高的要求，基础设施本身发展不足的国家面临着无法从新技术获得更多优势的风险，非洲各国电子政务发展指数平均仅仅为 0.39，见表 11-10，达到世界电子政务发展指数平均水平国家非洲仅有 6 个，电子政务发展指数低于 0.5 的国家占比 80%，见图 11-3。这足以看到非洲数字公共服务发展水平存在巨大的技术鸿沟，国际竞争力还亟待提升。

---

① Schwab, Klaus, ed., "The Global Competitiveness Report 2019", *World Economic Forum*, 2019, p.29.

表 11-9　2020 年全球各地区在线政府服务指数

地区	电子政务发展指数
欧洲	0.82
亚洲	0.64
美洲	0.63
世界平均水平	0.6
大洋洲	0.53
非洲	0.39

资料来源：E-Government Survey, https：//publicadministration. un. org/egovkb/en－us/Reports/UN－E－Government－Survey－2020。

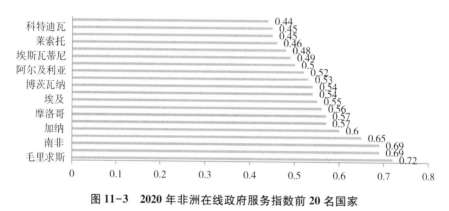

图 11-3　2020 年非洲在线政府服务指数前 20 名国家

资料来源：E-Government Survey, https：//publicadministration. un. org/egovkb/en－us/Reports/UN－E－Government－Survey－2020。

但是应该看到非洲各国日益采用更广泛的数字创新衡量标准，公共部门的数字化也在推进。2012—2018 年，撒哈拉以南非洲地区联合国平均在线服务指数上升了 45%，数字公共服务水平大大提高。2020 年联合国电子政务发展指数调查也显示出非洲数字公共服务快速增长的积极迹象。在转向更高电子政务发展指数组的国家中，非洲的比例最大（15 个国家，或 28%），毛里求斯、塞舌尔和南非在非洲电子政务排名中处于领先地位。然而，基础设施和人力资本发展方面的持续差距阻碍了非洲地区的许多国家转向更高的电子政务发展指数水平。

二、中非数字经济合作现状

中非数字经济合作趋势呈现上升趋势,不管是传统的通信基础设施合作,还是新兴发展起来的电子商务合作/数字人才培养合作,都呈现着良好的发展势头。疫情期间,合作的新模式更是层出不穷,推动着中非数字经济合作迈向高质量、高水平的发展。在"一带一路"倡议、数字丝绸之路(Digital Silk Road,DSR)倡议的支持,双方政府积极搭建平台,实施各项优惠政策,为中国企业在非洲的投资合作提供了坚强的支撑,改善了投资环境,极大地激发了中国企业投资意愿,使其成为中非数字经济合作的主要参与者和生力军。在非洲数字经济的几乎所有领域,中国企业都占据了相当大的市场份额。不管是移动通信,海底光缆等数字基础设施领域,还是数字支付、电子商务等应用领域,以及后端的数字人才、数字技术合作领域,中非数字经济合作已经渗透到方方面面,对非洲互联互通起着重要的作用。

(一)数字网络连接方面

非洲发展数字经济,需要一个强大的电信基础设施,以实现固定宽带及移动通信覆盖。中国电信在非洲 10 个国家打造了光纤骨干网项目,在近非洲 30 个国家拥有技术、工程及服务团队,已为阿尔及利亚、吉布提、南非、埃塞俄比亚、加纳、肯尼亚和赞比亚等国家提供了十多个智慧应用项目案例,如南非多个社区光纤入户建设项目、阿尔及利亚综合体育场智慧场馆项目、埃塞俄比亚智慧工业园区项目和赞比亚智慧校园项目等,加速了其在非洲区域的业务拓展和布局。与此同时,中国通信设备巨头华为和中兴核心参与了现代非洲"移动革命",成为在非洲最具影响力的中国电信制造商。华为于 1998 年在肯尼亚进入非洲市场,华为设备占非洲 4G 基础设施的 70%,也是非洲第一家提供 5G 服务的公司。中兴通讯是仅次于华为的中国第二大电信设备制造商,1997 年进入非洲市场,截至 2020 年 6 月底,在非共有 33 个代表处和超过 1000 名员工,已为超过 50

个国家、140 个运营商提供设备和服务。在尼日利亚,华为与中兴通讯的市场份额超过 90%。现阶段,中兴通讯已与南非移动通信公司区域跨国运营商及各国运营商建立了全方位的战略合作伙伴关系,提供全系列产品及方案包括无线、核心网、传输、微波、电源等广泛部署,同时也展开了物联网(Internet of Things,IOT)、人工智能(Artificial intelligence,AI)运行维护方面的多项创新项目合作。在 5G 方面,中兴已和南非电信公司(MTN)、阿尔及利亚电信公司(AT)等多家运营商签署了 5G 商用合同,努力推进 5G 规模部署和 5G 垂直应用,赋能非洲产业数字化发展。截至2020 年,中国已成为非洲最大的外国信息与通信技术投资国。截至 2019年年底,在非洲销售的所有智能手机中,49% 来自中国,而在非洲销售的智能手机中,每 10 部中就有 4 部来自一家中国公司——传音。根据2016年中方启动的的数字丝绸之路倡议(Digital Belt and Road,DBAR),中国将完成全长 1.2 万千米的"和平"(巴基斯坦东非连接欧洲)海底电缆,该电缆将中国与欧亚大陆和东非连接起来,从巴基斯坦延伸到吉布提、肯尼亚,沿着东非海岸一直延伸到南非,提供全球速度最快、传输成本低的有线网络,使非洲的数字基础设施以前所未有的方式与欧亚发达邻国平齐。

（二）数字人力资源方面

中国目前也成为推动非洲信息通信技术发展和数字软实力的重要力量。在手机市场,中国传音集团占据了 40% 的智能手机市场和 64% 的功能手机市场。得益于在通信基础设施的发展,传音还与网易和腾讯合作,在音乐流媒体、社交媒体、金融科技和电子商务领域推出应用,开发了热门游戏(Boomplay)和沃斯卡特短视频(Vskit)等应用,在非洲的社交媒体领域占据主导地位。在移动支付领域,掌上支付(Palmpay)和支付宝(OPay)等应用得到了中国投资者的支持,进军金融科技领域。最近,沃达康(Vodacom)集团与阿里巴巴合作推出了我的钱包(Vodapay),这是一款将移动支付与电子商务、商务和生活服务整合在一起的超级应用。

为夯实数字经济合作基础,提供后端发展支撑,中非数字技术转移及人才培养逐步兴起。一方面,中国企业除了向非洲国家转让适合当地的技术和设备,还积极推行本土化、属地化经营战略,注重对当地员工传授知识,帮助非洲国家培养技术人才,提高劳动者素质。另一方面,政企协同,搭建平台,开展数字人才合作项目。世界电子贸易平台计划举办政府新经济研讨班,以了解并学习中国数字化经济以及阿里巴巴电商生态,同时为卢旺达青年创业者进行企业家培训,培养当地数字人才;2018年,华为肯尼亚在内罗毕举行2018年"未来种子"数字人才培养项目启动仪式,在肯尼亚大力发展信息、通信和技术人才技能培养,以加速肯尼亚数字化转型。迄今,部分肯尼亚学员前往华为总部培训,其中的优秀毕业生已经加入华为、微软等著名科技公司。

(三)数字技术服务方面

近年来中非通过不断完善中非跨境支付体系,促进了中非电子商务领域合作。

在数字金融方面,2016年,微信支付与南非标准银行合作,在南非地区推广移动钱包,允许"点对点"(P2P)支付、电话费和话费预付以及零售店支付,并与世界最大的食品分销企业家家悦(Spar)展开合作。2017年8月30日,蚂蚁金服在南非宣布,旗下支付宝业务已经接入南非1万家商户。

在电子商务方面,政府积极对接,搭建合作平台。目前尼日利亚、肯尼亚和卢旺达等国均已与中国合作建立起中非合作电子商务平台。正是由于两国政府积极对接,加上中国跨境电商的发展处于全球领军地位以及非洲国家软硬件基础设施发展[1],在非洲南非、尼日利亚、肯尼亚、加纳和乌干达等国,跨境电商购物比例已占据70%以上,购物的商品中有47%来自中国,38%来自美洲,15%来自欧洲。阿里巴巴平台数据也显示,2018年4月至2019年3月,来自非洲进口的商品成交额同比增长98%,购买非洲商品的买家数量增长64%,对非出口商品成交增长达到69%。

---

① 黄梅波、段秋韵:《"数字丝路"背景下的中非电子商务合作》,《西亚非洲》2020年第1期。

COVID-19 大流行给非洲经济社会发展造成极其严重的影响。2020 年,非洲 GDP 下降 2.1%—4.9%;非洲债务占 GDP 的比例从 2019 年的 56.3% 飙升至 70% 左右,至少可能有 7 个非洲国家的债务与其 GDP 的比值超过 100%。但疫情期间,凸显出了居家办公、远程医疗、在线购物等数字经济发展新模式。据联合国贸易和发展会议数据显示,一些非洲电商平台的业务量在疫情暴发以来实现了三位数的增长。据世界银行估计,数字转型可使非洲的经济增长每年提高近 2%。在 COVID-19 之前,贝恩公司已经预计到 2025 年,数字支付将占非洲所有交易的 57%,但大流行加速了这一趋势,估计现在高出 10%。《非洲脉搏》2020 年 10 月第 22 期指出,撒哈拉以南地区约 25% 的公司加速使用数字技术并增加对数字解决方案的投资以应对 COVID—19。数字技术对非洲社会经济发展的推动力正在得到发挥,非洲数字化转型势在必行。

疫情后,中非数字经济合作积极探索,催生出了新的发展模式。可以说大数据、云计算、人工智能等技术在非洲疫情形势追踪、检测分析、病毒溯源、防控救治和资源调配等方面发挥了重要作用。在此期间,中非双方利用数字技术支持"云抗疫"、发展"云经济"的经验。各类线上推介会、数字合作平台、直播带货等新业态合作蓬勃发展,有效服务中非企业对接,带动非洲特色产品对华出口。2020 年 5 月 6 日,中国驻南非使馆组织协调中南两地数字领域专家通过视频连线方式,交流"大数据"抗疫经验。来自中国的专家在会上分享交流中国"大数据"抗疫经验,与南非专家一起探讨共同推进智慧城市合作,帮助南非尽快打赢疫情防控阻击战。在卢旺达与中国电商企业阿里巴巴共建的电子贸易平台,卢旺达咖啡创下 3000 包"秒光"的销售业绩,令当地人震撼。

（四）数字公共服务方面

华为、中兴和海康威视等企业已获得非洲各国当地政府合同,建设智慧城市、数据中心、电子治理平台和监控系统。仅华为一家公司就在非洲参与了 25 个数据中心和电子治理项目。在阿尔及利亚,华为为海关部门建立了一个数据中心,在坦桑尼亚建立了一个数据中心,用于托管和存储来自政府和私人办公室的数据。此外,中国企业还向非洲出口监控和人工智能技术。中国企业开发的人工智能监控系统目前已在 13 个非洲国家部署。在津巴布韦,云行(CloudWalk)在机场、火车站和汽车站部署了人工智能面部识别技术,以建立一个国家数据库。该公司的面部识别终端安装在津巴布韦的每个边境哨所和入境点。华为的"安全城市"项目已经向 16 个非洲国家提供了监控技术。[①]

三、中非数字经济合作的空间与机遇

当前,非洲国家已进入数字经济快速发展的关键时期。据全球移动通信系统协会发布的《移动经济报告 2020》预计,撒哈拉以南非洲移动用户普及率将会从 2020 年的 45%上升到 2025 年的 50%。这意味着将有4.75 亿人成为移动互联网用户,互联网连接人数增幅仅次于亚太地区。非洲多国表示,将进一步加强数字经济和网络基础设施建设。肯尼亚总统肯雅塔敦促公民和企业,选择数字支付作为更安全的交易手段。尼日利亚总统布哈里 2020 年 3 月宣布,启动 4 个信息通信领域的国家项目,拟通过公私合作实现 35 亿—50 亿美元的总投资并大力建设 4G/5G 网络,在 5 年内将宽带互联网渗透率从目前的 38%提高到 70%。

(一)中非战略对接成为数字经济合作的原动力

中非互惠互信的合作关系由来已久,从制造业和基础设施,现在扩展到数字经济领域,中非开展积极的战略对接,推动着数字经济合作的发展。一方面,双边都非常重视数字经济发展。非洲发展,2015 年,非盟制定的《2063 年议程》。2019 年,非盟还发布了《非洲数字转型战略(2020—2030)》,利用数字技术和创新改变非洲经济和社会发展状况,打破数字鸿沟,推进非洲一体化,促进包容性经济增长。国别层面,肯尼亚、

---

① African Union Commission, OECD Development Centre, "Africa's Development Dynamics 2021", *OECD iLibrary*, 2021, p.26.

尼日利亚、埃塞俄比亚分别就数字经济发展制定了相关政策,具体见表11-10。中国方面,颁布了《"一带一路"蓝图》《"十三五"规划》《"数字中国"》《关于推进"上云用数赋智"行动培育新经济发展实施方案》《中小企业数字化赋能专项行动方案》等一系列推动数字经济发展的政策方案,推动数字经济往纵深发展。具体见表11-11。另一方面,中非还特别注重双边数字经济层面的合作。2015年中非合作论坛约翰内斯堡峰会通过的《中非合作论坛—约翰内斯堡行动计划(2016—2018年)》明确提出,中非双方同意积极探讨并推动信息通信技术合作,共同努力缩小非洲数字鸿沟,推进非洲信息社会建设。在2018年召开的中非合作论坛北京峰会上,中方宣布了未来三年中非合作的"八大行动"。在实施贸易便利行动的计划中,"推动中非电子商务合作,建立电子商务合作机制"为重要内容之一。2019年4月8日,首届"中非创投论坛"在北京举办,20位非洲创业者和数百位中方互联网公司、投资机构共同探讨中非互联网合作机遇,为非洲创业者和中国投资人组织了上百次面对面交流,并同时组织了20位非洲创业者走访调研了阿里、京东、美团、滴滴、满帮、大疆、寒武纪、科大讯飞和优信等国内科技企业。2021年,新一届中非合作论坛将在塞内加尔举办,中非全面战略合作伙伴关系将更上一层楼。双边将继续积极推动和搭建数字经济政策合作框架,鼓励中非数字经济合作的进一步发展。

表11-10　非洲关于支持数字经济发展的相关政策

制定主体	年份	相关政策名称/政策简介	政策内容
非洲联盟	2015	《2063年议程》	非洲本土制定的、关于非洲包容性增长与可持续发展的共同战略框架,明确了发展非洲信息通信技术与数字经济的愿景,旨在将非洲各国打造成整合型的数字经济体,促使非洲各国政府、商业经济体、个体经营户都能够享受到安全可靠的信息与通信技术服务
	2019	非洲数字化转型战略(2020—2030)	基于先前的举措并遵循数字领域多个利益相关者的协商非洲的生态系统,符合非洲的《2063年议程》和可持续发展目标,该战略旨在转变非洲经济并通过使用数字技术刺激包容性增长来促进它们的融合和创新

续表

制定主体	年份	相关政策名称/政策简介	政策内容
肯尼亚	2019	国内宽带基础设施建设支持政策	拨出 5000 英亩土地建立技术创新城市,投资 94 亿美元打造智慧科技城市
	2019	肯尼亚	专门针对个人数据保护的法案
尼日利亚	2019	《公私部门电子支付和收款管理规定》	以推动公私部门各主体"端—对—端"电子支付运营规范化
	2019	《社交媒体法》	该法案将对在社交媒体上传播虚假信息的人处以监禁和罚款。根据该法案,对违法者的惩罚是个人 30 万奈拉,对公司组织的惩罚高达 1000 万奈拉,以及最高 3 年或两年的监禁
	2020	2020—2025年宽带政策	提出在 2025 年以前保证城市地区最低下载速度达 25Mbps,农村地区下载速度达 10Mbps,宽带连接覆盖 90% 的人口,且 1GB 数据的价格不超过 390 奈拉(中位数收入的 2%)
埃塞俄比亚	2020	降低固定宽带服务的资费	居民固定宽带互联网服务最高降价 65%,企业降价 69%,互联网用户的资费降低了 72%,并将宽带互联网的速度提高到原来的 3 倍

资料来源:结合相关网站数据整理。

表 11-11　中国支持数字经济发展的相关政策

年份	相关政策名称/政策简介	政策内容
2015	"一带一路"蓝图	创建"信息丝绸之路",包括双边电缆网络、跨大陆海底电缆项目和改进的卫星通道
2016	"十三五"规划	将 ICT 发展和"信息化"作为其首要任务之一
2020	"数字中国"	提出在大数据、电子政务、电子商务等领域具有领先的信息化能力,5G 网络全面商用部署,加大金融服务力度。支持其他信息化领域
2020	《关于推进"上云用数赋智"行动培育新经济发展实施方案》	加快产业数字化转型,培育新经济发展,助力构建现代化产业体系
2020	关于推动工业互联网加快发展的通知	加快新型基础设施建设,加快拓展融合创新应用,加快健全安全保障体系

续表

年份	相关政策名称/政策简介	政策内容
2020	《中小企业数字化赋能专项行动方案》	提出十三项重点任务。其中提到,助推中小企业上云用云,引导数字化服务商面向中小企业推出云制造平台和云服务平台,支持中小企业设备上云和业务系统向云端迁移,帮助中小企业从云上获取资源和应用服务,满足中小企业研发设计、生产制造、经营管理、市场营销等业务系统云化需求

资料来源:结合相关网站数据整理。

（二）非洲数字经济市场前景广阔,合作潜力巨大

非洲经济增长与"数字非洲"建设近年呈现相互交织、相互促进的发展趋势。一方面,经济增长激发了对数字服务和产品的需求。2000年非洲GDP为5870亿美元,2019年增长至约2.4万亿美元。截至2020年,非洲约有5.27亿互联网用户,撒哈拉以南非洲互联网渗透率从2000年的0.5%增加到2021年的26%。另一方面,数字经济发展对经济增长贡献持续提高,2020年,非洲数字产业占撒哈拉以南非洲GDP的9%,贡献超过1550亿美元。

2021年1月1日,非洲大陆自由贸易区正式启动,数字经济已被纳入第二阶段谈判内容,非洲一体化进程将从互联互通角度为"数字非洲"建设提供重大机遇,有助于促进形成"数字单一市场"。

与此同时,非洲人口增长将为"数字非洲"建设和数字经济发展提供巨大人口红利。非洲当前人口超过13亿,预计到2050年增加到25亿,非洲还是全球人口最年轻的大陆,2019年人口年龄中位数为20岁。受年轻消费者需求拉动,非洲每年手机出货量达2.15亿台。除此之外,根据国际电信联盟发布的数据来看,年轻人是推动信息化发展的主力人群。非洲是世界上唯一人口整体呈年轻化发展的地区,25岁以下人口占非洲总人口数的60%。从长期看,非洲有望成为全球最具吸引力的数字市场之一。在这样一个人口数量与信息化程度严重不匹配的环境下,非洲大陆对于信息通信技术的需求之旺盛也显而易见。

四、中非数字经济合作建议

当前,中非数字经济合作也面临着巨大的挑战。一方面非洲通信基础设施虽有发展,但是还是远远落后于全球平均水平,提升空间大,提升难度也较大。其次非洲是遭受互联网病毒攻击的重点地区之一,网络信息安全问题突出,抵御风险能力较大。同时,数字经济发展需要大量的人才,但非洲高等教育缺失,高水平发展人才外流严重,导致了数字经济发展缺乏动力。此外,国际社会的误解,竞争加剧也是阻碍非洲数字经济发展不容忽视的因素。

(一)搭建中非合作数字经济平台和创新平台

中非两国政府要重视中非数字经济平台建设,提供让参与者聚集在一起进行在线互动的机制。以平台为中心的企业在数据驱动型经济中具有主要优势。由于既是中介,又是基础设施,它们有能力记录和提取与平台用户之间的在线行为和互动相关的所有数据。数字平台的发展与它们收集和分析数字数据的能力直接相关,但它们的兴趣和行为在很大程度上取决于它们如何将这些数据货币化以创造收入。一方面要注重现有的交易平台发展,以在线基础设施支持不同多方之间交换的双边/多边市场。这方面可学习主要数字公司(如亚马逊、阿里巴巴、脸书和易趣)以及为数字部门提供支持的公司(如优步、滴滴出行或爱彼迎)的核心商业模式。另一方面加强创新平台建设,以操作系统(如安卓)或技术标准的形式为代码和内容制作者开发应用程序和软件创造环境。

(二)把握好关键性数字基础设施投资领域

数字基础设施是数字经济发展基础,中非合作要紧紧把握住两个关键性的基础设施层面。一方面是把握好数字友好型传统基础设施基础。非洲大部分国家数字经济基础设施建设落后,电力及配套设施发展滞后,据非洲开发银行(2018年)称,如果要在2025年基本完全实现撒哈拉以南非洲地区的电气化,那么每年需耗费大约350亿至500亿美元。① 这直接导致数字经济无法得到可持续性发展,因此强化电力配套设施合作,整合资金、技术等资源,保障电力的充足供应,是当务之急。

此外,目前除中非共和国、厄立特里亚和南苏丹以外,撒哈拉以南非洲地区几乎所有国家都是通过海底电缆或跨境陆地连接实现互联互通的。因此要加快数字化信息技术基础设施合作,应注重信息技术基础设施建设的规划,积极加强光纤技术合作,加强维护、运营经验交流,切实在各国建设起高质量的国家网络和城市间网络,实现终端用户互联。

（三）提升非洲数字技术及数字风险抵御能力

数字技术是数字经济发展的基础。非洲数字化发展起步晚,发展快,数字技术较为落后,导致数字经济发展效率有待提升。中非数字经济合作要注重提升运用数字技术并借助相关工具解决具体问题的能力。一方面完善数字技能规划措施。协同制定数字技术能力建设规划,将加强数字技能培养作为重要内容,围绕加强数字技能培养推动一批重点项目;另一方面强化数字技术实践合作。加强双边数字技术合作,协同打造一批资源共享、功能突出的数字技能公共实训基地、培训平台,全面提升数字技能实训能力。要重点关注三大数字风险,协同提升数字风险抵御能力。一是协同提升网络安全风险抵御能力。通过立法提升风险应对能力,同时加强跨境合作和信息共享。二是协同提升经济风险抵御能力。双边要协同开发各种金融、政策、技术、数据搜集工具加以应对。法规条例提供底线兜底,技能投资支持工作转型,更高质量的数据提高效率。三是协同提升操作风险抵御能力。个人、企业和公共部门协同做好能力建设,公共部门牵头搭建平台,开展技能培训,制订灾害恢复和应急计划,企业积极协同,解决好生产端存在的操作安全问题,个人要增强信息保护意识,从源头遏制风险。

---

① African Development Bank, "Africa's Infrastructure: Great Potential but Little Impact on Inclusive Growth", *African Economic Outlook* 2018, 2018, p.59.

（四）加强数字人才合作,培养非洲本土数字人才

中国和非洲的数字人才培养应寻求数字经济合作的利益契合点,侧重于数字技能方面教育投资,构建特色的合作模式。首先,拓宽教育经费来源,从银行贷款、社会融资和私人捐赠等方面吸收资金。采用"公营部门与私营机构合作"模式来实现补偿和激励。其次,实施多元化合作方式,如线上线下联动,专项数字培训计划,数字教育平台培训等,形成一个国家间、企业间畅通协同的服务平台,切实实现"授人以鱼"到"授人以渔"的转变,提高非洲本土人才技术水平,创新能力。[1] 最后,优化中非数字领域人才合作参与主体,构建"政企教"合作新领域,鼓励高技能、自主产权企业"走出去",拓展海外市场的同时肩负教育援助的使命,实现"政企教"协同发展。

（五）增进政策理解,树优国家形象

中国在信息通信技术领域的快速发展使中国成为超越国界的世界领先者,全速迈入数字信息时代。数字经济的全球性质要求在国际一级开展更多的对话、建立共识和决策。鉴于相关统计数据和经验证据的缺乏,以及技术变革的快速步伐,需要不断重新评估调查结果和应对政策。中非两国的数字经济合作要实现长期性的发展实践,需要进一步体现中国积极正面的国家形象,获得非洲人民内心深处的认同,应该坚持非洲在三方或者多方合作中的参与和话语权,尊重非洲国家地区历史文化,加强同当地投资机构沟通,采取属地化经营模式,聘请当地员工,减少摩擦。要树立中国负责任大国形象,要注重可持续性发展,基础设施建设的过程中注重当地环境的保护,同时积极参与当地的公益事业,建立起当地人民积极认知,创建双边数字经济合作的良好的环境。

---

① 王晓:《中非科技合作的形势分析与政策建议》,《中国科技论坛》2013 年第 3 期。

后　　记

　　本书是上海对外经贸大学国际发展合作研究院推出的非洲发展研究系列成果之一。全书采用集体编写的方式。编写者主要来自上海对外经贸大学国际发展合作研究院及国际经贸学院,上海对外经贸大学会展旅游学院王雪辉博士、厦门理工学院经济管理学院吴凌芳博士参与了书稿的写作。全书由黄梅波负责拟订基本框架、逻辑体系和篇章的安排,并承担全部稿件的修改、统稿工作,王雪辉负责上篇中非投资指数部分的编写特别是技术部分的策划和把关工作,张学东参与了本书四章的写作,并负责全书的沟通联络及最后的书稿校对工作。

　　各章的写作分工如下:

第一章　　黄梅波　王雪辉　牛东芳

第二章　　张宇宁

第三章　　孙文慧

第四章　　邰　露

第五章　　孙文慧

第六章　　张学东

第七章　　张学东　王晓阳

第八章　　吴凌芳　邱　楠　张学东

第九章　　张学东

第十章　　胡佳生　黄梅波

第十一章　沈昭利　牛东芳

黄梅波于上海

2022 年 12 月 30 日

策划编辑:郑海燕
责任编辑:卢 安
封面设计:王欢欢
责任校对:周晓东

图书在版编目(CIP)数据

中非投资发展报告. 2021:非洲大陆自由贸易区与中非投资合作/黄梅波,
    王雪辉,张学东 著. —北京:人民出版社,2023.2
ISBN 978 - 7 - 01 - 025262 - 9

Ⅰ.①中⋯ Ⅱ.①黄⋯②王⋯③张⋯ Ⅲ.①对外投资-研究报告-中国、
非洲-2021 Ⅳ.①F832.6

中国版本图书馆 CIP 数据核字(2022)第 216793 号

中非投资发展报告(2021)

ZHONGFEI TOUZI FAZHAN BAOGAO (2021)

——非洲大陆自由贸易区与中非投资合作

黄梅波 王雪辉 张学东 著

人 民 出 版 社 出版发行
(100706 北京市东城区隆福寺街 99 号)

中煤(北京)印务有限公司印刷 新华书店经销

2023 年 2 月第 1 版 2023 年 2 月北京第 1 次印刷
开本:710 毫米×1000 毫米 1/16 印张:19.25
字数:276 千字

ISBN 978 - 7 - 01 - 025262 - 9 定价:100.00 元

邮购地址 100706 北京市东城区隆福寺街 99 号
人民东方图书销售中心 电话 (010)65250042 65289539